U0452273

公共管理名著译丛

陈振明 主编

管理21世纪的非营利组织

MANAGING A NONPROFIT ORGANIZATION:
UPDATED TWENTY-FIRST-CENTURY EDITION

〔美〕托马斯·沃尔夫 著

胡春艳 董文琪 译

商务印书馆
The Commercial Press
创于1897

2016年·北京

Simplified Chinese Translation copyright© [2016] by Thomas Wolf
The Commercial Press Ltd.
Managing a Nonprofit Organization: Updated Twenty-First-Century Edition
Original English Language edition
Copyright© 1984, 1990 by Prentice Hall Press
Copyright© 1999, 2012 by Simon & Schuster, Inc.
All Rights Reserved
Published by arrangement with the original publisher, Free Press, a Division of Simon&Schuster, Inc.

谨以此书献给我的父母
艾恩·沃尔夫和沃尔特·沃尔夫
他们为非营利组织奉献了时间、精力和孩子

还献给我的孙子(女)们
阿萨,萨斯巴,莱拉,艾萨阿布,艾莉斯
希望他们秉承传统

感谢"厦门大学哲学社会科学繁荣计划"
之公共管理项目的支持

"公共管理名著译丛"
总　　序

作为当代管理科学和社会科学研究与教学的一个重要领域或专业，公共管理(学)以公共部门(特别是政府)的管理作为研究对象，其前身是形成于19世纪末20世纪初的传统公共行政学。在百余年的发展历程中，该学科的视野、范围、理论和方法不断地发生改变，出现多次"范式"的转移。在当代，随着全球化、信息化和知识经济时代的演进，国外的公共管理的理论与实践发生了深刻的变化。在国外出现了声势浩大的公共部门改革或政府治理变革的浪潮。这场改革不仅改变了公共部门管理的实践模式，而且也改变了公共部门管理的理论形态以及知识体系，出现了被称为"新公共管理"和"(新)公共治理"之类的实践模式与理论范式。较之于传统的公共行政学，今天的公共管理的研究视野、学科框架、学科分支、理论主题、知识体系以及知识的应用都已今非昔比、大异其趣了。

20世纪80年代初中期，我国恢复了公共管理领域的教学与研究。经过了三十余年的发展，我国公共管理学科的学术研究、人才培养、知识应用以及学科的社会建制(学科的制度化建设)成就斐然，公共管理作为一个一级学科的地位得以确立，学科的社会影响也逐步增强。然而，与西方相比，我国公共管理学科发展的起步较晚，存在着学科视野狭窄，基础不牢，学科知识体系不完整，理论研究落后于实践发展，本土化特色不够鲜明，以及对国外尤其是西方公共管理理论和方法缺乏系统全面的了解，对它的新发展及新趋势的跟踪不紧与批判、消化和吸收不足等问题。

我国全面深化改革和经济社会的快速发展，对公共管理研究提出了更高的要求。党的十八届三中、四中全会分别做出的《中共中央关于全面深化改革若干重大问题的决定》和《中共中央关于全面推进依法治国若干重大问题的决定》，对我国在新的历史起点上全面深化改革和依法治国做出了战略部署，提出了"完善和发展中国特色社会主义制度，推进国家治理体系和治理能力现代化"以及依法治国的改革总目标。全面深化改革，国家治理现代化，依法治国，建设法治国家、法治政府、法治社会，决策的科学化、民主化，都迫切需要公共管理理论的指导及其知识的更广泛应用。这为中国公共管理学科的发展提供了前所未有的发展机遇，改革与发展中的大量公共管理与公共政策问题需要系统研究，政策实践及其经验需要及时总结。新形势要求我们迅速改变公共管理理论发展滞后于管理实践的局面，推动中国公共管理的理论创新，以适应迅速变化着的中国公共管理实践发展的需要。

中国公共管理的学科发展及理论构建需要世界眼光，既要突出本土化及其传统，采取中国立场，解决中国问题，发出中国声音；又要具有全球视野，面向世界，开放包容，兼容并蓄，海纳百川，彰显中国特色。习近平总书记在2014年2月17日省部级主要领导干部学习贯彻十八届三中全会精神全面深化改革专题研讨班上的讲话中指出："中华民族是一个兼容并蓄、海纳百川的民族，在漫长历史进程中，不断学习他人的好东西，把他人的好东西化成我们自己的东西，这才形成我们的民族特色。"公共管理的学科发展及理论构建必须具备世界的视野和开放的心态，继续紧密跟踪研究国外公共管理学科的发展、演变及其动态与学术前沿，注意借鉴和吸收全人类包括西方公共管理的理论和方法的成果，立足于我国的国情及现实的公共管理实践进行深入研究,批判、改造、消化和吸收其中的科学成分以及合理因素,进而形成有我们自己民族特色的公共管理学或中国特色的公共管理学。因此,当前我国公共管理学科发展的一项重要的任务仍然是要在突出本土化研究的同时,紧密跟踪研究国外公共管理学科的发展与演变中出现的新理论、新方法,大胆借鉴其新成果。

正是基于这种想法,我们组织翻译出版这一套"公共管理名著译丛"。所选的首批书目包括:格雷厄姆·艾利森和菲利普·泽利科的《决策的本质》(第2版),马克·H.穆尔的《创造公共价值》,小约瑟夫·S.奈、菲利普·D.泽利科和戴维·C.金主编的《人们为什么不信任政府》,梅里利·S.格林德尔主编的《打造一个好政府》,罗纳德·A.海费茨的《并不容易的领导艺术》,托马斯·沃尔夫的《管理21世纪的非营利组织》(第4版),梅里利·S.格林德尔和约翰·W.托马斯的《公共选择与政策变迁》。这些著作都是世界顶尖公共管理学院——哈佛大学肯尼迪政府学院的教学用书,主要作者是肯尼迪政府学院名师,也是美国乃至整个西方的公共管理学界的名家。

艾利森和泽利科的《决策的本质》是公共政策与公共管理以及国际关系领域的"大"经典,更是案例研究的杰作。该书的主旨是通过古巴导弹危机的案例分析,说明政府决策的过程及其本质,以理解国家的政策选择和所采取的行动。在书中,作者分别用三种概念模式——理性行为体模式(rational actor model)、组织行为模式(organizational behavior model)和政府政治模式(governmental politics model)来解释古巴导弹危机中美国政府的决策过程。该书的基本观点是:政策制定者和政策分析者以及一般的公民是根据大部分隐藏着的概念模式思考政策方面的问题,这些模式对思考产生重要影响。《决策的本质》是肯尼迪政府学院的 MPP 和 MPA 以及在职官员培训项目(executive programs)"政策分析"课程长期使用的教材。

穆尔的《创造公共价值》一书倡导公共管理的一种新途径,即公共价值及战略管理途径。作者所要回答的问题是:公共部门的管理者应该怎样根据所处的环境来思考和行动,以创造公共价值。该书的目的是创造一个概念框架,帮助公共部门管理者找出各种机遇,并充分利用它们来创造公共价值,为社会做出更大的贡献;同时也为公共事业的管理者提供一个找出问题症结的框架。作者假定,在寻求创造价值方面,社会不仅需要私人部门的管理者具有丰富的想象力以及相应的技巧,也需要公共部门的管理者具有这种能力。他在书中明确界定了什么是公共价值和战略管理,并运用大量的案例来说明公共价值及战略管理的概念框架以及在公共管理实践中如何应用公共价值及战略管理途径。作为公共价值管理途径的开山之作及政府战略管理的代表作,《创造公共价值》曾被大量引用,学术影响大。它也是包括肯尼迪政府学院在内的众多院校"政府战略管理"之类课程的教材或必读书目。

小约瑟夫·S.奈、菲利普·D.泽利科和戴维·C.金主编的《人们为什么不信任政府》一书集中探讨了不信任的根源,澄清了人们许多似是而非的认识,得出了意料之外的结论。作者们发现,不信任多半与国民经济状况、全球化挑战、冷战、官员无能、腐败等无关,不信任的原因"是一种文化与政治纷争互相影响的混合物,后者被不断增长的带有腐蚀性的新闻媒体所激化"。此书的出版在西方引起了较大的反响,不仅被公众当作理解"不信任政治"这一政治现实的权威性理论文献,而且因全书展现了当代公共管理研究的新的宽广视野,集纳了许多著名学者对前沿问题的学术见解,被许多大学列为公共管理学、政治学等领域的必读书目。

梅里利·S.格林德尔主编的《打造一个好政府》是一本专门探讨好政府以及发展中国家如何打造好政府(即政府能力建设)问题的学术著作,它主要从如何通过能力建设提升政府的治理能力方面来讨论发展中国家的治理问题。"本书力求帮助人们理解政府如何能够获得激励从而更好地运行,也力求帮助人们理解国家的能力如何能够以某些繁荣市场与民主的方式而获得发展。从那些设计用以推动公共部门人力资源开发、强化有助于实现政府公共目的的组织、改革为经济和政治交互作用设立规则的制度的特定努力中,作者们得出了比较性的经验与教训。"(该书英文原版封底说明)。该书的作者们达成了以下共识:政府能力应该包括政府的人员、组织与制度能力,因而能力建设就要从这三个方面着手进行,即人员的开发、组织的强化与制度的建设,这具有相当的理论洞察力。该书是哈佛大学肯尼迪政府学院公共管理特别是政府能力建设课程的教材。

海费茨的《并不容易的领导艺术》是一本具有独特性的领导学著作,主旨是提出的一种经验理论,以应对真实领导问题带来的挑战。作者围绕以下两个重要差异来构建他的领导理论:一是技术性问题和适应性问题的差异;二是领导和权威的差异。前者表明,对于需要创新和学习才能解决的问题,其行动模式不同于常规问题;后者提供了一个框架,使人们可以根据自己是否有权威来评估资源和制定领导战略。围绕这个思路,作者先界定"领导"、"适应性"和"权威"等概念,然后着重讨论有权威和无权威的领导策略,最后用具有实际指导意义的建议对如何领导和保持生存加以总结。《并不容易的领导艺术》是肯尼迪政府学院的 MPP 和MPA 以及在职官员培训项目的"领导学"课程使用的教材。

梅里利·S.格林德尔和约翰·W.托马斯的《公共选择与政策变迁》是政策变迁研究方面的有影响的著作。作者提出的问题是:"到 20 世纪80 年代,在有关促进发展的政策中,把政策重心的基础看作是刺激和维持经济增长和社会福利的观念已经广为接受。然而,难以理解的是为什么这样的政策能够替代那些已经存在的政策的过程。"作者力图解释20 世纪 80 年代发展中国家改革政策的选择和变迁过程,他们的研究结论表明:政府官员在变革政策的采纳、范围和追求上具有显著的不同,人们在理解政府官员追求自身利益、阶级利益或组织利益的复杂动机和行为上存在广泛的误解，他们基于不同的动机和观点从事政策调整，既可能是受到个人和职业价值的鼓舞，也可能是出于关心公共利益和社会公共福利的目的。事实上，为公共利益做出变革追求的决策既不会更好也不会更坏，但是影响政策制定和执行的因素为将来的矫正和变化提供了前进的机会。

托马斯·沃尔夫的《管理21世纪的非营利组织》是非营利组织管理领域最早的教科书之一。该书系统介绍了非营利组织管理的理论与实务，涉及非营利组织的性质和类型、董事会、人事管理、财务管理、资金筹措、计划、领导和可持续性等方面的内容。该书初版于1983年问世（是作者在哈佛大学上课的讲义）。如作者在序言中所说，"之所以写下第一版手稿，是因为当时没有涵盖我的学生所需知识的教科书，大多数学生有一些在非营利组织工作的经验，但是他们急需一些简单、实用的建议。这些课堂资料是为满足那些完全没有受过训练或是通过工作实践略知一二的小型非营利组织的员工和志愿者的要求而写的"。到2012年的第四版出版，该书已历经四十年，不仅被许多大学用作非营利组织或第三部门管理课程的教材或列为必读书目，也被实务界的管理者及专业人士作为参考书及指南而广泛使用。

"公共管理名著译丛"所译介的这些著作已经成为公共管理与公共政策领域的经典之作。它们凝结了作者多年的研究心得与教学经验，被经常引证，并被许多大学用作教材或教学参考书，在美国及西方的公共管理和政治学界产生了广泛影响。这些论著大都经过较长时间的检验，有的经过修订、再版，学术水准高。这些著作还具有很强的现实性、应用性和可读性。它们立足于当代公共管理实践尤其是美国及西方的公共管理实践，探讨公共管理实践中出现的重要问题；作者用大量的案例材料以及实践经验来说明相关的理论原理，或从大量的事实材料中提炼出可检验的理论;作者所提出的理论与方法往往具有针对性和可操作性,因而具有较高的实际应用价值。

本译丛从一个侧面反映了西方公共管理学科的研究与教学的发展与演变及其现状和理论成就,展示出其学科框架、研究途径和知识体系,可以为我国公共管理学科的教学和科研提供参考与借鉴,为我国读者特别是公共管理各专业的师生、研究人员提供公共管理学科的教学与研究资料,为我国公共管理知识体系的创新提供参考和借鉴。这些著作所提供的理论、方法、案例及经验对于我国公共部门管理者更新观念、开阔视野、增强理论素养和实践技能,对于推进国家治理体系和治理能力现代化,具有一定的实际参考价值。

这是一套迟到了十年的译丛,好在经典不会过时。本译丛的翻译出版缘起于2000年我作为"燕京学者"在哈佛大学肯尼迪政府学院和燕京学社的访学,尤其是旁听了肯尼迪政府学院举办的一个为期两周的"发展中的领袖"培训班(对象为发展中国家及转轨国家的部长和国会议员)之后的一个想法。该培训班的部分教师与参考资料是本译丛的作者及其著作,这给了我一次了解本译丛的几种主要著作的机会,觉得这是公共管理领域中难得的好书。回国前在哈佛书店买了这几本书带回来,着手组织翻译,并确定由商务印书馆出版。2003年基本完成了译丛各书稿的翻译,由于编辑等方面的原因,本译丛未能按时出版。去年我们与商务印书馆重启了本译丛的翻译出版,对各书再做了一次校译(其中的《管理21世纪的非营利组织》则按2012年新的版本重新翻译)。作为主编和主译,我选择并指定了各书的译者,在翻译过程中与各书的译者就翻译中的难点进行了认真的讨论,并最后通读了各书的译稿。我也为其中的部分著作写了译者序言,包括"政府能力建设与'好政府'的达成:评梅里利·S.格林德尔主编的《打造一个好政府》一书"(载于《管理世界》2003年第8期);"战略管理的实施与公共价值的创造:评穆尔的《创造公共价值》一书"(载于《东南学术》2006年第2期)和"政府信任与民主治理——评小约瑟夫·S.奈等人的《人们为什么不信任政府》一书"等。

  本译丛的翻译出版得到了"厦门大学哲学社会科学繁荣计划"之公共管理项目的支持,其中的《决策的本质》一书的翻译还得到了教育部人文社科基金后期项目的支持,特此说明。

陈振明

2014年12月28日

目　　录

前言 1

第一章　理解非营利组织 4

第二章　理事会 29

第三章　人力调集 62

第四章　人事政策 88

第五章　营销 123

第六章　财务管理 148

第七章　财务报表与财务程序 177

第八章　资金筹集 202

第九章　计划 251

第十章　可持续性与领导力 281

第十一章　提高与改进 313

前言

本书是我于20世纪80年代早期在哈佛大学讲课时所写手稿的第五版。之所以写下第一版手稿,是因为当时没有一本教科书可以涵盖我的学生所需要的知识。他们大多都具备在非营利组织工作的些许经验,但更急需一些简单而实用的建议。这些课堂资料可以满足那些在小型非营利组织中完全没有受过教育或正在工作实践中学习的员工、理事会和志愿者的需求。

1983年,一位出版商要求我把课堂资料整理成书,接着以《非营利组织》为名出版了。令我惊奇的是,那些大型组织里富有经验的专业人士也在购买和使用此书。一些组织大量定购此书并分发给理事和员工。很多基金会也购买了此书并送给其资助对象。越来越多的大学采用此书作为教材。因此第二次以《管理非营利组织》为名出版,书中讨论了更广泛的形势和挑战。在千禧年即将到来之际,我根据21世纪可能会出现的问题更新了原来的内容,并将书名扩展为《管理21世纪的非营利组织》。

没有人能够预测未来的变化范围。这些变化既源自变革的推进,也源于21世纪的灾难性事件。在"9·11"恐怖袭击之后,由于几个全球性营利企业经历了令人瞩目的失败和十年的金融危机,人们开始重新评估与扩展非营利组织的角色、治理和管理。

这本书还记录了技术、问责、可持续性发展等发生的重大变化:

- 最令人意想不到的变化是**技术对于非营利组织的影响**。在1999年的版本中,没有提到网站和电子邮件,非营利组织内的从业者大多还不知道社交媒体。而在今天,如果离开这些技术进步去讨论非营利组织的管理——尤其是营销和筹款,简直是不可思议的。第一版之后,我一直认为单设一个章节讨论技术没有什么意义,因为技术更新得太快,内容很快就过时。但现在不一样,我一直做的就是把已经成为有效管理基础的技术工具和方法融入现有的章节参考中。

- 随着21世纪头十年里企业社区卷入了越来越多的丑闻,"**问责**"与"**要求透明**"不仅成为营利部门的口号,也成了非营利组织的座右铭。这对治理与管理产生了重大的影响。特别是在治理的那一章,你会注意到这些主题的新重点。

- 最后,21世纪第一个十年以巨大经济挑战的发生(包括最近美国经济的金融衰退)而结束,与此同时,非营利部门出现了急剧扩张。不可避免,人们重新开始关注可持续发展问题。在一些案例中,一些组织通过学习变得更为精简和强大;还有的组织形成了战略联盟和伙伴关系,甚至进行了合并;其他的一些组织则直接破产。

我已经在非营利组织中工作了50多年,这期间我所接触过的人极大地丰富了我的生活。我的第一份工作是担任一个小型音乐节的兼职导演,我还担任过一个慈善基金会的执行主任和几家非营利组织的理事。

最近，我更多地是为众多的非营利组织提供咨询服务，它们的资金预算范围从不足5,000美元到超过1亿美元。我总是惊叹于非营利组织及其工作人员所创造的巨大价值，这本书最初的构想是为了他们，一直以来我最为关注的也是他们的需要。

读者们告诉我，他们发现本书上一版本中的例子和轶事特别有用，通过阅读案例可以使许多单调乏味的环境变得生动而有意义。在很多时候，有人问我是否引用了真实的组织以及是否更改了名字，还有的时候有人向我索要他们的地址。不用说，保护组织的匿名权是我引用它们作为案例的关键条件。在一些案例中，为了保护被引用的组织和个人不会被轻易认出，我调整了事实或时间的顺序。许多案例其实不仅仅涉及一个组织，几乎每一个案例中的情节都真实地发生过，只是发生的时间、组织不同而已。

我非常感谢在本书中与我合作的人。芭芭拉·卡特提供了有趣的案例，这些新鲜、幽默的案例使本书的有关概念变得生动形象。珍·卡尔伯特再次校对了财务这一章，确保它们看上去与其他章节相关并具有最新的信息。卡罗尔·布兰德给第三章和第四章提出了很多宝贵的建议。如果没有内奥米·格莱贝尔的帮助，我没办法在更新营销那一章时完成如此琐碎的工作。非常感谢约翰·森佛德在理事责任以及艾瑞克·瑞曼在其他法律事务方面的建议。最后，如果没有多米尼克·安福索、毛诺·欧伯莱恩以及自由出版社——西蒙 & 舒斯特公司的一个部门——的斯迪妮·泰尼格瓦，也就不会诞生这个新版本。

我要衷心感谢所有的人，包括我的妻子邓妮，还有我的孩子尼勒和勒克斯。

托马斯·沃尔夫

剑桥

2012年

第一章　理解非营利组织

　　史宾塞一家住在美国西部的一个小城市里，山姆·史宾塞经营一家铅锤供应公司，他的妻子珍妮在一家残障人学校任教。把他们一天的生活作为典型，这一天——像大多数美国人一样——他们在不断地与非营利组织接触。

- 早上七点半，珍妮送三岁的小萨米去他们家所属的浸礼教派教堂里的日托中心，然后再赶到专门为残障中学生开办的学校上班。日托中心、教堂和学校都是非营利组织。
- 几乎在珍妮离开的同时，山姆正在将铅锤装上卡车运往其所在城区的医院。这家拥有一千多名员工的医院是一个非营利组织，对当地的经济有着重要的贡献。
- 离家前，山姆提醒他九岁的儿子约翰要带上游泳衣和毛巾，因为放学后在当地的基督教青年会有游泳训练。基督教青年会是当地主要的娱乐组织，也以非营利组织形式运作。

- 在这个特别的日子,珍妮利用她的课余时间参加了当地大学开办的语言艺术指导的在职学习班。这所大学是该市最大的非营利组织。
- 在珍妮离开的时间,她的学生中有一半去科学博物馆进行户外活动,另一半则去参加当地交响乐队的公演。这两个组织都是非营利组织。
- 此时,山姆已经运完了他供应的铅锤并开车到就业训练中心,他一周有两个上午在这里讲授铅锤行业的工作要点。尽管该中心几乎全靠政府财政支持,但它仍是非政府性质的私人非营利组织。
- 学校放学时,珍妮遇到一群教师,他们正在为提交给当地基金会的一项特别拨款计划而奔波,希望筹集资金以支持班上基于计算机的语言艺术课程。这个基金会也是一个非营利组织,它的收入主要来源于大量的捐赠和税收减免。
- 珍妮离开学校后,开车到当地的一个私人疗养院去看望她的父亲。这个私人疗养院也是一个非营利组织。
- 山姆早早下班去参加一个听证会。一个当地的建筑商——山姆的客户——提出了一个新的沼泽地区域发展计划。一个也是非营利组织的环保团体反对了这项提议并在听证会上展示了他们的证据。
- 珍妮到家时收到了女儿爱米的来信,爱米是一名交换生,她正在美国南部度过她三年级的秋天,这项交换计划是由一个全国性的非营利组织和史宾塞所住城市的一个教士团体联合组织的。
- 最后,史宾塞一家在晚餐后接到来自公共广播电台的一个电话。这是一个约定到期的时间,他们询问史宾塞一家是否延续在这个非营利组织中的会员资格。珍妮在参加完当地少女校工(Local Girl Scouts)饼干大赛计划会后就离开了,少女校工是一个著名的全国性的非营利组织。

在美国有150多万家非营利组织，这个数字在过去的十年里增长了30%。[1] 它们不仅包括活跃在健康看护、宗教、文化、教育、人类服务以及环境保护方面的公共慈善组织，还包括倡导组织、工会、商业和专业联合会、社会和娱乐会所。单纯依据美国国税局制定的501（c）（3）特别条款所确定的公共慈善组织就有一百多万家。他们的分部门在1999—2009年的十年时间里增长了64%。

很多这种类型的非营利组织只拥有相当少的运作预算。事实上，在2008年有45%的组织预算低于10万美元。以50万美元为标准，几乎3/4的组织预算低于这个数字。只有不到5%的组织预算超过了1,000万美元，但它们的支出占总支出的85%。[2]

有着如此众多的小组织，它们会有什么样的财务影响呢？实际上，影响非常巨大。总体来说，在2007年，非营利组织的支出约占全国国民生产总值的11%—12%。[3] 以2008年的数据来看，非营利组织雇佣的员工超过1,500万，或者占整个私人部门劳动人口的13%。[4] 除此之外，它们对这个国家生活质量的贡献也是无法估量的。每个美国家庭平均每年为非营利组织捐赠了近2,000美元的个人财产[5]以及更多实际价值的时间。事实上，在21世纪的第一个十年结束时，有超过6,300万美国人（占人口比例的27%）为非营利组织志愿贡献了他们的时间，价值估计超过2,780亿美元。[6]

尽管非营利部门有如此巨大的规模和影响，许多人仍然不了解它。本章的目的是阐述什么是非营利性组织、它有什么典型特征、它对管理和支配它们的人提出了什么样的特殊挑战。

什么是非营利组织？

如果你问一个人："大象是什么？"这个人回答："大象不是马。"你可能对这个答案不满意。而非营利组织这个词正是这样，它只描述了某物不是什么——它不是为了营利而组建的企业,但是却没有告诉我们这种实体的本质特征是什么。

准确界定非营利组织并不容易,这也导致管理它们是一件充满困难和挑战的艰巨任务。营利部门的管理事务总是一目了然且与具体的经济指标相关。与之相反,非营利环境中的事务则较为模糊,因为它们与抽象的**公共服务**概念相关。在营利性的企业,管理者一般知道他(她)是否在做一件正确的工作,但在非营利组织中则模糊不清,因为其基本宗旨是服务公众而不是营利。

有些人认为,非营利组织的根本特征在于它们是为公众提供服务而设立的。从某种程度上来说,这是正确的。但这种公共服务使命的观念会令人产生误解。一方面,有很多非营利性组织(如乡村俱乐部和工会等)就不是为服务公众而设立的;另一方面,有人认为非营利组织只是为解决某些社会问题或为提供一些急需的公共服务而设立的,这种观点无法解释它们总是和其服务对象紧密联系的特殊性。当我们把非营利组织与有着相同活动领域的公共(或政府)组织和机构进行比较时,这一点可能就更为清楚。虽然非营利组织经常拥有一个公开宣称的公共服务使命,但它们无须像公共机构那样面临公平的要求(即为每个人服务的要求)。因此,非营利组织的实际支持者远比在同一领域工作的公共机构的支持者更为有限。

还有一些人声称非营利组织的根本特征在于它们的使命不是谋求利润。这种观点还是部分正确,因为很多非营利组织都已经十分商业化(这也把它们与同一活动领域的公共或政府机构区分开来)。很多非营利组织参与了各种与营利机构一样进行投资的事业,这已经引起了那些在商场打拼的人们的担忧,因为他们在业务上要与非营利组织竞争顾客。

事实上,非营利组织既不属于营利部门也不属于公共部门,而是介于二者之间。这种状态使得非营利组织在运行上具有很大的灵活性,但也在管理方面要求有高超的技巧。一方面,非营利组织的管理者们必须学习那些在营利企业适用的相同的管理技巧和分析策略。不过,这些技巧虽和非营利世界相关,但应用却不一样。尽管营利和非营利组织都要从事计划、预算、会计和营销工作,尽管二者都不得不应对治理、人员及信息管理问题,尽管它们都必须不断地赚钱,但对这些活动的执行方式却迥然不同。同样地,对于非营利组织的管理者或理事来说,了解公共机构的工作和公共政策的进展是有益的,但却不够。非营利组织的治理、组织问责、财务报告和长期计划是不同的,联邦和州的法律对它们的特征进行了界定。

关于定义

在本书中,非营利组织是指依法成立、按照州的法律规定作为慈善机构的非政府实体组成的公司,或指那些从事公共服务并根据国内税法的规定享受免税待遇的非营利公司。它们必须具有以下五个特征:

- 具有公共服务使命;
- 组织形式为非营利性或慈善性的公司;
- 其治理结构应避免获取自我利益和个人金钱利益;
- 无须支付联邦税;
- 给予它们的捐赠能够获得税收减免的特殊法律地位。

因此,本书中所描述的非营利组织并不包括以下三种类型的组织:

- 为营利而成立,却在追求营利的过程中遭受失败的组织;
- 由民众联合起来提供某些公共服务、但是没有被联邦和州政府授予法人地位的非正式治理组织;
- 虽然被国家税务机构认定为非营利性的,但是没有公益使命的组织(例如:商业协会、工会、乡村俱乐部、互助组织)。

由于这些类型的组织不具有上述非营利组织的所有特征,所以它们的使命、治理结构或管理方法可能会与本书的描述存在显著的差异。

本章认为,具有上述典型特征的非营利组织会面临四种主要的挑战,它们是:

- 清晰地阐明公共服务使命;
- 进行风险/生存分析;
- 识别顾客并使其参与;
- "有组织地放弃"的试验。

经过仔细考虑这些因素,我们将继续提炼对非营利组织的特殊本质的理解。

公共服务使命的意义

营利性与非营利性组织的根本区别在于对"使命"的不同理解。营利实体的最终目标是为其所有者赚钱,当然,所有权可以表现为多种形式,从个人拥有组织的全部所有权到共同拥有(由合伙人、股东或其他群体分享)。而在非营利组织中,"所有权"的概念是完全缺位的,因而导致非营利的"使命"有着完全不同的延伸。由于非营利组织这样的实体旨在为广泛的公共目标服务,而法律明确规定所有权(伴随私利)与公众目标不相容,因此一个非营利组织可能没有所有者。但是,这并不是说非营利组织不能赚钱。非营利组织能够也确实在赚钱——采用营利实体同样的方式——只是它们赚来的钱必须直接用于组织赖以成立的公共目标、用于积累、转移给其他负有公共目标的组织。

要想明确地界定、表达非营利组织的使命,并因此建立标准测量其成功与否是一件更为困难的事情。在一个营利性的组织中,因为使命清晰,所以成果的测量标准也很清晰。它的使命就在于可获利性,由此衡量成功(以及决策)的标准也就是盈亏底线、投资回报、销售、利润余额、市场份额以及其他易测量的尺度。在一个以公共服务为使命的非营利组织中,我们不仅很难界定它的目标,也难以找到适当的标准来评价成功。如果学校的目的是培养出有教养的公民,如果建立一个和平组织的目的是反对使用武力,如果娱乐中心为都市青年提供建设性的活动,那么应该使用什么标准来衡量成功呢?在我们身边总有一些量化指标——大学的理事会给学校打分,和平团体参加政治集会的次数统计,年轻人参与娱乐中心的次数——但是这些标准都只是衡量成功的间接指标。

由于非营利组织的使命集中于公共服务的概念,人们可能通过对公共部门的观察来获取显示这一使命陈述如何被表达和检验的模型。不幸的是,这种做法存在一个问题。就像我们已经看到的,公共部门的每一个使命陈述都隐含着或规定着公平的要求。也就是说,公共机构必须为每一个有资格的人提供援助。由于这个原因,公共机构成功与否的量化标准通常是以服务对象的数量、地理分布、种族和社会经济地位差异以及服务输送的成本效益为基础。对于非营利组织而言,这些标准可能相关,但多半是间接的成功评判标准。考察一间非营利的大学附属教学医院,它就不能像街头的那家公立医院那样,直接通过计算就诊人数和医疗的成本-收益来衡量成功。因为这种非营利性医院通过示范训练来促进优秀医学实践的使命并不具体,成功的标准也更难确定。

因此,我们可以得出非营利组织面对的第一个基本挑战——那就是公共服务使命表达。这个挑战不仅要求形成一个非营利组织是什么、为什么而成立的陈述,还要说明通过什么来测量非营利组织在实现其使命时的绩效。

形成一个使命陈述

形成一个好的使命陈述的挑战包括创建一个主题,它必须足够宽广以涵盖组织可能从事的所有活动。这一点非常关键,因为法律要求组织的理事们必须将其活动限制在组织章程所表达的使命范围之内。不过,除了广泛的目标陈述以外,使命陈述的真正价值还在于它在项目、服务和活动方面给予组织的具体行动指导。

在设计使命陈述时,不管决定是什么,都不会是一成不变的。虽然在组织的成立文件中,目标陈述文件是一个重要的环节,但是该文件可以通过一个清晰明确的法律程序予以变更。很多时候,工作使命陈述的定期修改并未经过法律程序。应该对使命陈述进行定期地检查和修改,因为这样一个过程本身有助于厘清组织内的多种设想和欲望。如何创造一个使命陈述呢?让我们来看一个案例记录。

乌托邦维尔艺术委员会

乌托邦维尔市(Utopiaville)想创立一个当地的艺术委员会以对社区文化活动进行监管。市政官员指定了一个委员会去调查这个问题的进展,该委员会召开了一个公众会议来讨论决定什么最适合这个组织的活动。委员会希望陈述简单且易记,起初形成了如下陈述:

乌托邦维尔艺术委员会的宗旨是发展、培育和推进艺术在乌托邦维尔市市民生活中的核心地位。

尽管这一陈述确实符合广泛的标准,但是市议会的成员并不满意,他们认为这种表述太过空泛,并没有提供足够明确的目标和方向。筹备小组又设计了好几种比较复杂的表述,但都不像第一个那样产生共鸣。

最后,他们回到自己对公众会议所做的笔记,列出了人们认为应属于本地艺术委员会任务的各种活动与职责,再回到最初的使命陈述,并提供了下列说明性的话语:

乌托邦维尔艺术委员会的宗旨是发展、培育和推进艺术在乌托邦维尔市市民生活中的核心地位。为了实现这一目标，它将从事下列活动：

- 启动艺术、音乐、舞蹈和戏剧等有益于乌托邦维尔市市民的项目；
- 为市议会与艺术相关的所有事务包括可能的立法提供咨询建议；
- 与乌托邦维尔市的学区、大学和专业院校以及其他教育组织密切合作，发展合适的艺术教育项目；
- 将公共或私人资金分配给那些提供有益于社区的、高质量的艺术项目和作品的组织、机构或者个人；
- 寻找和申请可能的州、联邦政府以及私人捐助支持艺术；
- 为本市所需要的，包括对购买或捐赠的所有艺术作品进行审查和推荐，并对它们的展示提出建议；
- 建立一个网站，内容包含本市艺术团体、艺术家以及表演艺术和视觉艺术场地指南，所有艺术活动的时间和日期的汇总，以及其他一些适宜于推进乌托邦维尔市艺术的资料；
- 监管正在执行的计划，调查本市的艺术需求，包括新的艺术设施，根据书面计划发展、更新和评估乌托邦维尔市艺术的成长；
- 在乌托邦维尔市的商业社区、市政府和普通市民之中培养一种重视艺术的意识；
- 推动和鼓励本市文化的多样性，支持本地区的文化遗产保护；
- 从事其他可以提高乌托邦维尔市艺术和文化生活的活动。

这个新的使命陈述远比第一个充实。它不仅包含原来的、引人注目的开场白（这被大多数人所铭记），还包括一个更为详细的框架，组织能在这个框架之下制订出一系列连贯的项目计划。同样重要的是,新的使命陈述还提供了一个结构,通过这个结构能对组织未来的工作效率进行有意义的评估。

公共服务与生存风险

詹姆斯·苏力(James Sully)是一位在北加利福尼亚的夏令营的理事会主席。该夏令营成立于1949年,最初是为满足贫困少年的服务而建立,运作着一项在山上的原始森林为城市贫民区少年服务的特殊项目。夏令营的这个项目以户外生存技巧课程为中心,鼓励具有不同宗教和种族背景的少年组成团队互相协作,以增进彼此的了解、信任和友爱。

尽管这种夏令营很受欢迎,但它的成本却越来越高,资助贫民区少年活动的资金也在不断萎缩。在一次理事会上,苏力直接提出了这个问题,"几年来,我们一直面临着严峻的财务问题。除非这个问题得到解决,否则我们就不能继续开展贫困青少年服务项目了。我们将只招收全额付费的露营者,实现财务上的收支平衡已成为我们目前的头等大事。"

苏力"生存和安全第一"的观点意味着他已经忘记夏令营的基本使命,或是把它降到了次要位置。他试图告诉我们管理非营利组织就像管理企业一样,必须优先解决财务问题。从某种意义上来说,他是对的。毕竟,不管是营利的还是非营利的组织,都永远离不开资金,都得生存。但问题又没有这么简单。解决财务危机的方法有很多,其中有一些要比其他方法更能与组织使命保持一致。如同一位理事会成员对苏力声明的回应:"考虑到目前的危机,肯定要发生一些变化。人们关心的是变化的本质。"

这是一个典型的例子,展示了非营利组织所面临的重大困境。到底什么更重要呢?是确保组织的生存和持续,还是在即便面临着一定的财务危机和组织风险的情况下仍然坚持组织的使命?让我们来考察一些案例:

- 在面临不断削减的政府资金时,一个法律援助组织必须决定是否开始对顾客适度收费以获取急需的收入(它的使命陈述谈到的是提供免费的法律援助)。

- 教堂必须决定是否对堕胎表明立场。不管采取什么立场,它都将面临被大批信徒疏远的风险。然而,牧师坚信教堂的使命就是为道德问题提供指导。

- 面对日益减少的入学人数,一家男校被营销顾问建议实行男女合校。但它的教职员工和很多校友却觉得为年轻男子提供优良教育的初始使命仍然有效。

- 一家为提高其所在城市音乐生活品位而组建的交响乐团必须决定是否增加流行音乐会的场次而减少其常规的免费的古典音乐会。推行这种变化将有助于交响乐团支付薪酬,但也会威胁组织的使命,有些人如是说。

- 一个采取集体决策方式创建的妇女健康组织必须决定它是否为了提高效率和专业化水平,而依据更传统的管理方法进行重组。在该组织的创建者中,有几人坚信集体管理方式是组织使命的核心。

以上每个例子都代表着风险与妥协之间的选择。各种组织的初始使命提供了一个方向,谨慎和良好的管理意识则提供了另一种。忠实于组织的初始使命可能是危险的、代价昂贵的,但是只关注组织的生存安全又会带来原则上的冲突。在非营利的环境中,一直持续存在着这样两种对立趋势的斗争。在组织承受压力、资金短缺以及对基本目标存在分歧时,这种斗争也变得尖锐。

再者,公共部门和营利部门的差别是显著的。在公共部门中,使用政治术语来判断风险,公共机构通常对它们能走多远和应该走多远有着清楚的认识。运作授权来自于民选官员,由他们划定范围,决定什么是被允许的。要扩展这些范围需要政治游说、辩论以及在极端情况下,选民推选新人担任公职所带来的变化。在营利部门,商业总是不断地面临着各种包含不同程度风险的选择。不过,这些风险几乎都是根据最终的回报或收益来衡量。如果今天的风险决策能在明天带来更为丰厚的回报,那这个决定就是有价值的。

非营利组织的情况却不一样,因为它的价值标准无法从根本上被表达为政治或财务术语。谁能决定采取道德立场、演出更多的古典音乐、保持集体决策结构或继续提供免费法律援助的价值有多大?特别是在每个案例的风险并不必然地带来更大收益的时候。实际上,在绝大多数例子中,所描述的风险将给组织带来更大的财务负担。因此,没有一个单一的、简单的标准作为抉择的基础。这是判断的要求。一方面,有人说不能将组织置于不堪重负的境地;另一方面,有人宣称不忠于自己使命的非营利组织不必再继续运作。

因为所有实际的目的,我们几乎无法找到一个正确的位置来划分组织安全和公众服务使命的界限。一个非营利组织的管理和支配是负责任的,但发现自己常常对一些问题的讨论没完没了,事情接踵而来,决策永不停止。这就是非营利组织面临的第二大基本挑战——风险/生存分析,或者一边是组织的扩展和风险承受,一边在组织的安全之间寻找一个平衡。要满足这一挑战,需要其管理团队具备下列意愿:

- 进行不间断地计划设计;
- 在现实和理想的观点之间分析未来抉择;
- 依据组织的使命陈述和长期的安全性讨论每个建议行动的利弊。

思考下列组织成功应对挑战的例子:

法律教育社团

法律教育社团已存在好几十年了,它的使命是以多种途径提供法律援助,比如为无法负担费用的个人提供法律建议,为非营利性组织提供法律援助,为增强公众对法律的了解而提供学习上的帮助。它的理事会由多民族的成员组成,其中有律师、法官以及代表不同社会经济群体的平民。目前,该团体资金充足,有适度的捐款来源,并拥有12名固定员工。

2003年,这个法律教育社团雇用了一位女律师担任组织的执行理事,她在全国被公认为是最精明能干的年轻律师之一。她曾在一所著名法律学校的《法律评论》杂志社工作过多年,为丰富法律文献做出了积极的贡献。她也曾给最高法院法官担任过两年的助理。她的任命被欢呼为该教育社团的历史转折点,然而,从某种程度上说这一转折点没有人能预料得到。

在这个年轻女律师担任执行理事的头四年里,每个人都对她感到满意。她增加了一些项目,确保了资金的增长。她撰写了一些重要的文章,吸引了新的员工(包括少数民族和妇女)。每个人都认为若雇用她的话,她会像发动机一样精力充沛。四年后,她的兴趣开始转移。随着她在该领域愈来愈有名望,全国的各种组织都想聘请她担任顾问为法律教育计划提供建议。最初,她是在理事会的允许下仅在周末和假期接受这些任命,但随着对她的咨询服务需求的增长,她对这些项目的兴趣也日益增长。由于这些项目范围变大需要投入更多的时间,她请求理事会是否可以通过法律教育社团设计一个小型咨询计划以给组织带来咨询合同。她解释道,这样做的优点是该法律教育社团能够盈利并且在全国的法律教育领域扩大影响力。

最初,这种安排起了很大作用。在第一年里签订的两个大型合同使组织净赚了8.2万美元的额外收入。这个法律教育社团在它的同行当中被视为领军人物。这位执行理事在几个关键员工的帮助下,一直对咨询工作的挑战和发展感到满意,但是一些回头的老客户开始感到不安。因为该组织的中心任务正在转变。每个团体的员工

第一章　理解非营利组织

显得对客户的问题越来越不感兴趣,转而关注那些全国更大范围的人所面临的问题。理事会开始收到矛盾的信号。国家出版社和全国性的基金机构都赞扬法律教育社团所做的工作,而那些当地的客户(指寻求法律援助的个人和组织)却在抱怨该社团的服务不完善。

在担任执行理事的第五年任期,她建议对该法律教育社团进行重大重组,五年内把咨询业务变成该组织最大的业务活动。她拟订了一项构思精妙的计划,它预测这一时期组织的预算和员工的规模均翻了一番,而且对补助金的依赖性大大减少。法律教育社团仍提供法律援助,但仅通过一系列转包契约来提供,该团体仅仅是充当经纪人的角色。她实施该计划的一个理由主要是迫不得已。当时,联邦和州政府把法律援助项目的资金拨款放在了较次要的位置,而私人部门也不太热衷于要改变现状。这样现实中能得到的资金就越来越少,而为了争取资金还需要经历更多的竞争。她解释说,对比下来,咨询业务的财政前景充满了希望。

毫无疑问,那些理事会成员认为这个执行理事能成功推行这一计划,因为她的能力再三证明了这一点。关于短期的资金前景问题也没有争议。简单来说,基本的法律服务的资助前景不佳。然而,理事会所担心的是变革将对组织最初的核心使命产生什么样的影响。尽管咨询业务将确保组织的生存和持续发展,但它也意味着组织将发生重大的转向,转向为穷人和非营利组织提供基本的法律服务,而这些需求比以往任何时候都要强烈。理事会中的一些成员激动地主张组织必须回到最初的目标上去。

这个问题争论了两个月,并在客户和国家权威部门之中发起了一项调查。起初,大部分理事似乎都支持这个执行理事的计划。但是,另一部分成员明确表示捍卫组织的使命是理事会的法定义务,并威胁说要去寻求州检察官的支持以强迫理事会拒绝该计划。最后,在一次势均力敌的投票表决之后,理事会最终没有采纳执行理事的请求,而是另外构思了一项新计划以使组织能忠实最初的使命。一年后,该法律教育团体成立了一个新的执行理事会,员工规模(大部分是新员工)不大,预算较少,理事会成员许多是新来的,它在社区中有明确的定位。原来的那位执行理事则开了一家自己的咨询公司,员工大部分是她原来的雇员。在她的第一批客户中,结果有一个就是现在仍在吸收其经验和知识的法律教育社团。

理事会的决定是否正确?有些人的答案是肯定的,有些人的答案是否定的。州检察官不太可能干预此事——尽管从理论上讲,假如一些理事说服他相信该组织的使命正在遭到妥协,他则有合法的理由这么做。暂且忽略这一案例的优点,像这种合法行动受到威胁的事实表明一些理事认为该执行理事的计划是麻烦的。最终,没有正确的决定。因为每个人对"正确"的理解不同。尽管如此,仍然存在一个正确而负责的行动过程,这就是决定以公开和非正式的方式讨论这个执行理事的计划。理事们一方面考虑组织的使命问题,另一方面考虑组织的生存安全问题,他们权衡了多项选择之后才决定重新支持组织最初的使命。那些持不同意见的人离开了组织(包括那位执行理事、一些雇员,还有几个理事会成员),尽管他们对这个决定感到失望,但是所有人都相信决策制定程序的公正性。该组织成功地应对了风险和生存分析带来的挑战。

公众的范围和类型

每个非营利组织的使命都提出要为公众而服务。但是这一使命的准确含义是什么?从广义上说,公众指每一个人;然而,很少有非营利组织认为自己在为每个人提供服务,它们不像公共机构,无须在隐藏的或明显的义务下进行运作。因此,每个非营利组织必须判断其顾客的范围和所服务的公众的范围和类别。

这个判断并不仅仅是个理论问题，它还是个实践问题。该判断对于组织项目和活动、资金增长、预算计划和人员规模以及结构这些细节问题都会产生影响。它涉及在理事会中的顾客代表问题，这个问题并不能通过以普通形式指出组织的使命是"服务于公众"就能解决。组织必须通过管理、人员配备、计划和活动来表明它的服务和关注的范围。

与营利部门的组织进行比较将使我们深入理解非营利部门的特征。在营利部门里，组织的公众是由它出售产品和服务的需要决定的。因此，它的公众是由那些有能力直接或间接影响组织盈利的人组成，包括组织的顾客、委托人、雇员和其他那些能够促进或阻止组织开展活动的重要人士。例如，在一家软饮料公司中，其重要人士包括正在考虑为饮料瓶的广告立法的参议员；而对于一家大型武器制造商而言，其重要人士则包括一群定期为国防事务撰写稿子的新闻记者。

这些客户团体的每一个成员——顾客、委托人、雇员、其他重要人士——对营利组织十分重要，甚至会影响企业精神。与每个团体进行交往的主要策略取决于企业的理念。例如，一家营利性公司可以调查顾客和委托人的态度和偏好，据此相应调整其产品和服务，然后采取市场战略以改善服务形象。它还可以为雇员提供丰富的奖品和奖金以改善管理者和雇员之间的人际关系。在一些案例中，营利组织可决定进行某种投资以在一些人当中树立积极的公众形象，这些人的观点能影响组织的商业行为并最终盈利。企业也可为政治候选人捐款以影响立法，或者提供爱心捐款以提升组织的"慈善"形象。他们向组织的所有者和投资者解释这些决策是正当合理的，因为它是以提高企业利润为基础的。在所有的案例中，为各种客户团体提供服务以及他们的参与被视为是一种策略，而在决策程序当中，没有案例把客户团体的参与看作是必要的。

在非营利组织中，情况正好完全相反，为公众服务并没有被视为手段,而是被视为目的本身。尽管非营利组织也能从事许多和营利性业务一样的活动——通过调查顾客以调整产品和服务,促进雇员之间和睦相处,甚至有时候援助其他慈善机构——但它这样做是出于一种信念,即这些活动能进一步促进组织的服务使命。为了能提高效率,组织不能和公众保持距离。为了使非营利部门的管理高效运行,广泛地吸引各层次的公众参与组织运作是完全必需的。

然而,非营利组织并不具备政府(或公共)机构所有的公共契约。由于公共机构是以税收为基础,所以从理论上讲,它必须为任何人提供服务。在许多情况下,"任何人"仅限于符合一定资格要求的人或组织。但是有两个要点:首先,通常用定量的术语来准确界定资格(例如,65岁以上的人,年收入低于1万美元的人,年预算低于10万美元的组织,或者根据501[c][3]条款规定的非营利组织)。第二,一旦设定了资格标准,那么符合这些标准的"任何人"都成了服务对象。但非营利组织的情况不一样,它对服务对象拥有"奢侈的"选择权。这种灵活性也是一种挑战,因为对客户的界定过于狭窄或者在非营利组织的运作中没有吸纳客户代表的参与都将导致不良的后果。

当然,客户的界定和参与是非营利组织面临的第三大挑战。非营利组织必须明确界定服务对象,一旦完成之后,它就必须通过理事会、雇员和业务活动来调整组织结构以加强它对客户团体应尽的责任。对客户进行界定之后,组织做出的各种决定为其在社区中树立了特别的形象,为有关组织的公共责任的潜在资金提供者提供了线索,这要么吸引了组织想要服务的对象,要么则予以排斥。

这个问题为什么如此重要?我们可思考下面的情况:

- 一家艺术博物馆因其项目"仅服务于精英和富有的观众",所以没有获得州艺术机构的补助金。我们应该鼓励它去接触更为宽泛的公众。

- 一个坐落于都市贫民区的健康医疗中心宣称,它所服务的社区有80%的居民为黑人。然而,尽管医疗中心努力吸引黑人光顾,但是来这看病的几乎都是白人。值得注意的是,医疗中心的所有理事和职员都是白人。
- 社区娱乐中心的理事会对于一系列活动的低参与率感到困惑不已,原因是活动的顾问没有吸纳社区的建议。
- 美国国家税务局(Internal Revenue Service,简称IRS)对一家非营利的文艺推广服务团体的免税身份提出质疑,理由是它的成员资格仅对精心挑选的少数几个人开放,他们从协会中获得明晰的财政收益。

每个组织都发现自己处于进退两难的境地。在每个案例中,公众参与这一概念的定义都过于狭窄。

- 关于艺术博物馆的案例,一位在基金机构负责分配公共税收的理事说到,补助金委员会不愿意"看到穷人交纳的税收为富人的娱乐买单"。她声称,如果博物馆为老年人提供入场费津贴,努力使设施满足残疾人的需要,在社区所在地举行非正式的音乐会,或者为本地的学生提供教育节目,这样她所在的机构就会有大不相同的感受。
- 关于健康中心的案例,组织的使命陈述中谈到了要为社区提供服务,但是组织中的理事和职员都是白人,这给社区中的黑人传递了一个截然相反的信息。这个例子表明行动要甚于言行。
- 关于娱乐中心的案例,该组织显得过于相信顾问的能力而疏忽了其主要社区的客户。如果社区代表一开始就参与计划过程,一旦计划得以确立,他们也许会有更强的主人翁意识。
- 最后,文艺组织这一案例预先告诉我们,当一个组织对它的成员资格和服务范围界定过于狭隘将会发生什么可怕的后果。组织的非营利性目的若模棱两可,可能导致失去资金来源并最终失去免税的身份。

所以对于一个非营利组织而言,界定它对公众的服务应包含以下要素:

- 对组织客户的界定合理并便于理解;
- 吸纳组织各个层次客户的参与,特别是在理事会这一层次上吸纳客户的参与;
- 开展的项目和业务活动要能够体现出对客户具有强烈的责任心。

"有组织放弃"的试验

如前所述,非营利组织最重要的步骤是确定它的使命,要成功地完成需要很多的思考和讨论。但是这一使命的另外一个方面更加富有挑战性——决定何时不再合适,或确定有其他能更有效地完成该使命的组织。这种"有组织放弃"的试验的应用是如此困难以至于许多非营利组织只是年复一年地奋斗着却无法面对这一事实,即它们的存在对于组织外的人而言已是无足轻重。

让我们来思考一下某个以根除某种特殊疾病为使命的组织。当发现了可以治愈该疾病的疗法及药物并可根除这一疾病的时候,组织会发生什么呢?乍一看,显然组织应该解散,但它难道应该解散吗?组织经过多年努力才建立起忠实的客户群。那可以鼓励这些客户群加入根除另一种疾病的战斗吗?

或许我们可以思考一下多年来处于衰退的组织,它现在发现围绕自己周围的是许多更年轻的和更有活力的组织,它们能更有效地完成使命。这个案例明显表明组织应该解散。但是我们仍然不要贸然下结论。是通过什么标准断定组织会消亡?又是通过什么标准确定其他组织能更有效地执行任务呢?

"有组织地放弃"这一概念是我们理解非营利组织的关键,它详细表明了在负责任的治理中会出现的主要困难。**有组织地放弃**指有计划地逐步退出组织的运作。"**有组织地**"一词被用来描述一种解散的特征,它是经过深思熟虑后决定的,而不是因为发生了不受欢迎的和突如其来的财政衰退、管理剧变或是其他外部或内部危机导致的解散。非营利领域的一个主要问题是有组织地放弃的试验难以运用,因为做出这一判断的标准是相对的和主观的。

再说,它与营利性组织和公共部门之间的差别明显。在营利性组织中,当组织在某段时期内亏损而又无法保证未来是否有所改观时,这通常是发出必须做出某种变革的信号。投资者开始介入以减少损失,组织可能被出售、解散或是重组。而在非营利组织中存在两个重要的区别:第一,当某些东西应加以改变时,几乎不会发出明显的信号,因为在非营利组织中没有一个单一的、客观的标准来衡量成功或失败;第二,在非营利组织中没有可预测的外部压力迫使它改组或解散,也没有投票表决的团体迅速提议保护组织的投资,组织的管理团队和员工即使在没有真正意识到目标或优秀标准的情况下也可以运作多年。

在公共部门中还有一个显著的区别,就是知道何时要停止运转。对于政府机构而言,民选官员管好资金,并且每年评估机构的成果和计划。因此,这些代理机构必须取得成绩让民选官员满意,否则它们的资金——有时生存——会受到威胁。这些代理机构在被批准继续运作之前会定期地接受"日落复审"(sunset review),要求机构能提供继续存在的正式理由。而私人的非营利组织就不用承受这种外部压力。

接下来我们要接触到非营利组织最后的关键性挑战——"有组织放弃"的试验。这一挑战要求组织做到:

- 清晰界定使命;
- 制定成功的标准来评估组织使命的意义和效果;

- 建立一个正式的制度来确定组织的使命是否适宜和有效。

以下案例可以为怎样达到以上三种要求提供参考。

区域健康网络组织

20世纪末,一家联邦机构和新英格兰北部的三家州机构合作,在几个地方企业的帮助下,集中资金改善缅因、新汉普郡、佛蒙特三个州的乡村的示范性健康教育计划。区域健康网络组织(The Regional Health Network)是一家新的私人性质的非营利组织,在新汉普郡建成。它的使命分为两部分:第一,通过专题讨论、研讨会、上课和社区活动等渠道来提高新英格兰北部三个州的健康教育的质量和数量;第二,通过在当地制订稳定的计划来提高学校和社区团队的专门技术知识。

区域健康网络组织茁壮成长了十年:预算得到增长,员工增加到十人,在一所规模较大的大学里拥有了一个基地,其项目被推崇为全国的典范。但是,情况开始发生变化。由于联邦机构改变了对地区健康网络资金配给的优先权,州机构开始效仿,这使该组织的基金来源不稳定。因政策变化产生的资金危机并不能归咎于区域网络组织,对此它也无法控制。网络组织的联邦和州政府资金提供者已经决定要创建一个地区健康教育组织,但是新英格兰地区的范围是六个州。因为网络组织仅仅服务于三个州,所以没有被考虑为资金接受的合适人选。这样,根据联邦和州政府政策中的具体规定,是否继续为网络组织提供资金似乎不太确定。

资金并不是区域健康网络组织的唯一问题。自从成立之际,该组织的客户大多数是志愿者,他们在健康教育方面经验不足。起初,教师、父母和其他志愿者总是对区域健康网络组织的员工提供的技术性帮助大加赞赏,他们称:"没有你们的帮助,我们根本无法实施这些计划。"过了十年后,这些客户变得更加世故老道。许多本地项目都配有专业人员,这些人要求网络组织要么提供更好的和更广泛的服务,要么干脆把联邦和州政府的稀缺资金直接用于他们身上。

幸运的是,区域健康网络组织已经明确地界定了使命,设立了评估标准,并乐意开展"有组织地放弃"的试验。通过这样做,它能够为客户提供有所改善的服务,坚持所有重要的计划项目,为员工找到有挑战性的工作,最后再解散。

该组织是经历了以下步骤来决定"有组织地放弃"是否合适。开展评估来确定组织是否已经很好地实现或正在实现它的使命。通过评估,人们发现在新英格兰北部乡村历时十年的开发工作,在学校和社区组织中产生了大量持续的和自给自足的计划——这一发现使理事会感到满意,但也表明对开发工作的需求已经减弱。同时,评估也显示出对健康教育、技术性帮助和资源的需求仍然很大,该健康网络组织的客户正在寻求一个规模更大、资金充足的组织来提供这些资源,而该网络组织对他们而言变得越来越不那么重要。

在评估之后,该网络组织的理事会和员工与公共部门和私人部门的资金提供者进行了探讨,分析了未来的财政前景。尽管大多数资金提供者称,他们愿意通过对组织的计划性活动提供少量赞助费来资助组织,但没有人愿意承担基本的管理成本。由于原本承担管理成本的联邦和州机构正在指定另一个组织(它服务六个州)作为官方的地区组织,并且联邦的政策规定每个地区只能有一个组织享有基本管理成本的保险,所以,健康网络组织未来的财政前景并不令人看好。

几个月来区域健康网络组织的理事会和员工聚在一起思考组织所面临的形势。为了确保获得管理资金,组织是否要改变它的使命?组织是否应该为它所提供的服务收取费用?组织是否应该削减一至两个人员，这样，组织就能够继续运营标志性的计划以期望一个更好的未来？以上每一种选择以及替代方案都被考虑过了，但是，又一一被否决了。组织最初的使命在当时看都是正确的。组织决意要去做的事也成功完成了。但目前又出现了其他的组织以更有效的和更大的财政可行性来平衡组织的使命。

理事会投票决定是否解散组织，但是制定了一个长达九个月的时间表，目的是确保该健康网络组织的每一项重要的计划能够被另一个组织接受；确保每个员工都有新的去处；确保该组织的历史和成就能记录在案以成为公共记录的一部分。其中有好几个计划项目被以马萨诸塞州为基地涵盖六个州的新地区组织所采用。在第一年的转变时期，为了确保连续性，新组织聘请了原组织的执行理事担任全职顾问或协调人，负责在新英格兰北部三个州的执行计划。在建立的第 15 个年头，健康网络组织永远关上了大门。在举行了香槟宴会庆祝取得的成就和未来的计划之后，它解散了。

该地区健康网络组织的例子是非营利组织一个成功的管理案例，不仅表现为 20 多年生涯中所取得的成就，而且表现为在适当的时候以正确的方式成功地进行了解散。通过仔细分析该健康网络组织的历史进程，特别是在最后两年中发生的事件，许多非营利组织从中受益匪浅。这一历史事件展示了非营利组织如何应对为使命负责任的挑战。

本章旨在描述非营利组织的重要特征和管理者们所面对的相应的挑战。

非营利组织是一个具有公共性目标的私人组织，这种结合使它在运作过程中弹性更大。然而，这种弹性是一把双刃剑，它既提供了机会也引发了某些危险。最明显的是，在使命、客户、业务活动等领域，这种弹性会引起模棱两可和不确定性。非营利组织必须采取以下措施来应对危险：

1. 清晰系统地界定组织的使命；

2. 在执行运行当中的计划时要仔细考虑每一行动过程会带来的风险和利益，同时注意这个行动与组织使命的相关性；

3. 在组织运作的各个阶段中要识别它的客户并使其参与；

4. 为了确保组织能继续存在的必要性，就要进行"有组织放弃"的试验。

恰当地应对这些挑战可以为非营利组织负责任的治理和管理提供一个基本的框架。

思考题

1. 在最近五年里，你所在的组织对使命的定义进行过评估吗？

2. 你所在的组织对使命的陈述是否包含一个更广泛的目标和更详细的框架，从而开展一系列连贯而有条理的活动？

3. 计划程序是否得到改进，以平衡组织和项目发展对长期财政支持的需要？

4. 谁是你所在组织的客户？他们在组织中被代表了吗？组织的活动是否满足他们的需要？

5. 在你所在的组织的最近十年中，进行过正式的"有组织放弃"的试验吗？

6. 要用什么标准来评估你所在的组织的使命与活动是否中肯和适当呢？

注释

1. 除非特别说明，本段中的数据来自美国国家慈善统计中心，美国非营利组织的数量1999—2009（http://nccsdataweb.urban.org/PubApps/profile1.php？state＝US,

2011年1月14日访问)。请注意 IRS 在 2010 年推行的新的报告要求导致 275,000 家组织被取消了免税地位。参见：斯泰芬妮·斯托姆(Stephanie Strom),"IRS 结束了 275,000 家非营利组织的税收减免"("I. R. S. Ends Exemptions for 275,000 Nonprofits"),《纽约时报》,2011 年 6 月 8 日。其中的一些税收减免的取消在本书写作期间引起争议。

2. 康纳德·T. 温(Kennard T. Wing)、凯蒂·L. 罗伊杰(Katie L. Roeger)、托马斯·H. 珀莱克(Thomas H. Pollak),"非营利部门简介：公共慈善、捐赠和志愿服务 2010"("The Nonprofit Sector in Brief：Public Charities, Giving, and Volunteering 2010"),华盛顿：城市研究所,2010(www. urban. org/publications/412209. html)。

3. 斯坦利·J. 切尔文斯基(Stanley J. Czerwinski),"非营利部门：在提供联邦服务中日益增长的数字和关键作用"("Nonprofit Sector：Increasing Numbers and Key Role in Delivering Federal Services"),GAO-07-1084T,2007 年 7 月 24 日在美国众院财政委员会监督小组委员会的证词,2011 年 1 月 13 日访问(www. gao. gov/new. items/d071084t. pdf)。

4. 卫生保健研究和质量机构关于医疗费用的专门调查 2008(Agency for Healthcare Research and Quality 2008 Medical Expenditure Panel Survey)2011 年 1 月 13 日访问,见表 I. B. 1(http://www. meps. ahrq. gov/mepsweb/data_stats/summ_tables/insr/national/series_1/2008/tib1. pdf)。

5.《美国捐赠 2010：2009 年慈善事业年度报告》(*Giving USA* 2010：*The Annual Report on Philanthropy for the Year* 2009),印第安纳大学慈善中心(Center on Philanthropy at Indiana University),2010,第 6 页。

6. 温(Wing)、罗伊杰(Roeger)、珀莱克(Pollak),第 6 页。

第二章　理事会

　　玛丽·克拉克在11年前成立了康普顿社区中心。如果那时能有现在的认知，她的行事方式可能截然不同。当时没有人能想到，社区中心会发生这么多变化：成立社区中心在她脑中当时仅仅只是构思，现在已变成现实；在10年里，社区中心每年的服务人数超过了15,000人；中心拥有了一座大楼（它的前身是一所学校，花费1美元从镇上购置的）；它的雇员有22名并且预算超过了100万。如果她能预知所有可能发生的事情，她也许会听从人们的建议，走得更为缓慢和谨慎。但是，她认为当时只能迅速而果断地前进。她不得不把所有愿意帮助她的支持力量储存起来。即使不能确信其所为是否正确她也必须表现得信心十足。她的人生信条是：热情是具有感染力的，正是热情才构建了社区组织。

　　玛丽·克拉克最大的遗憾是，她对理事会成员的安排工作不够细致。从当时的情形来看，她犯下的错误完全可以理解。社区中心作为当地基督教青年会（YMCA）的一个项目运营了两年，不必组建成公司，这是一个便利的关系。基督教青年会提供场所，管理所有必备的文件，并将免税资格租用给中心，这样，玛丽就可以出去募集资金。最终，她知道迟早得担忧中心的独立法人地位，但是很多人建议等到方案设计完备以后再说。然而，一些不可预料的事情发生了，这迫使她对时间表做些变动。当时康普顿学校理事会决定关闭当地一所小学，城镇的几位权威人物认为这应该成为康普顿社区中心的新家园。这个想法正好圆了玛丽·克拉克的梦，因此，她不打算宣称组织还没有为这一步骤做好准备。

自此，形势迅速朝前发展。镇里举行了一场公民投票，多数投票者同意以 1 美元的价格将学校卖给康普顿社区中心。镇里的律师与基督教青年会的律师以及玛丽·克拉克的委员会碰面后一致认为，在新形势下玛丽·克拉克的项目已超出了基督教青年会所承担的财务代理人的资格，确立康普顿社区中心独立的法人地位是必要的，大家还进一步认为，玛丽·克拉克需要组建一个可以转让财产所有权的官方非营利组织。

正是在这一点上玛丽·克拉克犯了她第一个严重的错误。她邀请了一群朋友担任理事后匆忙地组建了公司。她说："这样只是为了让律师满意，将一些名字登记在企业卷册中，我保证你们无须做任何事。"她说完这些话就后悔了。因为在当时，康普顿社区中心大笔资金筹集工作需要着手，分区规划更改后她得动员社区给予支持，她开始意识到一个人是不可能单独承担像康普顿社区中心那样大型、复杂组织的管理责任。像许多非营利组织一样，玛丽的公司组建仓促，管理层随意设立并对托管事务应有的责任一无所知，这在未来的五年里一直困扰着玛丽。

如果玛丽自己能理解法律在理事[1]与合法组建的非营利组织管理的相关性中所起的特殊作用，或许所有一切将更一目了然。在第一章里已指出，联邦政府和州政府可以给予非营利组织非常有利的让步和豁免权，尤其在组织获得免税企业的经营许可后。一旦组织被宣布获得免税，联邦政府、州政府，甚至在某些情况下，地方政府官员会放弃征税权。此外，如果个人或公共机构捐赠者向非营利组织提供捐赠,美国国税局一般也同意减免其纳税义务。这不亚于一笔慷慨的政府补贴。政府做出这些让步,是认为非营利组织在某种程度上是为公众服务而不是为任何私人谋利而运营。

通过放弃征税并许可减税资格,政府税务官做出了大幅度的让步,在许多情况下,也给予了非营利组织大量间接的经济援助。例如,一个特殊组织每年将接受个人捐款50万美元,我们可以假定至少有10万美元是因为税收不用上缴美国国库而间接由政府提供的。对这个非营利组织而言,免除的个人税务达到了10万美元。所以需要在非营利组织系统中采取一些保护措施以使政府确信它的确在执行公共使命。它要求一个群体充当公益信托的保护人——每个人都铭记公共利益。这些人就是理事,其职责就是充当管家的角色,向授予组织特许证的州政府负责,向授予免税资格的联邦政府负责,最终向公众自身负责。

为了确保非营利组织的理事铭记公共利益,每个人不是为了谋取经济利益才去进行信托服务,而营利组织恰是如此,他们不能私自拥有非营利组织的股票,也不得以任何财产形式享有所有者的权利。大多数情形下,人们期望,无须对他们的服务做出补偿(但以合理现金支出的补偿除外)。[2]实际上,人们期望,作为理事,他们的服务不是为了经济利益,而是像志愿者一样尽责,为公众谋福利,代表公众履行合法的信托责任。他们必须确信:组织正在执行企业条款中清楚阐明的使命,其经济活动是联邦与州政府允许的合法恰当的行为。

从这个意义上说,信托职责是一种承担广泛法律义务的严肃商业行为,不仅仅是一项荣誉,也不仅仅是出席午餐会或茶话会。这是一项需要知识、责任感及花费时间的工作。在选择受托人时,玛丽·克拉克应该寻找理解这一点的人,她应寻找具备一定的法律和金融知识的人才。更重要的是,她应该寻找能理解理事会责任与义务的人。

理事的责任与义务

理事有六项基本的责任,他们应该:

- 确定组织的使命并为其运作制定政策,确保遵守组织章程的条款和法律条文;
- 制订组织全年计划,制订长期性的计划,并为将来设定总体行动方向;
- 制定财政政策及范围,控制预算和财务;
- 直接进行财政资助和募集资金,为组织活动提供足够的资源;
- 对首席执行官的任期进行遴选、评估,如果必要并予以终止;
- 发展、保持与社区的交流和宣传组织的工作。

理事了解以上职责非常重要,了解不属于他们职责范围内的事情也同样重要。他们不应该:

- 参与组织的日常运转;
- 雇佣除首席执行官以外的职员;
- 未与雇员商讨就制定详细的纲领性计划。

下面让我们更详细地了解理事们的六项职责。

政策制定

依照法律,理事会对非营利组织的决策制定负责。首先起草两种草案(如果必要可加以修改)以列出各种规则、惯例及程序:分别是企业条款(有时也称为组织条例)和实施细则。此外,理事或许希望草拟其他公文,比如人事手册、受托人手册,以进一步廓清其角色、责任、职责及一般政策。许多非营利组织对利益冲突也草拟了附加政策,这些情况包括理事和雇员(因旅行、娱乐之类的花费)使用组织基金以及其他与组织服务相关的特定事务。

发展使非营利组织平稳运作的政策有两个好处。从非常实际的观点来看，一套规则、惯例和运作程序确保用一个标准来衡量雇员及理事的行动，一旦个人违反则有理由予以解雇。更广义地说，充分的公文性政策可特别保护理事无须为可能出现的问题负责，这将在后面的章节描述。当理事不遗余力地发展、争论、修订、采纳那些展示他们参与组织事务的政策时，诉讼案就不大可能发生。

理事必须关注的第一部条文是组织章程，一些州称之为企业条款，其他的州称之为组织条款。组织一开始向州政府申请法人地位时，就必须呈交这些条款，并由保留法人档案的州政府办公室进行审查（例如：法人部门或州政府办公室秘书处）。尽管涉及组织使命的部分条款需由理事起草，但关于组织运作的基本框架部分都是在律师的帮助下起草以确保其符合管理非营利组织的法规。

一旦组织条款被认同，原始文件将保存在州政府办公室，并成为组织结构、宗旨、财政年度的官方文件。因为组织条款涉及组织的特征和成立的理由，所以理事应该至少每三年审查一次。条款发生变动应取得理事的同意并补充说明后提交给州政府。理事会的部分法律义务是确保组织按照章程的特别规定采取行动、履行使命，提醒这点很重要。所以，理事一旦加入组织就应备有一份章程。

理事会也负责起草第二种公文，即实施细则，它是组织的运作法规。实施细则超出了章程中一般性的内容，讨论影响理事自身更细节性的、更专业性的程序问题。例如：实施细则规定了理事的人数、任期和选举程序，讨论会议何时以何种方式召开，如何选举领导（如总裁、财务总管、职员等），他们的权限是什么，怎样进行投票，如何填补理事职位的空缺，以及其他涉及组织平稳运作的基本细节内容。

实施细则，像组织条款一样，需进行定期的审查及更新。进一步说，理事有责任确保遵守条款以避免法律纠纷。让我们考查下面的案例：

彼得森动物园

彼得森动物园是一家拥有 1,000 万美元资产的非营利组织。它的理事长多次警告执行理事说理事成员们对他的表现不满意。六个月后，理事长举行了一场执行委员会的特别会议，投票决定在两个月后解雇执行理事，并告知了他这项决定。理事长在理事会成员不知情的情况下聘请了律师，同时他还成立了调查委员会，并雇用了一个新的执行理事。

当前任执行理事离职的时间到来时，他宣称这一解雇是非法的，因此，他仍然是执行理事。他指出，根据实施细则执行委员会无权解雇，因为他是组织的领导者。他还说到，像这类的行为需在全体理事会会议上由大多数人投票决定。此外，根据合同，从官方投票解雇到实际解除职务这段时间需要有三个月的通知期。

彼得森动物园现在有了两位执行理事，任何一个都可能提起诉讼。理事会陷入尴尬的两难境地。直到三周后，全体理事会才开始碰面讨论此事，对第一个执行理事的留任进行了投票。在此期间，执行理事动员了许多成员对其予以大力支持，他们对执行委员会的无能表示了愤怒和不满。在全体理事会上，执行理事的律师成功地说服了大多数理事成员，为他的当事人提供了两年的解雇补偿费，若当时理事会对实施细则给予恰当关注的话，彼得森动物园对这笔负担不起的费用是完全可以不用支付的。

接着，一群非执行委员会成员的理事因为在解雇执行理事问题上事先未咨询他们，也提起了反对执行委员会的诉讼（这是州法律赋予他们的合法权利）。为避免这一法律行为产生潜在的经济后果，执行委员会成员只好主动向理事会辞职，想以此换取撤诉。

除了组织章程和实施细则，一些组织还出台了两套规范性手册，一项主要针对员工,另一项针对理事会。员工规范手册也称人事手册,这在第四章中将详细讨论。它包括雇佣与解雇、休假和病假、请假、绩效和工资审查、工时和工作条件、津贴等。理事会规范手册也称理事手册,它将在后面的章节讨论,并更详细地列出理事的角色和责任。

许多组织出台了一套**利益冲突**(conflict-of-interest)政策,这些政策要么包括人事手册或理事会手册,要么发展成为一份独立文件。在非营利组织中,当理事会成员或员工发现其职位处于一个对自己、家属或与他们结交的其他组织的有利位置时,潜在的利益冲突就可能发生。必须指出,在许多情况下,非营利组织的行为也许是完全适当的——例如,组织会选择雇佣法律部门的理事来承担复杂的房地产交易业务或保护组织不受到起诉。但是,无论如何,利益冲突政策应该建议:

1. 有利益冲突的个人应毫无保留地公布其与那些从决策中获益的个人或组织之间的关系。

2. 有利益冲突的个人不能参与存在利益冲突的决策,这意味着:

- 不能参与投票;
- 不能参与投票之前的讨论;
- 在讨论或投票期间要回避。

以上文件为理事们设定组织内部结构和运作的一般性政策提供了一种机制,他们还可以随时制定其他政策以使这些方面愈加清晰。通过出台这些政策,他们同时也极大地保护了组织及自身不会受到法律起诉。因为这些政策显示,组织非常谨慎地确保它以一定方式进行运作,这种方式将在"各司其职"上表现出合理性(这是大多数州检察长依法判断理事行为时采纳的标准)。

计划

理事的第二项主要职责是制订计划,既包括短期(未来一年)计划、中期(未来五年)计划、也包括长期(未来十年)计划。计划包括建立一套宽泛的固定目标以及具体的任务。为了完成目标,理事会必须判断组织的方向,并确定希望完成的目标。例如:康普顿社区中心的目标可能是为城市贫困儿童提供丰富多样的运动机会。为完成这个目标,理事会必须使之更加明确化。他们的目标是用时间限制,通常是量化的且可以衡量。为了完成目标,可对低收入家庭8—18岁的850名儿童在一周内提供至少一小时的运动指导。

一旦确定目标后,可进行两项额外活动。一是草拟实现目标的行动或执行计划。通常执行计划主要由雇员实施然后让理事会审查。它列出了活动的实际时间表、资源使用情况(人力、财力)以及后勤服务。第二项活动是确立评估程序以确定组织是否在所分配时间内真正完成任务。不幸的是,评估通常是被理事们所忽视的一个领域,但不应该这样。理事有责任确保组织运行正常,他们应追踪计划的执行是否有效以及目标是否完成。

虽然在第九章会更深入地探讨"计划"的内容,但是有必要在此概述一下理事会在计划中至少会考虑的活动,它们包括:

- 任命一个计划委员会来为组织出台计划日程;
- 定期撤销计划,至少两年一次(在长期计划的发展中频率更多);
- 每五年至少出台一个书面计划;
- 每一新年度提前设定目标和标的;
- 审查这些目标和任务的运作情况、经济后果。

财政责任

"执行理事非常了解预算情况,让他去开发预算数目,我们仅需赞同他所提出的问题。"

"雇员是诚实的;不要坚持使用烦琐的支票签名和现金管理程序,这只会使他们的生活变得更复杂。"

许多理事们要么做出上面这些评论要么决定相信他们。这么做的话,他们不但因为忽视财务责任而废除了维护公营托管的义务,而且他们个人要对其法律行为负责。许多理事们错误地认为,尽管组织被控诉,但服务于组织理事会的个人是安全的,不会受到起诉。情况并不是这样。组织确实为个人提供一定的保护,但如有证据表明一些理事在财务上玩忽职守,他们就应承担个人责任。如果组织未能清偿债务,债权人一般很少再坚持起诉理事。[3]但是,理事若隐瞒税款不上缴,联邦政府就会提起诉讼。在某些案例中,理事们的个人财产可能遭到风险。例如:在理事会的一次争辩中,理事会的一组成员为了组织的利益可能会让另一组成员承担责任,如果有证据表明他们在一次重大财务决策中提供了不准确的财务信息,这会给组织带来负面影响。即使案件毫无价值且判决有利于被控方,被告的理事都将可能承担昂贵的诉讼费用。

对理事们来说,避免此种状况的最好方式是负责地管理财务。一方面发展和监控预算,另一方面设立财政监督。在预算领域,理事成员履行多项职责。计划职责是其中之一。年度预算的准备工作需要理事会成员参与完成(通常为实现这一目的而组建财政委员会),必须使收入与项目支出相匹配才能使理事会成员感到满意。如果年底有财政赤字,理事应该与雇员共同承担责任。仅仅说"执行理事的项目有误"是不够的,理事们必须承认"我们的问题提得不够多"(第六章详细描述了预算程序的步骤)。

准备预算仅是理事在这个领域中监督责任的一部分,理事的额外两项职责是批准与监督。批准步骤通常发生在预算期之前,就理事会行使这一认可背书权力而言,这是属于官方行为。他们对雇员说:"我们已审查了预算,收入与支出合理有效,我们表示满意。我们有责任帮你们完成财政目标。"显然,如果类似的陈述显示有些财政项目建立在资金募集基础之上,那么理事会已含蓄地暗示他们有义务帮助这一项目。

批准一项预算是不够的。理事有责任监管——如果有可能——修正全年财政预算。财务报告应在每次理事会会议之前准备好,列出实际的财政收入、支出数据与预算的比较情况(见表2.1)。该图的数据来自康普顿社区中心作为独立法人第一年度的运作状况。当时它还没有迁入新楼,预算仍然很少。尽管有这些因素,康普顿社区中心的理事在审查财政年度头三个月的报告时仍然大吃一惊。

表2.1 康普顿社区中心三个月的财务报表(2011年9月1日—2011年11月30日)

	预算	截止期	余额
收入			
会员费	$22,500	$6,212	$16,288
入场费	6,500	2,431	4,069
捐赠费	5,000	1,100	3,900
补助金	10,000	1,000	9,000
总数	$44,000	$10,743	$33,257
开支			
工资	$21,000	$5,250	$15,750
酬劳金	5,000	2,000	3,000
租金	4,000	1,000	3,000
电话费	1,000	512	488
公共事业费	500	333	167
办公用品	800	612	188
运动设备	2,200	1,000	1,200
福利开支	2,000	0	2,000
教育规划	7,500	3,333	4,167
总计	$44,000	$14,040	$29,960
净收入(亏损)	0	($3,297)	

资料来源:由作者编辑。

在表2.1中,我们可以看到,左栏的数据是实际批准的全年预算额,中栏的数据是报表截止期的收入与支出费用,右栏的数据是每一预算类别中前两栏数据之间的差额。在这一年的这个时候,理事可借此评估不同的预算,并根据财务报告的最新信息来调整最初的预算。

理事对报告中所看到的状况并不满意。例如：在收入栏的补助金这一项中，尽管全年预算额为 1 万美元，但 3 个月后仅有 1,000 美元的收入。一位理事质疑以前的数据是否现实可行，如果不现实，她建议将一项更加适中的收入项目纳入原来的预算，费用支出也相应地向下调整。同样，考虑到此财政年度还有 9 个月的时间，支出栏的电话、公共事业、办公用品这些项目的费用都得低于预算。使玛丽·克拉克惊讶的是，理事会要求她对此做出调整。

监控预算是理事会的一项重要职责，它建立了某种重要的财务控制。其他控制可通过出台财政政策来实现。理事会必须确定下列事项：

- 由谁批准发票和签订支票？
- 是否约束负责财务的成员及财务主管？
- 是否允许有小额现金账户？怎样控制它的使用？
- 组织是否允许一个人进行核查而无须他人的审查？
- 手册是否由外部审核？如果是的话，一组理事会成员须帮助确定人选，审查他（她）的报告，指出审核的不足之处。

在第七章中有更多关于这方面的信息。此时我们才足以说非营利组织有了标准的财务运作程序，对此大多数会计都熟知，这样的个人服务于理事会是可行的，他（她）可以帮助制定一套合适的财务政策。这样理事会可以确信组织的财务处运转有序。

资金募集

没有任何一个群体能比得上理事那样对非营利组织展现出极大的责任心。这些以不同方式服务于组织的个人必须为其他人——社区中的个人、资金筹措人、委托人、听众及顾客——设定基调。理事必须从精神上支持组织，鼓励其他人同样热情地参与组织的项目和活动，他们必须支持组织明确地使用资金。这可证明那些与组织最密切相关的人——理事——是百分百地忠于组织。简单来说,每一位在组织理事会工作的成员必须每年为他(她)的组织捐赠一笔现金。捐赠数目的多少是另外一回事,但对各年度捐赠现金的要求绝不能模糊。

潜在的资金捐赠人普遍会问:"理事对你们的组织贡献了百分之多少?"对捐赠者来说,这种提问方式是获取理事会信息的快捷方式。如果100%的理事全都出资,如果由个人募集的总金额中有20%来自于理事会,那么捐赠人明白要达到什么层次的贡献,才会使他(她)有权说:"我看到了来自核心组织的支持,这使我有信心投资于这项努力。"另一方面,较少的支持也会使捐赠者感到某种疑虑:"如果理事会都没出资,我为什么要这样做呢?我没出资,他们又怎么知道?"

在一些组织中,理事进行捐赠这一事务是有争议的。因为一些理事会成员是从那些代表经济地位较低的社区组织中招募而来的。声称"一些人无力提供捐赠"通常是一种策略,以免在处理理事会成员必须出资这一事情上进行正面交锋。实际上,在理事会工作的理事个个一年都捐得起 10 美元,大部分人也许能拿出 50 美元。如果可随时制定特例,这些都可视为依据,而不应成为州政府对理事会捐赠没有颁布相关政策的借口。

理事会成员必须捐资多少?这没有确切的数量,但每一个组织必须试图制定正确和公平的方法。在许多组织中,捐赠数量没有最低限制,人们仅按能力来付出,但每个人都必须付出。在其他组织中,提供的是指导性原则而不是要求。例如:今年我们期望 20 名理事会成员捐赠 1 万美元,或每人平均捐赠 500 美元。在其他情况下,则设定了最低限制,每人捐赠数额不得低于 100 美元到 10,000 美元。最后,一些组织设定了最低水平,每人 300 美元,并声称捐赠数额的二分之一或三分之一必须用现金支付,其余的可以以其他方式出资,如官员的帮助、捐助设备、食物或其他形式的志愿帮助。记住,尽管理事会成员应该为组织付出时间,但如果志愿者的时间也视为捐助之列,那么就要明确"超出"的时间是多少。

除了捐钱,理事会成员还必须帮助募集资金。实际上,每一个理事都应该以各种方式帮助募集资金。一些人不习惯直接向他人索要捐助。但正如我们将在第八章看到的,有许多任务都涉及资金募集——比如,潜在顾客的身份确认、名册发展和维护、信件书写、计划事务、书面建议——每个理事会成员都应该分配一些相关的任务。

在选择理事时应招募那些与基金会社区保持来往的人,这点很重要,如商人、富人、知名人士。他们当中有些人可能会对募集资金的想法打退堂鼓,"我不可能向我的朋友要钱",这是典型的托词。但是,同样还是这些人可能愿意去做其他有价值的事情。尽管他们不愿直接向朋友募集资金,他们可能愿意指派组织中的其他人去做;或者,至少他们可能传达关于这些朋友是否对慈善感兴趣的信息。这对组织来说是有用的信息,因为组织可计划怎样、何时去向他们募集。来自商业社区的理事会成员可能不愿请求他的同行捐助,但可能愿意代表组织宴请午餐,这样就建立了联系;或者他们也许愿意打个电话与执行理事约定,确保这一要求能传达给秘书。理事会成员以这种方式打开了局面,他们与那些实际的资金募集者一样重要。

最后,组织的理事会成员名单也包括在资金募集战略的一部分。本不应以名字的价值决定人选——如果要装饰门面可以把获得蓝绶带的名单整理好放入咨询委员会中——但是具有影响力的理事会成员组成了一个均匀的团体,这向资金捐助者们彰显了组织在社区中的重要性。如果马贝尔、约翰、萨姆(都是知名人士)愿意为组织付出时间或他们的名望,这是值得关注的。此外,如果他们愿意为了组织去请求人们捐赠资金的话那么这种行为就值得支持。

行政首长的雇佣和共事

几乎每个非营利组织的特征在很大程度上都是由行政首长决定的。

这是因为行政首长不仅是组织的公开代言人,而且他也雇佣员工处理组织委托人的日常性基础工作,这样公众对组织的印象很大程度上取决于行政首长。因此,对此人的选择就成了一件具有重大责任的工作。在选择行政首长时,须遵守下面的原则:

- 理事在期望上应达成一致,他们应该先决定寻找什么样的人、具备什么样的特殊品质,之后再阅览简历。
- 理事应书面确定行政首长要承担的工作内容,清楚地描述工作的一般职责与特殊任务(见第四章)。
- 理事在与重要代表交谈时不要隐瞒组织的问题,当事情进展不顺利时不要掩饰。如果存在经济问题、雇员问题、甚至理事会问题,从长远来看,隐瞒实情对组织丝毫没有帮助。
- 理事应清楚如何评估行政首长的绩效。如果有正式的审查程序,应加以描述。如果没有,则应告知此人将用何种标准来评估他(她)手头上的工作绩效。
- 在许多情况下,理事可能希望利用行政长官寻求组织的专业经验、专业知识以及专业关系。尽管要投入一定的成本,但是为了寻找、招募、挑选最合适的工作人选,理事认为这项投资是值得的。

评估。对行政首长进行定期评估也是理事的一项重要责任。通过讨论未来的成功、失败以及前景来培养良好的交流沟通,这不失为一种好方法。评估应该每年至少一次,并在商讨来年的薪水状况前立刻进行。尽管在第四章中给出了人事评估的一般建议,但此处需提及评估行政首长的特点。不像大多数雇员,行政首长不只为一个人工作,他为全体理事工作。因此评估不像一般雇员那么简单。不管设立何种制度,全体理事会成员都应有途径参与这一过程。

一种制度似乎运转良好,即理事长向理事会成员发出了调查问卷,就行政首长的往年业绩询问了一些具体问题。这些问题应该包括对职业描述中应遵从的责任进行绩效评估,还应该包括一些一般的问题,比如,个人与职员、理事以及社区的关系如何。收集了反馈信息之后,理事长接着总结了人们对行政首长的看法,然后征求他们的意见。一旦评估完毕,确立第二年的绩效目标、总结后交给理事会审查,完成这个过程后才开始进行工资商谈。

有时,理事得面对解雇行政首长这一令人不快的任务。偶尔,个人会因为犯法或明显冒犯性的行为而使立即解雇成了唯一的选择,尽管这种情况很少发生。更多情形是需要判断,这使决定特别敏感,难以做出。尽管如此,最好的办法是"咬紧牙关"(bite the bullet),即直接陈述问题而不是让它恶化或希望它消失。理事若要评估一项可能会导致某人离职的程序时不必感到良心不安。拒绝这么做的人显然没有对他们所服务的组织尽职。

绩效评估是理事会不满意行政首长的绩效而提出警告的最佳机会。在这一阶段,批评越有针对性,理事长越容易与他们交流,并出台一套程序以给予执行官一些时间来改善其工作。在理事长与行政首长交流时,理事会的要事应以书面形式进行沟通,书面的绩效目标应在固定的试用期限(最好不要超过三个月)中设立好。例如:理事会可能会关注财务管理是否草率,财务报告是否总是延迟、不准确。一项特定的绩效目标可能是:行政首长应在每月将至的两周内把月财务报告提交给理事会。财务报告由理事会财务主管审查。除了像这样特定的工作目标外,理事长应该简要说明标准以判断执行官是否提高了工作绩效。在解释完所有这些之后,应留出时间让行政首长评估形势,尝试改进,或寻找其他的雇佣机会。在这一阶段末,如果执行官未提出辞职,而理事会又不满意他的绩效,在理事会诉之于极端的正式终止方式之前,应给予执行官提出辞职的最后机会。公开解雇某人对于社区和投资者来说经常意味某事出了差错。

培养良好的工作关系。非营利组织中理事会与雇员之间的关系对组织成功运作十分关键。这种关系的基调很大部分是由行政首长和理事长确定的。当两个人在一起愉快共事时,雇员与理事会之间潜在的问题被转移了。当工作关系很紧张时,一种"我们/他们"的气氛会弥漫在组织的内部运作中。

这些问题源于一种根本误解,即认为理事作为特殊的理事会成员存在一些限制。比如:

- 理事会成员可能会使自己卷入本属于雇员职责的具体管理事项中。例如:一名理事会成员可能会参加由组织举办的活动,纠正或试图监管雇员,而这些本来是行政首长的职责。

- 理事会成员制订纲领计划时,可能并没有向雇员咨询。而雇员的专业知识往往在这一领域会有帮助。例如,一群理事会成员在决定进行一项资金募集事务时并未向行政首长或负责资金募集的雇员咨询。

- 理事会可能会干预人事问题。例如:他们可能让不满的雇员直接申诉,而没有经过首席执行官。

这种问题在任何组织中都存在,但在大多数新组建的组织中尤为普遍,尤其是那些刚开始雇佣专业人员的组织。在组织建立之初,那些自愿履行雇员职责的理事会成员发现难以放弃一些权力。尽管这些个人已不适合,但他们仍想继续在组织管理中扮演积极角色,这点是常见的。

但是这种逾越理事角色的行为削弱了行政首长的权威,导致他们与理事会的关系不佳。因为,行政首长是由他们的理事会雇佣的,必须向之报告事务。他们并没有谴责理事越界的权力,而且要依靠理事长才能这么做。

第二章 理事会

沟通联系

许多非营利组织在镇上的保密工作做得太好。其他组织忙着干业务,却没有从那些服务对象的投入中获得任何好处。在这两种做法错误的情况中,部分原因在于理事不理解其职责就是促进组织活动的拓展,从不同的人那里获得对组织的看法和意见。理事应代表组织定期露面,向社区、商业团体以及朋友和合作者进行宣传。一些理事可能比其他人更擅长公开演讲,但每一位理事都要负责宣传组织的活动以及强调它对社区的重要性。理事应该通过正式的职能和非正式的派对这两种沟通渠道尝试建立起与公众的联系。他们应代表组织免费宣传和倡导,了解他人对组织行为的反馈和评价。我们来看下面的例子:

学院音乐会股份有限公司

在旋转俱乐部举办的一次午宴中,一个来自学院音乐会股份有限公司(它是当地一家音乐教育组织)的理事对这一年即将到来的活动做了简短的报告,委婉地暗示希望旋转俱乐部的成员对这项计划做适度的捐献。在质询阶段,几名听众责备她对项目的态度似乎高人一等。为什么组织只上演古典音乐?难道爵士乐不也是一种艺术形式吗?为什么所有的表演者都来自州外?难道他们当地就没有好的音乐家吗?在听到俱乐部成员的反馈后,理事就此事与她的理事会进行了讨论。项目内容发生了许多实质性的变化。第二年,理事再次来到俱乐部,对他们表示感谢,因为正是他们的建议使项目发生了根本变化。结果,学院从俱乐部那获得了 1,000 美元的捐赠。

因为理事的部分责任是建立起与社区的联系,所以他要清楚为什么这点很重要,即理事会代表的背景是多元化的。一旦社区所有地方都有代表，每个团体都将组织视为自己，这将有形或无形地增加支持力量。

理事会的组成部分

理事的职责暗含了理事会全体人员必须具备的技能和知识领域。一份实用性的目录可能包含了下列领域的专门知识：

- 非营利组织的托管职责；
- 组织计划；
- 金融/会计；
- 资金募集（包括公司、个人、公共代理机构、基金会）；
- 人事管理；
- 法律事务尤其是涉及非营利组织的合作、合同与人事方面的法律事务；
- 公共关系。

不同部门的理事会成员应该熟悉组织主办的项目和活动，所有的理事会成员都应该支持组织的使命。他们应该代表社区中不同的背景和部门，包括不同的少数民族以及宗教团体，他们将使理事会拓宽其视野并理解社区和公共服务的真正内涵。此外，特殊的非营利组织可能需要理事具备其他类型的专业知识和不同的表现。例如：如果一家非营利企业拥有一套设备、需经营大楼并维修广阔的场地，组织可能希望在理事会中拥有一名建筑师或承包商。

聘任具备专业知识的理事其目的并不是要干预雇员负责的日常活动，而是为理事会提供监督能力。理事的专业知识可帮助理事会制定政策、及时受理雇员的建议，并在多种行动路线中做出选择。

在选择理事会的成员时，人们倾向于说："我的朋友约翰对我们所做的很感兴趣，他已就职于我们教堂的管理理事会，我想他一定很优秀。"但是这种方式不够系统，对理事会所需要的某种特殊专业知识并未考虑周到。仅对组织感兴趣是不够的,因此,设计一项技术目录表是一种极佳的简单机制,这可迫使理事会(经过提名委员会,如果合适可与雇员一起)分析自身的需求。技术目录表在下面的左栏中列出了特殊的技能,上轴线列出了现有的和潜在的理事会成员。

表2.2 技术目录表

	约翰	史密斯	布朗	福克斯	埃文斯	其他
法律						
会计		×				
企业资金募集						
公共关系			×			
绩效				×		
人事						
设备管理					×	

表2.2是一个技术目录表的例子。在这个特殊例子中,首先,现有的理事会成员(约翰、史密斯、布朗、福克斯、埃文斯)显然在法律、企业资金募集、人事这些领域中并不具备专业知识,因而组织必须寻找在这些领域中具备技能与经验的新理事。其次,我们可看出,从所列的技术领域来看,约翰似乎没有出力。他待在理事会中可能有其他正当的理由,但组织应分析是哪些理由。第三,尽管史密斯(她是组织的财务主管和职业会计师)给财务/会计领域带来了一定的专业知识,但她的任期也快终止。如果理事会不再继续选她任职,那有必要选择一个有类似技术的人取代她。

"朽木问题"

不管提名委员会如何努力工作,总有一些理事会成员没有发挥力气,也不积极,对组织财政或其他方面也未做出任何贡献。尽管这种"朽木问题"(the deadwood problem)在一定程度上总是存在,但可采取措施使之最小化。

限制任期

理事会成员不应该认为他(她)可为组织无限期地服务。要限制理事任期的条件和再选的次数。比如,三年任期后有一次再选的机会,这种制度较好。三年后,理事提出再选。六年后,他(她)必须离开理事会,至少一年后方可再次受邀。理事轮换制提供了一种程序,即让热情、负责的成员替换那些能力不佳的成员。因为理事会的连任很重要,但人们仍然希望限制理事的任期,让任期不稳定是可取的,这样,每年全部完成任期的理事只有三分之一。

近年来,非营利组织想招募到强大而富有活力的理事已变得越来越困难,为了留住他们,有必要放松对任期的限制要求。但令人担忧的是,一旦理事在理事会的任期年度没有限制,他们可能跳到其他组织不再回头。避免此风险的一个办法是邀请前任理事参与一些重要的活动,比如,在委员会任职,担任法人、监督人、顾问,这将在下一章中进行讨论。

出席大会

没有什么比缺席会议更能降低理事会的工作效率。实质上,出席会议是在法律案例中用来判断理事会成员是否尽职尽责的一项标准。每位成员都参与才能使理事会有效地运作。因此要求出席理事会会议是组织的一项指定政策。此外,理事会可采取一项政策,即理事会成员一年中连续缺席两次则做自动辞职处理。如果理事会成员有合理原因,如生病或家庭成员去世,理事长可以谅解他(她)的缺席。但是,政策应该清楚表明,若没有合理原因(没有总裁同意),理事会成员应该出席所有理事会会议。出席委员会会议的政策可以稍微自由一些。

第二章 理事会

财政责任

以前曾提出非营利组织应该要求每位理事每年应捐献一笔现金,这项出资要求与其他理事的职责一样,必须清楚地向未来的理事说明,以作为招聘和邀请的程序。"**钱袋子测试**"(pocketbook test)实质上是一种用以区分哪些理事愿意对组织尽义务、哪些理事不愿意尽义务的好办法。

理事手册

当理事没有全面理解托管职责,当他们认为服务于理事会更多履行的是社会职责而不是商业职责时,那么"朽木问题"必定经常发生。为了解决这个问题,每一组织都应该出台一个理事手册。手册可采用活页的形式便于定期更新,包括下列部分:

- 公司使命的条款(实际的公司文件没有描述组织性质和功能的语言那么重要);
- 实施细则(通常划分为几个部分,每一部分应另起一页便于浏览特定信息);
- 有商业来往的现任理事的名单、公司与家庭住址、电话号码、任期终止时间;
- 委员会以及他们各自成员的名单;
- 有头衔的雇员名单以及责任范围;
- 简短的组织历史介绍(长至2—3页);
- 对理事的角色、责任、要求的描述(总结这一章中所包括的各种信息,既包括一般的理事职责也包括具体的要求——如出席、财政捐赠、委员会责任——这是每个人所期望的);
- 当前财政年度会议的详细信息;
- 如果可能应提供具体的计划报告(通常也包括系列目标报告);

- 最近完成的财务年度报告(通常包括财务审计报告,推销手册可与最近财务年度的财务报告一起呈交以代替年度报告)。

招聘和适应性训练

对理事手册的需要不仅是一个清晰的招募程序的补充需要(详细说明理事的角色、责任),而且也是为愿意加入理事会的个人举行适应性训练会议的补充要求。过程如下:

1. 设立提名委员会(委员由理事会选举产生或理事长任命)。主席必须是内部成员但不一定是理事长。委员会全体成员要全面了解可能被选举出的候选人。

2. 委员会分析理事会的需求,对理事会成员的绩效一直进行评估直到再选为止,提议可能成为理事成员的名单,审查全体理事会中可以列入候选人的名单。

3. 候选人名单暂定并获得初步同意后,开始提名未来的理事。每个候选理事至少要会见一名理事会成员(一般是理事长),有时也与执行总裁一同随行。在会议上,托管的角色、责任及要求应加以描述。每个人应持有一份理事手册,以便于他们在做决定之前仔细研究。(如果此人并没有选入理事会,那么理事手册要返还)

4. 未来的理事应在收到邀请一周内做出最后决定。如果同意加入,那么根据实施细则规定的程序将被正式选入理事会。

5. 理事会应举行一年一次的适应性训练会议。如果在组织的办公室举行,会议为新理事提供机会与雇员会面并观察日常的运作。理事会、执行总裁、执委会主席通常做简短的、非正式的发言。有时,组织外的专家就理事会成员的角色与职责发表鼓励性的演讲,安排一次适应性训练会议有时与组织承担的事务相契合。

第二章　理事会

评估与解雇

一些组织在年末有一个正式的评估期,在此期间理事评估其他人的绩效。通常是由理事长决定评估过程。其中的选择有:与每一位理事会成员进行非正式的讨论;发布匿名的书面报告。不管程序是什么,目标是相同的,即识别出低效的理事。如果理事长发现一名理事连续受到其他理事会成员的负面评估,则要采取措施。解雇要经过理事会投票或其他程序,它只能在成员犯了严重错误的情况下才可实施。但是,其他一些更温和的方式也可导致同样的结果。例如:一名强势的理事长经常暗示理事其不称职或表现出冷漠的方式与之商议让他辞职。

应该记住,一个通过限制任期的好的轮换政策可以使理事的解雇、强制性辞职等问题有回旋的余地。因为任期受到限制,大部分理事会可以忍受与无所事事的理事共事一年、两年甚至三年。但在一个设法永久生存(self-perpetuating)的理事会中,任期是不固定的,因此,评估、解雇、辞职变得更为关键。

委员会

当非营利组织达到一定规模后其运作变得越来越复杂,理事会通常发现若不分成小组形式则很难有效履行各自职责。这些小组——或者委员会——可以先对具体的领域做详细分析(如:资金募集、计划、预算、项目)之后,才提交给全体理事会讨论。采取委员会结构有许多优势。首先,它可划分工作量。其次,在理事会正式解决各种问题之前,委员会能促进赞成者和反对者进行非正式的讨论。第三,它可使组织将专家参与商讨程序又无须进入理事会。例如:资金募集委员会可能包括那些来自商会的代表,他们偶尔也会愿意提供帮助,但没有时间或不愿意参与理事会。第四,对未来的理事来说,委员会是一个很好的测试基地,它可使组织评估其责任心和绩效。一般而言,委员会的主席应该由理事担任,大部分委员会成员应该是理事会成员,但外部的人力资源以及雇员也可以包括在内,因为他们通常就是一笔财富。在非营利组织中下列委员会是很常见的:

执行委员会。它通常有权代表全体理事会采取直接行动,但不包括主要的政策或资金问题(这应该在实施细则中明确阐述)。它也是理事会的主要协调委员会,拟订如何进行理事会事务的计划,设定会议代理机构,组织其他委员会的活动。执行理事经常把执行委员会作为解决纷争的组织,它能处理急需解决的问题。通常组织的官员与理事会成员一起服务于委员会,他们其中一些人可能是其他委员会的主席。执行委员会的规模应该较小以便有效地运作(一般是7—10个人),成员的家庭住址和工作地点不能离组织基地太远,以便在短时间内及时参加会议。

财政委员会。它有权研究所有的财务程序及监控、提交预算、审查所有的财务报告、评估审计结果、建议审计员的留任与否。会计在这个委员会中非常重要,在许多大型的组织中有独立的财务委员会和审计委员会。

发展委员会。它有时称为资金募集委员会,负责监控资金募集的计划与协调。这当然包括为运营及寻求大笔赞助金进行的年度资金募集,也包括为资金募集事务和竞选资金所做的计划,但有时它由大型组织的独立委员会来操作。

提名委员会。它负责识别、筛选、推荐未来的理事,对理事的招聘和适应性训练提供帮助。

计划委员会。它负责调整长期计划,其功能将在第九章详细论述。

建筑与用地委员会。对于拥有管理设施和财产的组织,它将监督环境情况、建议对资产进行保养和维修、计划重建项目。在委员会中聘有建筑师、承包商或相关业知识的人。

营销/公共关系委员会。营销委员会(见第五章)负责监督一个组织如何传递其信息和品牌理念。对那些出售服务或产品的组织来说,委员会在销售渠道中也非常重要。若聘请那些来自媒体或公共关系公司的人进入该委员会则非常受益。

活动\义演委员会。特殊事务计划组织通常将此责任委托给特殊委员会。像义演这样的资金募集事务如果没有由发展委员会操作的话,应该由这个委员会来掌管。

项目委员会。组织这一委员会的目的是评估组织的项目活动以为将来做计划。它必须与雇员密切合作,委员会成员要注意不要去介入那些最好由雇员管理的事务。

人事委员会。这项委员会制定人事政策(见第四章),向理事会建议薪金范围,也可评估执行理事,为其建议特殊的薪金标准,审查津贴范围,如果理事会有必要干预时,也要处理不公平事务。

投资委员会。对于拥有须投资重要资产(例如:捐赠基金)的组织,特殊的委员会将对这些资金的管理进行监督,这可能包括评估投资管理者(随后向全体理事会推荐聘用名单)或委员会自己做投资决定。因为理事的责任与组织财产管理有关,委员会(全体理事会)应确保其具备专业的能力,确保做出谨慎的决策避免组织财产卷入巨大的风险中。

很少有组织拥有以上所有的委员会,但也有些组织拥有其他的委员,此处并未罗列出来。因为所有职员的工作几乎都与委员会有关,但只在可能或真正需要委员会的时候才设立。像理事会会议一样,委员会应该议程紧凑,节约时间。

官员

各州法律各不相同,但大多数都要求非营利组织的理事至少包括三种官员:理事长(或委员长)、财务主管和书记员(或秘书)。一些组织还包括其他的官员,比如:副理事长或财务助理。组织的实施细则详细说明了官员的数量、头衔、权限、职责。实施细则还规定了他们选举的程序和选举的频率(理事会在公司每年的会议中从各个等级选举雇员,这是一个普遍的惯例)。遴选合适的人担任官员是一项重要的任务。只有最称职的理事才被考虑长期担任领导职位。任命某人担任这三种关键职位(理事长、财务主管、书记员)不应仅被视为一项荣誉。不过组织也可以创建名誉性的官员职位,如"名誉委员长"或"名誉理事长"(以表彰不再活跃的前任理事长),前提是他们显然不具有特权。

理事长(或委员长)。理事长是权威,受到理事会、雇员及社区的敬重,也有大量时间从事这项工作。为了全面熟悉组织的运作,他(她)在担任理事职务前,必须在执行委员会至少工作过一年。优秀的理事长可为理事会设立工作标准,以使"朽木问题"减至最低,并密切关注理事会或委员会的任务执行情况。优秀的理事长在不满的理事与执行理事之间能充当缓冲器,缓解紧张气氛、解决分歧。另一方面,懦弱的理事长却能容忍不同的派别争夺过多的权力和控制。个人议程可享有优先权凌驾于组织之上。决不能任命不敢坚决处理越轨行为的人担任理事长。

目前,在许多组织中存在一种趋势,即将高级雇员称为"理事长"。为避免引起混乱,一些组织宁愿将理事会交由主席(或委员长)来领导,并设有一个或多个副主席。在其他组织中,人们可看到理事会中既有委员长又有理事长。在大型非营利组织中这种结构具有优势,但需要分开理事会的资金募集功能与其他功能。领导募集资金的委员长是理事会代表,这是个典型。有一定威信和知名度的人可能工作太忙,以至于不能与执行理事共事、不能领导理事会会议、不能参与执行委员会、也无法与其他理事建立工作联系,而这些职能恰恰是理事长的责任。

财务主管。财务主管必须具有丰富的财务经验,尽可能与非营利组织运作建立联系。会计和商业人士一般更喜欢这种工作,但是他们只具有营利部门的经验,对非营利部门财务管理的特点不够敏感。这点将在

第六章和第七章中谈到。寻找一个具有其他非营利组织理事会工作经验并有财务专长的人担任财务主管,将大有裨益。

书记员。要很好地安排书记员(或秘书)的工作,让他们能准确记录信息。书记员的任务很重要,他(她)负责保存正式的会议记录。每一次会议,书记员必须分发会议日程并做详细记录。除非进行录制,否则会议记录就成为唯一正式的理事会商讨记录。这样他们要备份提议的每一字句,包括:谁提出提议?谁支持这些提议?以及怎样进行投票?记录就任何特殊问题所做的扩展性讨论没有那么重要,书记员必须关注决策本身。做好会议记录后应进行传阅,以使理事有机会对其进行审查并为其在接下来的理事会会议中获得批准做好准备。如果需要纠正,理事会成员可提议修正某些部分,完成之后,理事就是否同意会议记录进行表决。有了表决,会议记录就成为组织记录的一部分。也不要过于夸大会议记录的重要性,一旦会议记录获得认可,理事或雇员则不能声称"事情在会议上其实不是那样发生的"。会议记录成了理事会进行决议的正式性和约束性的记录。

公司委员会\监督人\顾问\朋友

理想的理事会的规模是可以大到足以获得专家和志愿者时间以履行其基本职责,也可小到每个人感到自己发挥了作用。近年来,人们发现高效的理事会规模较小,只有九人(建议理事的人数最好为奇数,以避免出现票数可能相同的情况),尽管最小的数字一般是11人。理事的人数若接近30这一上限,理事会就会臃肿不堪。

如组织需要30人以上完成基本任务,那该怎么办?则考虑一个事实:如果人们被认可,并且认为其参与是有意义的,他们就更有可能成为志愿者,那么限制理事会的规模可使组织无须为潜在的关键赞助者提供担保义务。

对许多组织来说，答案就是要建立"第二团队"，通常称之为法人委员会（或监督人/顾问/朋友）。这个团体没有**为组织制定有约束力决策的合法权利**。但是，为组织服务的个人被邀请在委员会工作、参加理事会的大型联合会议、在会议上主要讨论组织问题（包括撤销计划），他们期望大家认可其付出的时间和精力。

在许多非营利组织中，法人（或监督人）结构在实施细则中有描述。通常，对服务人员的数量没有限制（或限制数较大，比如 100 人），对任期也没有限制。但是，任期应该是一段有要求的固定期限，即邀请某人继续连任。提名由提名委员会决定并由全体理事会通过。

这种结构的优点是：

- 在无须扩大理事会规模的情况下，它提供了可让更多的人参与组织活动的方式。
- 它为那些即将结束任期但希望继续留任的理事提供了工作场所。
- 它为组织提供了对积极的赞助者予以认可的机制。
- 它为因不够活跃而无法成为理事的那些捐赠人提供了活动场所，也为不一定成为理事的那些志愿者提供了场所。
- 它为潜在的理事提供了"试验基地"，通过让其担任次要的角色来评估其使命感。

理事会责任

责任在托管中是一个很重要的概念。许多理事会成员非常恰当地询问，他们是否要为其行为负法律责任，组织是否要为它自身和理事个人承担责任保险。理事会成员特别关注这个问题是因为担忧：万一有证据显示其玩忽职守，那么他的财产则可能要遭遇风险。

理事会责任问题很复杂，特别是当它涉及了州法律，而各州法律不尽相同。应该寻求法律建议，尤其是那些组织理事会的成员更应如此，因为他们从事的是风险性更大的危险活动或受到密切关注的公共事业。但也可制定一些通则对这一领域进行总体指导：

- 可以在企业法但不是信托法中找到为非营利组织理事设立的行为标准。这意味着对管理理事行为的要求并不苛刻，可给予相当的机会授权、做出决策以及依赖他人的专业知识。实际上，根据许多法规的用词，"理事只需对严重的过失负责"可以表述为"作为一个普通的谨慎人士，处于同样职位的人在类似的情况中要表现出负责任的态度"。

- 一般而言，如果理事做出的商业判断和财务决策被告之没有显示利害冲突，也没有极不合理，他（她）就不必为此承担责任。因财政决策而导致令人不满的后果或涉及的高风险性，这都不是让理事承担责任的充分理由。但是，如果理事从不参加会议，如果他们在没得到任何财务信息的情况下支持企业关于资金的主要决策，或者从事任何非法的经济活动，那他们得对此承担责任。

- 一旦发生利益冲突，特别当理事将自己个人经济利益置于机构之上时，他（她）则要承担责任。因个人利益使用机构财产，以牺牲机构利益为代价中饱私囊，或任何秘密的经济行为一般都是法律所不允许的。

- 理事有责任确保组织是按照州和联邦政府的规定在履行使命。尤其是捐赠者应该能预期他们的资金是用于建立组织这一目的。

- 在个人受伤案件中理事为损失承担个人责任。尽管组织也要承担责任，但如果能证明伤害是因理事的严重疏忽所引起，那他（她）也要承担责任。

- 非营利组织中的理事应该确保组织遵守联邦、州、地方政府设立的规则和惯例。组织必须向美国国税局和掌管公共慈善事业的州政府办公室提交财务报告。他们必须为雇员填写纳税表格，从薪水中扣除税金,并定期储存这些资金(理事要为未遵从税务要求而承担个人和财务责任)。在一些情况下,理事对组织遵从限制游说活动的法律承担责任。如果要建立一栋大楼,理事有责任确保组织遵守建筑法规。作为公共信托的管家,理事有责任监管组织遵守法律,记住这点极为关键。

虽然在非营利领域诉讼案例相对较少,但理事的确曾受到过控告。并且在很大程度上,他们曾卷进威胁性的案件中,即使这些案件毫无价值,但也需要支付律师费或案件结算费。这样,理事会成员十分关注与其职责相关的风险。尽管法律通常维护非营利组织的理事,但越来越多的案例显示成功辩护的成本非常高。这就是为什么许多州制定法律限制对此类案件进行开庭的原因。但是,州和联邦的法规并不能完全减少这种风险,因为理事必须为其行为承担一定的责任。此外,由于理事的资产通常大大超过他们服务的非营利组织,因此,那些希望从诉讼中获取经济利益的人常常把目标盯向理事。

安全保护

有许多方式可使非营利组织中的理事避免受到法律的曝光:

- 非营利组织可以保护理事,这种保护并不能让他们免于法律诉讼。但这并不意味着组织要支付针对理事行为的所有相关费用,包括结算费用。补偿所带来的消极影响是将理事的风险转嫁给组织,这为组织的财产带来风险。另一个问题是在特定的情况下组织可起诉理事,如果成功则不要承担支付补偿费用的责任。
- 补偿保险将弥补组织因支付以上补偿费用的开销。
- 理事和官员的保险可弥补理事所承受的保护成本以及其他成本,这些组织并不会公开。
- 因为所有这些措施仅是保护理事自己,组织应该设有足够的责任

第二章 理事会

险以避免遭到起诉。

组织应该采取所有的步骤吗？在大多数非营利组织中，组织没有设立责任险，这是错误的。法律活动是经过深思熟虑的，众所周知，法律倾向支持反对组织的行为而不是反对理事的行为。这样，从可能成功的诉讼观点来看，组织才需要最大的保护。

虽然非营利组织不清楚要为理事提供多大保护，但他们越来越发觉，为理事提供全方位的保护是招募知名人士进入理事会的必要步骤。但有一点非常特别，就是在很多情况下，潜在的理事更有可能凭自己能力获得成功，因此要为其个人财产提供保护。对从事风险性服务的非营利组织或涉及照看病人、学生或婴儿的情况则别无选择。但即使在从事低风险活动的小型组织中，在一个喜好诉讼的年代里，他们也倾向于为理事提供全方位的保护。

在玛丽·克拉克组建第一届理事会五年之后，她决定找出组织中存在如此多问题的原因。她去找导师咨询了理事职责的观点，导师是另一家组织的理事，经验非常丰富。在了解了什么是理事的角色和责任、他们不同的义务、应该贡献的时间和金钱、理事职责相关的合法风险等长篇的解释说明后，玛丽问道："为什么每个人都为理事会服务？"

玛丽问题的答案是，理事的职责是公共服务的形式，在社区中蕴含了身份象征。许多已设立的非营利组织发现人们竞相想成为理事，他们都是很幸运的。许多新成立的、名望不高的组织发现要想找到有责任心的理事更为困难。但这些组织不应该妥协，可将理事会变成责任最小的社会团体，因为随着组织的日益知名和重要，最终懦弱的理事将成为巨大的障碍。最好要极为小心，谨慎行事，即使要多年后才能使理事变得更为完善。从长远来看，为了组织的未来必须设立好一条正确、安全、谨慎的路线。

思考题

1. 最近五年内理事会是否审查过组织的条款和实施细则？如果更改是合理的，理事会是否对修正案进行了正式投票？

2. 理事会是否在五年内参与制订了全面的长期计划项目？理事会是否每年都批准特定的目标？

3. 理事会（或其附属的小组委员会）是否参与制定年度预算？理事是否正式赞同预算？他们是否比较了全年的经济绩效和预算数据？

4. 理事会是否参与制定并通过合理的财政控制，以满足非营利组织一般可接受的业务需要？

5. 理事会成员是否全部需要作财政贡献？有没有制度能确保他们做到这一点？

6. 理事会是否积极地募集资金？在募集资金中所有的理事是否活跃？

7. 理事会是否出台一项程序以评估主要执行官的绩效？当时机到来时，你的理事是否考虑如何招募和雇佣一个新的首席执行官？

8. 理事会在社区中是否为推销组织扮演了领导角色？

9. 识别、招募理事的程序是有效的吗？也就是说，通过该程序能否招募到有必要技能和来自不同背景的理事吗？招募新理事有合理的适应性程序吗？

10. 组织的理事手册是否详细地解释对理事的要求？它是否清楚地阐明了利益冲突政策？

11. 组织中的委员会是否有足够的人手来有效完成理事会的工作？

12. 组织是否考虑法人理事会（或监管人/顾问/朋友）？

13. 是否有程序确保称职的人成为你们组织的领导？

14. 理事会是否考虑理事责任问题？如果合适，你们的组织是否为理事提供合适的保护,包括保险保护?

注释

1. 受托人这个词指的是某人服务于受托人的理事会。这个群体有时指的是理事会的理事,在这种情况下,那些提供服务的人就是理事。然而,人们常常把服务理事会的成员与其他有着同样头衔的成员相混淆,如执行理事、项目总监或艺术总监。一般情况下,作为理事会成员的理事并不为员工服务且没有报酬。

2. 非营利组织或慈善组织管理法规并未规定受托人不能得到补偿,但人们一般认为大多数受托人得不到补偿。在一些情况下,国税局(IRS)评估某种类型组织的免税申请,它要求包含在组织的条款中应规定受托人不能得到补偿。在某些非营利组织内,首席执行官及艺术总监(两人均领取工资)不担任理事会职位,往往无权表决。然而,几乎所有的非营利组织中绝大多数理事会成员没有补偿金,这样使得有利于理事会的财务独立精神得以延续。

3. 在许多情况下,债权人会因为组织没有满足其需求而威胁起诉某个受托人。然而,大多数州的法律表明他们即使能证明受托人存在重大过失,但在这点上却不具备法律资格。

第三章　人力调集

珊泽·哈丽(Sandra Harris)是父母/儿童压力服务组织(Parent/Child Stress Services)的执行理事。这是一家非营利组织,其使命是通过对父母进行劝告以避免儿童受到虐待。该组织在珊泽·哈丽接管前已有30年的历史,一直发展较好,她被雇佣之际该组织正不断地向职业化方向发展。珊泽·哈丽此时正面临着好几个进退两难的困境。其一,她必须决定聘用哪种类型的人员来担任特殊工作。她本人的生活背景使她偏爱于那些对被虐待儿童有强烈同情心的人,但是她的理事会成员却极力主张聘用具有特殊管理技能的人。其二,她并不想失去对志愿者的偏爱,尽管她发觉越来越有必要用专业人员取而代之。

本章和第四章的目的是分析人力调集所面临的挑战。这些挑战包括,把那些能提供最大生产力,同时能最有效利用组织资源的人员进行适当调配,将他们组合在一起。本章将要讨论一些哲学原则,它可说明如何雇佣人员以及如何才能最有效地组合带薪职员、志愿者和其他工作人员。

第四章将分析，为了给工作人员提供一个积极的工作环境，非营利组织要如何做才能明晰其人事政策。

雇佣合适人员上岗

珊泽·哈丽面临的第一个困境就是如何雇佣合适的人员担任新工作。理事会已经授权让她雇佣一名负责资源发展的新理事来监督组织资金的筹措。经过深入考察，她把选择的范围缩小到两个候选人身上。第一位候选人是位男性，他在一家私人学校从事筹措资金工作已经十年，推荐信中介绍他非常优秀，评价他以前与校长及学校理事合作高效、负责协调年度资金和运营小型资本的工作非常出色。他文笔流畅，且具有撰写基金会申请书的经验。然而他不具备关于儿童虐待方面的背景知识。另一位候选人是位女性，她已经在受虐儿童组织中工作了20年，最初吸引她加入此工作的原因是因为她自己就是一个受害者。她主要担任顾问，直接与家长沟通，性格和蔼且口碑良好。

在面试中，珊泽·哈丽倾向于选择第二位候选人。虽然该候选人从未参与过资金筹措（或从事过管理层次的职位），但她愿意在证明自己能力之前接受较低的工资。她理解父母/儿童压力服务组织的基本需求，能够与珊泽·哈丽轻松而熟练地谈论有助于相互了解的问题。她知道其他服务组织、政府部门和国家机构的首字母缩写词。虽然第一位候选人能够给工作带来一套相应的技能，但是珊泽·哈丽担心他在儿童虐待和保护方面不够熟练。她欣赏他，认为他才华横溢、精力充沛，但却担心其他人是否信任他在这方面的能力。

珊泽·哈丽所面临的困境在非营利组织中并非特别现象。和许多同行一样，她自然地被吸引去聘请一个具有创造力、热情、受过大量训练并有组织领域背景知识的人。**但这种训练经历与候选人要求执行的任务并无关联。**像很多对这一领域有持久兴趣的人一样，第二位候选人愿意接受较低的工资并在新工作中学习新技能。这位未来的雇员也许能带来热情、创造力以及学习的愿望,不幸的是,她不具备能帮助她在工作中获得成功的关键性管理技能。和任何非营利组织一样,父母/儿童压力服务组织需要管理者在商业、金融、市场、筹措资金方面,甚至在法律方面具有丰富的管理经验;需要办事人员以及熟悉办公室工作和行政需求的专业资料处理人员。

对于像珊泽·哈丽这样想招募雇员的人,需要询问一些基本问题:

- 他们是否偏爱那些聪明伶俐并能很快上手工作的人,即使他们毫无经验?
- 他们是否会聘请那些在组织的活跃领域较有经验的人,即使这与职位并无关系?
- 他们是否倾向于那些具有良好教育背景(也许是博士学位)的人,即使这种教育培训与这一职位并不相关?
- 他们是否经过慎重考虑才让某人从事管理工作,即使此人并没有获得行政方面的培训,也不具备行政方面的经验?

为回答这些问题,有必要先区分项目人员(program personnel)和管理人员(management personnel)。显然,如果一家精神康复中心聘请一位精神病专家,它将寻找一个在心理学受过良好教育、具有丰富知识的人;如果剧团要聘请编剧的制片人,必然会选择一个对剧本戏剧有才华的人;如果学校聘请老师,良好的教育背景即使不是最重要的条件也是一个基本条件。非营利组织在配备计划人员时,他们在相关领域的直接培训、经验和技能成了最初判断其是否适合这一工作岗位的必备条件。

然而在管理方面,问题并不那么明晰。我们是否可以进行这样的推测:即一个具有生物学知识的会计在为医院记账中会比没有这些知识的会计做得更好吗?如果一个雇主恰巧经营一家画廊,我们是否指望一个同时是画家的打字员比一个普通的秘书做得更好?一般来说,非营利组织的雇佣是否应优先考虑那些具备组织活动相关背景的人呢？**所有这些问题的答案可能是否定的**。如果珊泽·哈丽要寻找一个资金筹措者，她就要聘请一个资金筹措者。除非她准备花很多时间去培训没有合适背景的人，或者愿意冒风险去聘用可能没有能力干好该任务的人，否则她就应该聘用具备一定合适技能的人。事实上，她不可能具有深入的知识去教导别人，考虑到对执行理事的许多要求，教导别人肯定不能让她充分利用时间发挥这一角色的作用。

同样，当寻找一个记账员或秘书，最重要的是考虑那个人是否具备这项工作的技能。某些情形下，对于办事员这一职位，雇佣一个对组织活动没有特别兴趣的人员也许更为有利，因为他在从事不那么体面的工作的时候不容易受挫折。雇员也不会怀揣野心、渴望升迁，跳槽到另一组织干自己更感兴趣的、与制订计划有关的工作。围绕这一问题，非营利组织的行政管理人员进行了激烈的争论，但有经验的行政长官往往偏爱选择那些有管理背景知识的初级和中级管理人员。

权力等级结构与期望

在非营利组织中，具有管理背景的人之所以更喜欢从事行政管理有更微妙的原因。很多考虑在非营利组织工作的人将非营利组织想象成这样一个地方：在一个松散的行政结构中工作，到处都是有趣的人。然而，这可以吸引具有创造力的人，同时也可以吸引那些对组织权力结构不满的人。另一方面，那些具有管理背景的人对组织权力结构更加熟悉和挥洒自如。他们一般都曾经在营利组织中工作过，这样的组织坚固地建立了金字塔式的权力等级结构。随着非营利组织规模的发展，其结构越来越复杂，这也必须逐渐向等级结构方向发展。如果组织的主要成员信任集体决策或者认为监督应该是非正式化、非结构化的，那么很快就会出现争吵、受挫、不愉快的情况。

关于非营利组织的另一个误解是,认为它的行政工作比营利组织更为有趣。总的来说这并非事实。不能指望一个未成功进入政府办公室的候选人能够在大学的公共行政研究生院中得到一份记账的工作,以消除他(她)所受到的挫败和失望情绪。一个失业的音乐家或画家若指望一家艺术组织来满足他(她)的创造欲望,其结果可能同样令人失望。一家非营利组织的行政经理说:"行政管理是一种类似铺展纸张的艺术,如果你喜欢做好这项工作,如果你能够建立更好的制度使纸铺展得更有效率,你就能从中得到很大的满足。"此外,许多工作需要承担管理的责任(即监督他人),这也需要特殊技能。

最后,有人认为现实日常世界被营利组织、大型政府,和毫无人情味、麻木不仁、僵化的工作环境所主宰,非营利组织成为了避风港,这种说法也并非事实。但也有一点点正确,因为非营利组织如何迅速地与全然不同的世界融为一体的确令人十分惊讶。非营利组织发现自己竞相出售产品或服务、影响公共政策、保证资金来源;发现他们处于激烈竞争的环境中,时刻面临着巨大的压力。非营利组织必须与地方、州或联邦的政府当局合作,以继续享受免税优惠、保证资金来源、处理人事等诸如此类问题的相互关系。令一些职员不快的是,他们发现非营利组织在很大程度上是公司/政府的构成部分。

创造性/灵活性

认为非营利组织中最好的管理者是对工作兢兢业业,而对组织的活动缺乏灵敏、兴趣、想象力,这是一种误导。显然,在其他同等条件的情况下,业务主管当然会优先考虑这种求职者,即他(她)具有管理技能,把知识、才能、爱好带到了其他领域,特别是与组织相关的领域。更重要的是求职者可能带来的想象力和灵活性,这有助于他(她)在工作中成长,也有助于塑造组织使之具备生产力。

与大型公司高度结构化、职位谨慎定位和高度稳定性不同,非营利组织通常规模很小、人员不足,一个职员可能担任多种角色并执行多种任务。另外,由于组织行政上的需求可能通过迅速扩展或收缩而迅速地变化,因此可能要求重新安排一个原本从事某些任务的职员。易变性和变化在非营利组织中是常见的,因此,是否灵活则成为职员的一项资本。除了最早建立的非营利组织以外,大多数非营利组织并不适合于那些认为今天所从事的工作与十年后仍然一样的人。相反,非营利组织是那些把组织变化看成是学习新技能和可能获得事业迅速提升机会的人的理想去处。

正是创造性与灵活性使得一个教育背景广泛、经验丰富的人比一个缺乏管理培训和行政经验的人要具有更充分的优势。在很多情况下,雇佣这种人更为有利,他除了具备管理技能之外还关心工作的进展,并关心把工作变得更为刺激性和挑战性。当然,并非所有的情况都是如此,因为非营利组织中很多工作一成不变。但非营利组织必须寻找看上去充满好奇心、精力充沛和富有创造性的人,即使他们并没有充分施展其管理技能。

总的来讲,非营利组织必须寻找具备某些特点的职员。按其重要性排序,可归纳如下:

1. 具备工作所需的行政技能。
2. 与他人共事的管理技能,特别是当工作需要进行监督的时候。
3. 个性具有创造性、灵活性、善于积极解决问题、能与他人合作。
4. 能理解组织机构中官方的需求。
5. 在非营利组织工作的人要具备相关知识、敏感性、奉献精神。

设置组织参数

许多组织在设置基本的参数之前,便急于开始招募和雇佣员工。无论是新组织初次招聘人员还是老组织更换离职人员,都不能贸然进入招聘程序。无论是理事聘请执行理事还是执行理事招聘其他人员[1],组织参数都必须在两方面进行设置：

- 确定特定任务；
- 将任务分配给带薪职员、志愿者、独立承包商和组织外服务提供者。

确定任务

执行理事或大多数监督人事部门的工作人员(理事会或理事委员会的输入)在需要进行人员重组这一重大变更时,应该定期(或许每年)系统地描述组织中需要完成的每一件事情。目标是重要的,努力实现这一目标不能简单地遵循过去的方式,反而工作人员应自问下面一系列问题：

- 现在所做的是什么工作,这些工作是否很有必要？
- 是否有什么工作是现在必须做但却没做的？
- 是否增加了什么新行动,这需要额外的工作吗？
- 哪些特别的任务是与新的行动联系在一起的？
- 是否有多余任务并可以被取消？被取消的活动是否使将来某些工作变得不必要？
- 为了解除人员对工作安排的担忧,是否有必要重新定位或重新安排现有的工作？

这一步骤以及以下的步骤可以由大型组织的人力资源或人事经理,或者在外部顾问的帮助下予以实施。因为顾问会实现新目标并使过程令人振奋。无论是否聘用顾问,职员都要经过面谈过程,因为他们要具备执行工作最专业的知识。但要记住,当过多询问职员的工作和责任时,他们感觉受到威胁是正常的,所以重要的是要让员工相信该过程并不等同于绩效考核。

分配任务

很多人误认为非营利组织中所有重要的工作都要由带薪职员来完成。但这种工作方式的花费最大,效率不高。非营利组织的劳动力实际上由四组人组成——带薪职员、志愿者、独立承包商和组织外服务提供者。

带薪职员满足了组织对能持续承担重要工作和履行职责的人员需求。由于带薪工作,组织期望他们在工作中达到较高的要求,并比其他临时聘用人员或在特定时间因特殊任务聘用的人员受到更细致的监督和评估。由于他们与组织一直保持联系,州和联邦法律规定他们有权享受各种保障——失业保险、社会安全保护以及其他福利。在很多非营利组织中,带薪职员是劳动力的核心成分,提升了组织内外的责任感和稳定性。

志愿者是一种免费的人力资源,对非营利组织具有重要意义。但因为没有薪水,组织需要设立其他奖励来激励他们提供服务的兴趣和动力。组织真正需要的是能帮助做更烦琐工作的人,这意味着需为志愿者寻找富有挑战性的工作。而且,招募、培训和雇佣志愿者的过程复杂,必须精心谨慎地安排他们与带薪职员的互动。总之,没有志愿者,很多非营利组织就不能运行,不仅如此,这些志愿者还是其人力组合中的重要组成要素。

独立承包商不是固定工作人员,只是在某一特定时期或某种情形下被雇佣。他(她)通常负责完成一些分散的任务。非营利组织支付给他们固定的薪水,对他们的服务费用不提取工资税,他们不参与员工分红。当非营利组织寻找特别专家处理特定工作或者寻找某人为非持续性需要提供服务时,独立承包商通常可以提供最有效的解决方法。应该指出的是,联邦政府和其他政府已经对独立承包商的组成部分进行不同的界定,在认为某人属于哪种类型前,要对他们进行核对这点很重要,这将会在本章末进行详细介绍。

组织外服务提供者在收费的基础上也提供一些分散性的服务,在很多方面是独立承包商的组织版本。这些组织中许多人专门服务于某一职能领域,并能在高度竞争的价格下提供服务。组织的规模效益、获取特别设施的途径、拥有受过良好培训的员工,这些通常为他们提供了竞争优势。组织常常在以下领域提供服务——财务管理、资料整理、设施维护、清洗工作、提供膳食等——这些领域的日常性职能成了一种规范。

将任务分配给带薪职员、志愿者、独立承包商和组织外服务提供者的财务工作中,通常有各种选择,每项都有利有弊。比如,让我们看看下面3家规模相近的非营利组织,他们面临着维护财务纪录的要求:

- 组织 A 设置了一个记账员,年薪是 25,000 美元,负责记录所有交易事项、核算银行账单、为董事会预备财务报告、计算所有工资税款、公布工资账单、为职员预备 W-2 表格以及为独立承包商预备 1099 表格。这个职员的花费超出了 25,000 美元。除工资外,组织还支付给她一部分社会保障税、医疗费、残疾福利、病假、旅游假、娱乐假、妇女补偿金以及州失业保险金。最后,组织还为她配备办公室和办公家具。因此,实际耗费在这位职员上的费用接近 32,500 美元。

- 组织 B 以每年 20,000 美元雇用了一名记账员。他(她)不仅完成了组织 A 中记账员做的所有工作,同时要将所有记录计算机化,并记录各种有用的报告,以便于执行理事和理事会进行预算和报告。这项服务常年跟踪税法的所有变化,依据法律变化及时更新会计程序以及提供相当有用的免费咨询。该服务持续监控税收法律的所有变化并相应更新其会计程序,提供免费的建议,这些建议非常有益。该项服务无须提供办公室——工资账单和其他报告已被挑选和交付——无须提供职工福利,也无须承担失业费用(因此组织 B 不易受到失业保险的影响)。这项记账工作受到组织 B 财务主管志愿者的审核。

- 组织 C 以一种全然不同的方式来运作财务。组织中有名理事是一位退休的会计师,他愿意兼任财务主管,自愿花时间为组织填写账单、预备财务报告、帮助执行理事进行预算。组织中有一位年薪 26,000 美元(其中薪水为 20,000 美元,福利和办公室等费用为 6,000 美元)的职员,花费大概 20% 的时间帮助这名财务主管承担文书工作、归档文件和保存档案之类的事务。最后,在财务主管的要求下,组织与当地的一家银行签订了开列工资账单服务的合同。这项服务处理了所有与工资账单相关的业务,包括收集 W-4 表格、计算扣除额、公布账单(在需要的地方自动存入职员的账户里)、年终时预备 W-2 表格。组织 C 的总费用大约是 13,000 美元。

我们很快发现,由于选择任命一位专职的雇员担任记账工作,所以组织 A 花费最大。在一定的环境下,如果人们总感觉办公室具有一个全面精通财务的人才令人满意,那么这种选择也许是合理的。然而,在其他情形下,理事会成员和执行理事也许认为其他选择更佳。组织外服务机构、志愿者或独立承包商三者进行组合,花费肯定更少且专业知识提供得更多。

有关独立承包商的特殊事项

许多组织愿意聘请独立承包商,这比聘请固定职员更简单、花费更少。的确,独立承包商与文书工作打交道十分少。但是独立承包商无须交纳工资税,也没有福利,组织仅仅在年末把表格交给美国国税局(IRS),这只有在独立承包商盈利超过一定数量时才需如此。

如果组织的工作模式显示有必要把这些职员纳入固定员工时,但组织仍把他们视为独立承包商则是不合法的。一个长期在同一办公室中工作的人应被视为带薪职员,即使工作是兼职也不例外。事实上,包括美国国税局和州政府就业保险部门在内的一些政府机构能够——而且有时也这样做——进行某种测试以判断独立承包商是否应该归为带薪职员这一类。如果他们所做的是短期工作，而且比其他固定职员更喜欢独立，那么政府机构通常会感到满意。如果这些人不符合标准，而且不适合归为独立承包商，那么非营利组织被迫赔付税款和失业补偿。由于这个原因，在聘请独立承包商时听取会计师或律师的建议是有帮助的。

人们总是希望与独立承包商签订合同（或工作协议），详细规定工作履行的起始日期、终止日期以及偿付水平。除非对工作的描述起关键作用，否则合同通常并不详细规定工作地点，也不描述工作时间或其他任何条件，以免这样会暗示此人正受到固定职员的待遇。表3.1为工作协议的样图。

签订工作协议是因为珊泽·哈丽需要为父母/儿童压力服务组织的短期项目寻找一名工作人员。这个组织已经获得州政府青年服务部门资助，分析与咨询项目相关的电话访问情况。这项分析需要创立访问以及访问者的类型、访问者的问题类型、访问的次数（每周的天数、每天的小时数、假期的次数等），并且也需要找出各种信息彼此间的相关性。

珊泽·哈丽很清楚，这个项目需要一些专门的知识和帮助，但没必要也不值得增加新的长期员工。起初，她考虑任用一名志愿者来帮助完成这个项目，但最后她无法找到可以值得信赖的人，他（她）要具备一套合适的技能并在关键时候能保证有时间提供帮助。她明智地选择了一名独立承包商，在项目需要他的特定时候，雇佣此人工作了一段时间。

签订好工作协议并经组织中的律师审查之后，珊泽·哈丽便发送两份复印件给独立承包商，让他首先签上名字和日期。这是一个优先程序，因为组织要在独立承包商审查了协议并接受书面条款后，才能最终在协议上签名。一旦这两份签过名的合同返回以后，珊泽·哈丽便在文件上签上名字和日期。这使得合同可以充分执行并与工作协议合法地捆绑在一起，一份还给独立承包商，另一份组织自己保留。

表 3.1 独立承包商工作协议样本

本工作协议签订于 2012 年 3 月 21 日,协议双方为父母/儿童压力组织(以下简称为组织)以及约翰·多伊(以下简称为承包商)。约翰·多伊住在加利福尼亚州康普顿市康普顿路 25 号,本协议有效时间为 2012 年 5 月 1 日到 2012 年 12 月 31 日。

组织和承包商达成一致意见如下:

1. 承包商应协助该组织已开展的一项研究项目,该项目是在州政府青年服务合同下实施。承包商应该每个月服务该项目 15 小时。他应该提供一份和该组织咨询项目相关的电话分析。具体来说承包商将要做:

- 对电话类型和打电话者分类,打电话者问题的类型和通话的时间;
- 找到这些变量之间的相关性;
- 提供中期报告和最终报告;
- 提供所有数据和分析。

2. 可以每小时支付承包商 50 美元或者每月支付账单。没有额外的支付。

3. 双方在 2012 年 4 月 15 日或之前要履行协议,否则无效。变更协议需要承包方和组织授权的官员签署。任何一方取消该份协议,需提前 45 天书面通知另一方。该组织必须支付所有由承包商在协约终止前圆满完成工作的报酬。

4. 本协议应当符合州政府青年服务一般条款中固定价格协议的所有规定,一份由组织存档。

5. 承包商承认所有的书面材料、文件、报告和在该协议下提供服务的结果("材料"),这些作为雇佣的工作特别委托给组织,这些条款可以在美国版权法下进行解读。该组织应该是材料的作者,拥有材料的使用权、命名权以及相关利益权,这包括,但不限于,材料的所有版权,可任意对其编辑、修改和使用。如果确定材料中的一些内容不是为雇佣制订的,那么承包商无疑要归组织安排,正如对材料的时间设定、材料里面提及的所有权利、命名权和利益权,包括没有限制的版权全部都要交给组织。

6. 该协议取决于加州的法律,协议的制定和执行适用于该地区,组织和承包者每一方都同意顺从适用于位于加州的联邦或者国家法庭的专属管辖权,解决由协议引起的双方之间的任何争端。

作为证据,当事人签订以下协议。

接受和同意:

承包商

_____   日期_____

(承包商签名)

_____

(社会安全号或纳税人 ID)

组织

_____   日期_____

(理事长,父母/儿童压力服务组织签名)

志愿者

珊泽·哈丽担任父母/儿童压力服务组织执行理事的第五年,她已经调集了一支优秀的队伍,包括带薪职员、独立承包商、组织外服务提供者,对此,她和理事会都感到极为满意。但现在她又碰到了一系列未曾料到的新挑战,这个问题关系到她的志愿者。父母/儿童压力服务组织是由一群人组建起来的,在早期,他们把时间都奉献给了组织。很多创始者至今仍然免费为组织提供服务。但随着组织的成长,有些人不得不放弃他们的工作,移交给那些有报酬的职员,而这种交接总是处理得不够漂亮。很多在办公室工作的志愿者并不乐意被带薪职员(他们发现这些人对组织的历史一无所知)和独立承包商(他们认为这些人没有给组织带来新技能)所取代。因为他们对所有这些人完成志愿者一向免费做的事情而获取报酬这一事实感到十分愤慨。更深入地说,有些人希望知道他们作为志愿者这么多年来的努力是否得到人们的肯定。

同时,珊泽·哈丽已经确定了很多新的活动,如募集资金、电话忠告以及收集研究项目的基本资料,这些活动需要志愿者的参与,但许多项目需要具备特定能力或专业爱好的人来完成,她不知道是尝试说服现有的志愿者进行某种培训后来完成,还是安排其他已受到充分激励、具有丰富知识的人员进入这些领域。

问题在于珊泽·哈丽过于关注组织的需求,而没有考虑到志愿者本身的需求。如果她能这么做就可以更好地应对现有志愿者的心理需求,也可以更好地招募和雇佣到热心于为组织工作而不求报酬的人员。

招募志愿者

在这一代或两代人之前,许多富裕的女性倾向于居家,当随着年龄变大,孩子离家,她们成为非营利组织稳定的志愿者来源。男性65岁退休或者提前退休的模式也有利于志愿者服务,但近年来,这一切已经发生改变。大多数女性逐渐开始工作,稳定的养老金成为了过去。现代经济发展要求需要夫妇双方都要工作,需要人们越来越多的时间投入到事业中。这种趋势明显减少了潜在的志愿者来源渠道,组织需要在人数锐减的情况下更积极地寻求志愿者。

招募需要一开始了解志愿服务的基本动机。人们为什么会有志愿的行为呢?志愿者们他们自己提供了很多原因:

- **自我满足感**。很多人喜欢利用业余时间为自己带来个人满足感和培养积极形象。有些志愿者这么做是希望感觉到有人需要他,其他一些人则是喜欢忙于做有意义的工作,还有一些人则希望通过做一些对社会有意义的事情得到同龄人和朋友的尊重。

- **利他主义**。来自所有经济阶层的人都相信,乐于助人使生活变得完美和愉快。这种动力经常来自于宗教信仰或者家庭的熏陶。有时候,志愿者行为为那些花钱大手大脚的人提供了唯一表达利他主义的途径。在其他情况下,志愿者行为与赞助资金有关。

- **友谊/结交朋友**。志愿行为的另一个重要原因是可与其他人结识和交往。志愿者行为能帮助他们扩大社交圈子,发展人际关系,这对他们生活经历有所助益。那些迁入新社区的人、丧偶的老人,甚至那些寻找更有活力的社会生活的少年和职业人员,都可能把志愿者行为看作是一种拓宽社交圈子的途径。

- **学习有关领域的知识**。有些对某一特定领域有兴趣的人将志愿者行为看作是更好的学习知识的途径,尤其是当组织的志愿者计划中建立了培训和学习机会时更为如此。那些希望学习有关国外、时事、宗教传统或许多其他领域知识的人可以通过志愿者方式得以实现。

- **创建/维护组织**。有些志愿者是组织的创办者,他们为非营利组织的创建、成长、繁荣奉献所有的精力,为组织的成功及不断拓展感到骄傲,这常常是推动志愿行为的首要因素。

- **发展专业联系**。在一些组织中,志愿者能够接触到社区的重要成员。有些人将志愿者的工作视为促成交往的途径,这种交往可以使他们接近顾客、业务、专业协会并获得契机。

- **公司的成功**。许多公司的营利部门将其职员的志愿服务视为公司为社区做贡献的重要途径。公司鼓励年轻的执行理事和公司其他代表去当志愿者,而那些希望在公司得到提升的人知道志愿者的经历将是其简历上一笔真正的财富。

- **获得培训/经验**。对某些人来说,参与志愿者是找到一份有偿工作的途径。年轻人、长期失业的人、想要更换工作的人,他们有时把参与志愿者的机会作为进一步实现个人目标的方式。他们可以学到怎样工作、获得推销技能或者被推荐就业的机会。

- **提供进入特别组织的路径**。对那些很想在某一特定非营利组织理事会工作或服务的人来说,志愿者行为提供了一个参与的重要途径。志愿者行为可能是最终迈入有偿工作或获得理事会席位这一阶梯的首要步骤。

- **社会地位的象征**。个人的声望与其特定组织密切相关,组织的志愿者们代表了社区中的精英群体。成为一名志愿者将会给其带来一定的社会地位,并标志此人成为了社会精英群体中的一部分。

这意味着招聘策略需要与志愿服务的动机相结合。有一个组织主要是在企业的环境下开展工作,关注的是年轻的执行理事;另一个组织则通过当地教会和民间组织开展工作;还有的组织是给本身是志愿者的知名社区领导团体提供社交场合。几乎在所有情况下,现有志愿者队伍的成员都可能成为人员招募对象,他们可以详细讲述自身志愿者经历获得的益处及愉悦体验。

满足志愿者的需求

非营利组织的理事会成员及职员若需要志愿者帮助的话，必须考虑未来志愿者的动机。不幸的是，他们都常常过于注重组织的需求。"我们需要志愿者逐户地筹集资金。""我们需要有人提供法律帮助。""我们需要志愿者为病人读报。""我们需要有人愿意帮助学龄儿童进行阅读。"当然，明确志愿者的工作很重要，详细描述每项工作的情况将使志愿者的实际工作安排在合适的时机变得更为容易。但组织没有理解志愿者的需求，也没有清楚地认识到如何通过特定工作满足这些需求。

组织为何必须关注志愿者的动机呢？很简单，如果想要招募和雇佣免费工作人员，就必须理解使他们感到满意和满足的方式。在父母/儿童压力服务组织这一案例中，珊泽·哈丽就忽略这点，并为此遭到一位理事的责备。这位理事告诉她，"志愿服务是一项有补偿的交易。组织的确有收获，但我们不能白白地索取——我们也得回报。志愿者需具有责任感，需要受到重视。一旦认为志愿行为是理所当然的，我们就会遇到麻烦。"

珊泽·哈丽以前过于注重组织的需求，以至于她无法识别：在志愿者中，谁工作时间长、谁工作很努力、谁的工作现已被带薪职员和独立承包商所取代。组织的年度报告和新闻报道都曾提及奖励性午宴，在宴会上颁布奖励证书以表彰功劳出众者。组织也采取了一些其他明显的表彰形式，但组织能否满足志愿者渴望受到他人重视的需求还有漫长的路要走。

其他非营利组织已经找到了各种方式满足志愿者的需求。下面有两个有趣的例子表明存在多种途径：

艺术展览馆

有座大城市的艺术展览馆（An art Museum）需要志愿者为两类特殊参观群体提供导游服务——聋哑人（需要能够用哑语导游的志

愿者)和外国人(需要能够熟练地用他们本国语言导游的志愿者)。首先,志愿协调者要度过寻找志愿者的这段困难时期。正如她所回忆的那样,"我在特殊刊物上刊登广告,印刷小册子,然后去有许多懂哑语或外语的人参加的专业会议上进行分发。这些招募努力的结果是,我收到了一些咨询信,但多数对有偿工作感兴趣,很少人愿意当志愿者。那些真正有工作的人却没时间为我们提供服务。有些人一想到要付出时间学习如何募捐时,他们就犹豫不决。"

"因此,在和一些志愿导游谈话之后,我意识到采用了错误的方法。有个忠实的志愿者告诉我,他们参与的初始动机是学习展览馆非常优秀的募捐方法。而那些对艺术不感兴趣的人来说,我们的志愿者培训项目是向知名专家——馆长、管理员、艺术家学习的好机会。因此,我改变了过去招募志愿者的方式,我甚至从讲述中完全放弃了'志愿者'一词的使用。相反,我说道,展览馆免费开办了由知名人士讲授募捐技术的一系列专题研讨会。研讨会实行完全限制性招生,而仅仅向某些人开放,这些人作为导游必须具备为聋哑人或外国游客服务的必要技能。我设定了相当苛刻的要求资格,包括每月所需要的最少时间数量。当然,这恰好与我们对志愿者所要求的时间相同,但对此我缄口不语。"

"三个星期之内,来应聘的志愿者就超过了我们所需要的数目。我不得不开列了一份候补人名单。而我们招募到的这些人完全是为研讨会所吸引。具有讽刺意味的是,我们一贯要求志愿导游能经受得起这种训练,因为你如果不懂得大量的募捐方法,你就不能成为一名导游。但这是我们在招募中第一次把培训项目称为'研讨会'并努力将职员提升为'教员'。以前,人们抱怨我们对他们强加了许多要求,现在,他们热情地回应这些要求,因为这显然满足了他们学习艺术的愿望。我们从中得出了一个教训,在你进行招募之前,考虑潜在志愿者的动机是相当重要的,一旦他们同意加入理事会,满足他们的期望同样也重要。"

高中健康团体

高中健康团体(The High School Health Corps)是美国的非营利组织,其工作是在夏天派送高中志愿者到中美洲的农村地区援助公共健康项目。它在为一些国家(那儿欢迎美国年轻人并且安全)提供志愿者帮助时,常常保持政治中立。该组织与宗教团体毫无瓜葛,在提供志愿者到那些欢迎美国青年并保证其安全的国家时试图保持政治中立。根据一位该项目志愿者招募人所说,满足这些国家的需要是基本,但满足年轻志愿者的需求则是关键。这不仅是招募中的一项重要战略,更是在进行长达六个月的严格训练后雇佣志愿者的重要战略。

最开始我们在学校和教堂进行招募。我们有一大群牧师和校长,他们都知道高中健康团体并给予支持。他们鼓励学生考虑我们的计划,并参与信息会议以发现更多的相关计划。他们与这些小伙子积极讨论计划。他们把计划描述为一项刺激的挑战和冒险,一次到异国他乡旅游的行程,一次改变乏味的夏天的选择。但描述高中健康团体的成年人也说这项计划在其他方面迎合了年轻人的需求。小伙子们能够提高语言能力,能够通过与健康看护专家并肩工作学到健康领域的知识。他们也可以通过参加课外活动,有助于进入大学。当小伙子们和父母参加信息会议了解相关计划时,他们通常确信参加志愿者活动会大有裨益。

"即便如此,我们并没有听天由命。我们经常强调该项目的好处,但也开始改变所强调的重点。我们知道需要让父母放心。他们首先和最关心的是安全问题,以及我们拥有的良好历史纪录。我们的语调使父母和孩子都确信,该项目将会满足年轻人最基本的需求——受到重视以及成人般的对待。"

"实际上,在这样的会议上,我们应试图少谈论一些旅行世界的乐趣,更多地谈论培训过程中的艰苦以及长远影响,在一个不同文化语言的国度中工作的挑战性,生活在第三世界国家中的那种切实的不适感。从某方面说,我们在做两样事情。我们希望那些不严肃也没打算严肃的人不要来参加该项计划。但对其他的人,我们希望传达这样的信息:即该项目的挑战性恰恰是许多年轻人希望参加的理由。该计划将带给他们比之前更多的责任感。我们告诉他们,迎接这样的挑战并不轻松,但他们去做的话会得到大量的积极锻炼。通常由参加过这一项目的年轻小伙子来传达这样的信息。"

志愿者协调人

在父母/儿童压力服务组织中,珊泽·哈丽向理事会承认她没有重视志愿者的需求。但她找了一个有效的借口:她仅仅是因为有着太多的事情要做。她承认,她认为其他工作群体——带薪职员、独立承包商、组织外服务提供者,比志愿者更享有优先权。

珊泽·哈丽的态度并非特例。一个原因是,许多非营利组织中有人为志愿者辩护,帮助执行理事了解他们的重要性,并确保他或她能经常会面、欢迎和感谢志愿者。在大型组织或志愿者占很大比例的组织中,处于这个位置上的是带薪职员,并且可以以诸如志愿者协调人或志愿者主管等各种身份行事。在小型组织或不需要多少志愿者的组织中,志愿者协调人可能是没有报酬的。不管是哪种情况,志愿协调人——无论是否有酬劳——都必须能够接近首席执行官,因为他(她)的一个重要工作就是端正执行理事对组织中志愿者角色的态度。

实际上,志愿者协调人必须要融入组织的最高层,且与任何部门或将要与志愿者共事的专业人员进行充分合作。当志愿协调人是一位专业人员时,考虑将他(她)安排在组织部门中的什么位置极为重要。在先前提到的艺术展览馆案例中,志愿者协调人是被安排于教育部门,因为90%的志愿者在这个部门中工作。该部门中总共有18个带薪人员,有三人要直接向部门执行理事报告和定期与展览馆执行理事本人会谈,志愿协调人是当中的一名。在仅有7个带薪全职雇员的高中健康团体中,志愿者协调人直接向组织执行理事报告。

虽然志愿者协调人扮演着重要的辩护和教育角色,使高级官员更关注志愿者在组织中的重要地位,但他(她)还得承担其他责任。志愿协调人与志愿者的关系就像人事部理事与带薪职员的关系。他(她)全面负责寻求和安置志愿者以及协调并解决志愿者组织之间的需求关系。总的来说,其工作的全部责任范围包括监督以下工作:

- 建立和不断更新有关志愿者的程序、责任、监督、安置、限制、报告、评价、识别以及终止等书面政策。
- 开发志愿者福利项目,包括免费或低价使用组织设施或项目、获得组织资源(比如图书馆和食堂)、参加会议的机会、提供现金支付旅行费用或其他花费、提供今后找工作的推荐信等。
- 确定如何在组织中安排志愿者才能得到最有效的利用。
- 为志愿者创建工作描述。
- 开发招募程序,包括对组织和能够创造志愿者机会的个人的认定、与媒体保持联系、为信息会议使用志愿者和职员、设计适当的印刷和网页材料。
- 面试、选择、安置志愿者到合适的工作岗位上。
- 为志愿者发展适应性训练和培训计划。
- 评价志愿者的绩效,若绩效令人不满,则重新安排或终止志愿者的工作。

- 组织表扬大会和确定荣誉志愿者。
- 帮助规划和评估如行会或伙伴组织等独立志愿者团体的结构与功能。
- 回应志愿者团体所选代表或官员的需求。
- 组织中成员与其他人一起倡导满足志愿者的需求和利益。
- 对职员如何与志愿者共事进行培训,包括监督、评估和认定。
- 回应来自或关于志愿者的问题和抱怨,协调解决志愿者之间或志愿者与职员之间的冲突。

需要指出的是,志愿者协调人最重要的责任之一,与安置一名因服务不好而终止合约的志愿者有关。有人曾说,因为志愿者没有工作报酬,因此不能解雇,这话可能有些偏颇。事实上,处理这一类事情必须要有高超的技巧。对于志愿者协调人来说,首要步骤是收集所有事实并悄悄地对这些抱怨进行评价。有时该志愿者并没有得到适当的培训,没有受到足够的监督或者事先没有被告知出现了问题。在这种情况下,对志愿者协调人来说,对这些问题进行补救并再给志愿者一个机会可能会较为恰当。另外一个办法是,将志愿者重新安排到要求较低或者更加合理的岗位上。在极端情况下,可以将工作取消一段时间或简单地告知志愿者已不再需要他(她)。这种处理是较难的,但是一名有本领的志愿者协调人是不会逃避这一责任。

显然,在大型组织中,不能期待哪一个人能够实际执行志愿者协调人的每一项工作。有些情况下,志愿者协调人可监督其他几个将要集体参加这些工作的带薪职员,或者,他(她)也可以与一个正式的志愿者组织合作,以帮助处理组织志愿者项目的各方面问题。

志愿者组织

在一些非营利组织中,志愿者们创建了独立的正式组织结构,拥有自己的理事会、执行官员和委员会。这些群体有助于规划志愿者政策,他们在志愿者的招募、培训和监督方面十分活跃,能够负责特定的资金筹措项目或其他特定项目。志愿者组织的领导通常担任上级组织执行理事会中的成员,代表了志愿者这一层次的利益和需求。志愿者组织可能拥有自己的带薪职员,但更经常的情况是,与上级组织的职员,尤其是志愿者协调人相互来往。

非营利组织与志愿者组织的结构关系可以改变。在某些情况下,志愿者组织被称为委员会,因为其操作处于上级组织理事会的严格控制之下。在另一种极端情况下,志愿者组织在法律形式上和结构上与上级组织均有很大的不同。他们各自组成公司,向联邦政府提交各自的财务报告,拥有执行理事,他们无须向上级组织理事会负责。

可以列出许多志愿者组织的优点。比如,志愿者在志愿者组织中找到归属感,他们并获得在组织内的提升机会——在委员会、理事会中工作或者成为一名执行官员。同样重要的是,志愿者组织保证为志愿者就政策发展献言建策提供一条通道,这可影响他们的地位。实际上,在主要依靠志愿者的组织中,多数人认为这样的组织是必要的。

然而,从上级组织处于有利的位置来看,控制这一问题会导致紧张关系。特别是当一家志愿者组织是独立组建时,就必须建立非常明确的规章确保二者目标一致。在资金筹措方面,这种紧张关系变得尤其尖锐。如果志愿者组织有权合法决定资金使用,那么在资金挪动方面上的争吵将会耗费大量时间。由于这个原因,大多数非营利组织要求志愿者组织应该是自己组织结构中的一部分。

面试潜在志愿者

志愿者和带薪职员都有可能参与招募潜在的志愿者。一旦启动招募,就要确定选什么样的人,并如何安置他们。大多数情况下,面试是完成该项工作的最佳途径。面试有好几个目的。首先,它使潜在的志愿者确信组织希望满足他(她)的需求和期望。其次,它使面试者了解组织的期望——通常分发志愿者手册,让他们了解手册中列出的有关组织志愿者计划的目标、政策和程序。最后,面试者还提供机会以评估潜在志愿者的技能、性格、动机,并开始决定将此人安置到组织中什么部门。

通常情况下,组织会要求潜在的志愿者填表以提供基本的信息,这可以在面试一开始完成。表格可能包括以下部分或全部信息:

- 姓名、地址、电话、面试日期;
- 两名介绍人的姓名和联系方式;
- 志愿者以前的经历,包括组织名称、加入时期、职责和联系人;
- 有效期;
- 志愿者希望得到什么样的工作;
- 与工作任务可能相关的兴趣爱好;
- 带薪工作的经历,包括现在的雇主;
- 特长,包括语言、记录/打字、电脑水平;
- 健康资料;
- 教育背景。

为了在面试中保持持续性,一些组织发现,最好预先准备一系列问题。另外,他们可能要求面试者保存好面试的书面纪录,存档所填的表格资料,并与其他资料一起由志愿者协调人保存,这些纪录十分重要。

适应性训练及培训

一旦挑选好志愿者,他们就必须接受组织的适应性训练和培训。通常来讲,适应性训练包括以下的全部或部分内容:

- **一份组织的文件包**。这包括组织的年度报告、报刊文章、小册、传单、报告、理事会成员名单、组织职员以及志愿者组织的组织表

(如果有的话)及其许可证和规章细则表。

- **背景阅读材料**。有些情况下,收集有关志愿者任务和职责的额外信息很重要。在之前提到的高中健康团体中,志愿者和年轻人就需要阅读所有国家的相关历史和文化、第三世界国家的健康护理情况,以及研究其他志愿者案例的书籍和小册。
- **参观志愿者工作地点的设施情况**。在一些组织中,志愿者参观工作地点的设施情况对他们有利。比如,大城市中有座教堂可为无家可归者提供一日三餐,它要求志愿者做饭、预备碗筷、服务、刷碗筷、招待和安置无家可归者等。新来的志愿者在空闲的时候要做这些工作,并在接受实际工作安排之前与他们进行各种交谈。
- **参观办公室和会见职员**。志愿者常常在办公室与职员进行合作,新招募的志愿者在接受特定安排之前,需要在此度过一些时间。组织介绍他们认识职员、让他们知道办公设施所在之处、告诉他们组织非常希望其融入办公室的日常工作流程当中。
- **电影、幻灯片及演示**。电影和幻灯片对志愿者来说,通常是在他们到来前获得其工作环境印象的最佳方式。比如,高中健康团体为志愿者放映工作所在地的电影和幻灯片,有助于提前做更好的准备。在其他情形下,电影和幻灯片是提供组织的背景、历史及志愿者活动的良好方法。电影、幻灯片的演示也经常被用来展示特殊的志愿者工作是如何进行的。
- **团体会议及讨论**。团体会议为基本适应性工作的圆满完成提供了很好的途径,尤其在那些成群的志愿者同时进入的组织当中更是如此。团体会议及讨论也使得志愿者可以彼此熟悉并为一些基本问题寻求答案。

基本适应性训练完成之后(或有时与之结合),随之而来的便是对志愿者将要接受的特定工作进行培训。培训根据工作的复杂程度及志愿者

的背景和经验而定。然而,最初培训总是讨论工作(或任务)的书面描述,这为一些关键的问题提供答案:

- 工作是什么样的?
- 该项工作为什么是必要的,其目标是什么,它将为组织的整体运作做出怎样的贡献?
- 工作如何进行,需要什么样的设施配置和专业技能,以及完成该项工作的必要步骤是什么?
- 志愿者与谁一起工作,向谁负责?
- 工作需要多少时间,志愿者希望用多少小时(天或月)来完成工作,什么时候工作必须结束?

培训至少要让志愿者与其合作的人进行一次初次会面,还包括通常由监督者培训的一些实际工作或正在进行中的工作。在工作较为复杂或者需要新技能的情况下,需要实地见习、引导性观察和开设角色扮演班。

据说任何非营利组织中唯一一个最重要的明确特征是组织的工作成员。职员、志愿者以及组织中的其他成员能确立一种基调,帮助塑造组织形象,决定组织执行工作任务、计划和行动所带来的效益。

然而,许多非营利组织是在严格的财政限制下运作的,这使得组织很难在其工作队伍中招到足够的优秀人才。他们也不能因为要完成别的工作的时候去招聘更多的员工。他们不能高薪聘请更称职的人才完成特定的工作。相反,他们必须使有限的资源得到最大化地利用和扩张。他们必须寻找有责任心的工作人员努力工作,他们通常只要较少的报酬甚至不要报酬。他们必须确信最大限度地利用每个人的技能。并且,或许最重要的是,非营利组织必须营造一种气氛,即让工作人员——不管是带薪职员还是志愿者——感到他们的工作受到了重视。当每个人感到其工作富有价值并能为组织整体利益做出贡献时,他们最终将加倍地努力。

思考题

1. 你所在组织的首席执行官在人员工作方面的能力如何？他（她）是否建立了一个能各尽其长、各司其职的制度？

2. 你所在的组织中，工作人员是否都具有与之工作相关的和适当的管理技能？他们之间的合作是否融洽？

3. 你所在组织中，需要完成的所有工作是否都已经建立了一个适当的评估体系？是否能用文件加以证明？

4. 你所在组织中的工作是否恰当地分配给了带薪职员、志愿者、独立承包商以及组织外服提供者？

5. 你所在组织是否已经找到认证、招募、适应、激励以及识别志愿者工作的有效方法？

6. 你所在组织是否有志愿协调人？其责任是否得到明确表述？其行动是否与你所在组织的运作融为一体？

7. 是否有独立的志愿者组织隶属于你所在的组织？控制和权威方面的问题是否得到彻底解决并有文件证明？

注释

1. 一般来说，理事会聘请执行理事，执行理事则聘请其他员工。在员工数量具有一定规模的大型组织中，常常由部门负责人雇佣在其下面工作的员工。在一些分权化程度很高的组织，每个员工受雇于他或她的直接上司，让同一个部门工作的同事参与招聘和面试是明智的。不管使用什么样的招聘程序，让多个人参与考察潜在的员工并留下不同的印象总是有利的，即使只有一个人成为最终的选择。

第四章　人事政策

约翰·西姆被康普顿社区服务中心聘为执行理事,那时包括他在内,中心仅有五名员工。雇佣约翰的理事长解释道,由于所辖事务具有"流动性",中心内没有任何关于职位的职责说明,一切要由他决定如何分配任务给员工。五年后,康普顿社区服务中心已有 15 名带薪员工和几名作为独立承包商的大学教师、私人教师与艺术家。为了组织更好地运行,必须明确界定角色、职责以及一系列要求。雇员必须了解从组织中可期望得到什么,是报酬、升职还是劳资关系。

幸运的是,约翰·西姆承担起了执行理事的职责并迅速采取了以下三项措施:

- 准备一张包括一系列要求及相关责任的组织规划图;
- 撰写职责说明;
- 确定薪酬标准以及相应的利益。

第四章　人事政策

准备组织图

正如约翰·西姆所发现的,像康普顿社区服务中心这样小规模非营利性组织常常不愿意准备组织图。当组织中只有两或三名员工,这种情况也许可以接受。当员工有五名或更多时,组织图是必需的。它表明了组织中的权限、信息及相应的责权关系。

在一个大型组织中,组织图极为重要。首席执行官必须委托他人进行监管,因为亲自监督每一个雇员是不可能的。首席执行官下放权力的同时,也必须赋予相应的责任。图4.1中的组织图告诉我们,执行理事委托谁进行监管,当出错时谁应承担责任。

假设执行理事约翰·西姆收到的财务报告中由财务助理输入的数据全是错误的,组织内将发生什么?行政理事将被召集起来讨论问题,接着,他将与财务人员一起处理这一问题。执行理事不应该(除非监管者已取得同意)直接找财务助理查明报告出错的原因。约翰·西姆也许可以要求知道报告什么地方出错,已经做了什么,以后可以做什么加以预防——但是他应该要充分相信员工在他不在场的情况下可以很好地应对问题。

鉴于向上级汇报的规定和直线职权(authority line)需要得到尊重,所以要加以认真对待。管理者必须有能力进行管理;雇员不应向无能的上级报告工作。此外,要尽可能避免多重管理。如果一个雇员必须服从两个意见不一致的主管,他会陷于一种尴尬的地位。如图4.1的组织图所示,项目助理要为四个人工作——项目理事与三个协调人(如虚线方框所示)。但他主要向项目理事报告工作。这表明,当项目助理对所做的工作不明确时可以从项目理事那优先得到指示。

最后,当承包人被组织聘为固定员工时,将他们放置于组织图中以明确其向谁报告是有利的。图中一般用虚线方框而非实线方框表明合同关系。图4.1表明了三组承包商向各自合适的协调人负责。

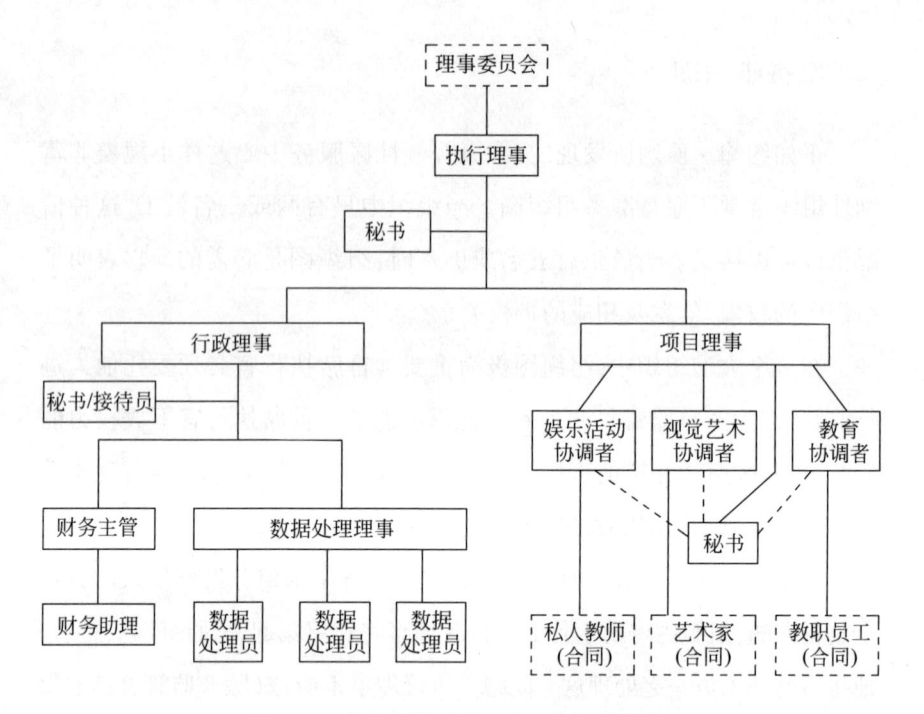

```
                    ┌─────────┐
                    │理事委员会│
                    └────┬────┘
                         │
                    ┌────┴────┐
                    │执行理事 │
                    └────┬────┘
                   ┌─────┤
                  秘书   │
                   └─────┤
              ┌──────────┴──────────┐
         ┌────┴────┐           ┌────┴────┐
         │行政理事 │           │项目理事 │
         └────┬────┘           └────┬────┘
```

图 4.1　康普顿社区服务中心组织结构图

撰写职责说明

一个典型的职责说明包括三个部分内容：
- 综合概述职责内容；
- 明确工作人员向谁报告与管理权限；
- 罗列具体的职责与职能。

职责说明

财务助理负责康普顿社区服务中心的项目维护和财务记录。他（她）也要负责准备某项财务文件和表格以及相应的文档维护。

基本条件
- 学士学位或同等学力；

- 一年营利性或非营利组织财务工作经验；
- 了解会计的基本知识。

财务助理向财务经理进行报告。在财务经理的许可下，财务助理在工作繁重时可监管一名兼职员工。

职责与职能

- 为所有成本中心与户头准备收据与支出报告及总账目；
- 每个月进行审核，使储蓄账户余额与银行报告相符合；
- 在行政经理同意账户编码安排与支付后处理收支数目并进行核对；
- 维护现在与过去收支项目的文档；
- 维护电脑化的成本中心、账目表格与卖方档案；
- 维护承包商的文档、保险政策、其他与康普顿社区服务中心财务经理的相关资料；
- 其他指定的职责。

工作说明通常首先简单概述工作和可以胜任这项工作的人所期望具备的基本条件。它概述了报告关系并详细列出职责与职能。究竟要多详细呢？单凭经验来看，职位说明需要一页或者多数情况下，两页纸的长度列举职能的先后顺序。为了保持灵活，类似于"其他指定的职责"这类话语应列在职责和职能中。

工作说明要清楚地说明其他两个要素：

1. 工作是全职还是兼职。虽然组织能通过自身情况灵活地界定什么是全职或兼职，但一般来说，如果一个员工一个星期需要工作40小时则属于全职；低于40小时则一般视为兼职。

2. 是否支付薪金或工资给员工。受薪雇员的工资一般按年计算（例如，50,000美元/年），不管实际工作多少小时都要确保其最低工资。工薪族的报酬按每小时递增(15美元/小时)，总收入取决于工作多少小时。

工作说明有时包含了绩效标准，尤其在大型组织中如此。它详细说明了员工完成每项任务所期望达到的最低绩效水平。例如，如果任务是"每个月进行审核使储蓄账户余额与银行报告相符合"，那么相应的绩效标准可能是："如果员工把每月与银行报告符合的收据在2周内向上级提交，则认为他(她)达到了最低绩效标准"。

尽管绩效标准在超大型组织中也许有用，因为这儿存在许多可预测后果的日常性工作，但对于较小的组织而言它则较为多余。尤其是当绩效标准需要变化而基本职能不太可能改变时尤其如此。在为每个员工制订的年度绩效标准也许比较有用，它包括了需要评估的目标和标准。它可以评估员工绩效，当员工处于试用期时，这非常重要。

为什么一定需要工作说明呢？目前存在许多反对意见。他们认为，制定说明常常需要花费大量时间，要求与员工和起草人进行广泛讨论。此外，因为员工重组发生职责转移，使得工作说明不得不重新起草。为什么不把时间花在能产生更多效益的事情上，而只需向新员工解释他们的职责呢？下面三个原因解释了为什么制定工作说明十分必要：

首先，撰写工作说明的过程常常表明，为单个员工设定工作责任是不现实的。例如，执行理事与信托理事也许同意某人可以配备到发展领域和公共关系领域，然而当详细描述每一项具体的任务时，显然没有人能做完所有的工作。此外，一旦写下所有任务，由于可以清晰地意识到组织的全部需要和每名员工应该付出的时间，那么则更容易歪曲职责。

第二，工作说明可以保护组织员工。员工可以查阅文件，其中描述了对他们的期望并对工作绩效评估提供了基准。职员如没有完成上级口头安排的任务但工作说明没有提及的任务，在技术上他可能被解雇，因此，增加一个新的重大职责时最好更新工作说明。通常，在对员工的某项工作说明——尤其是执行其他任务的说明——进行重大更改前，他往往希望有人能与之磋商。同样,如果员工的一项任务在职务描述中被删除或转到他人,其上层主管有义务向他(她)进行解释。最后,员工可要求对工作——尤其是可能导致调整薪水的工作——的检查是基于工作说明所列任务的绩效评估基础上的。

第三,工作说明保证了组织的有效运行。像合同一样,一个工作说明在书面撰写中表达了某种期望,如果员工无法达到要求则会有理由对之解雇。没有工作说明的指导,员工总会这样说:"但是从来没有人告诉我应该那样做啊!"有了书面文件,就不会对详细阐明的职责进行争论。同样,当管理者评估员工的工作绩效时可以明确设立一系列任务与职责进行价值判断。这有助于管理者保持客观公正不做出错误的判断,比如不会因为一名员工性格和蔼开朗就给予正面的评估,但对性格似乎不那么有魅力、不那么友好的员工给予负面的评估。

许多组织虽然都有工作说明,但总是不更新。很典型的是,一个组织愿意撰写工作说明(或聘请顾问来做),可是当有新的工作任务增加及相应职责变更时却忘记进行更新。更新并不困难,必须定期进行。要留出特定时间进行更新,至少一年一次。理事长或有特殊个人职责的人员,应全面监督所有工作说明的审核情况,并在那些需要理事会批准工作描述的情况下,建议进行变更。

确定薪酬标准

人们常常对非营利组织员工的工资和福利标准的高低争论不休。许多人主张薪水要低,因为非营利组织可以挣得并增值的金额是有限的,所以常常面临财政困难。此外,众所周知,许多人愿意做出金钱上的牺牲只是为了能在非营利机构中工作——许多人对组织的使命和业务活动做出了感情投资——如此看来这似乎是充分利用此种情形而激发良好的商业意识。最后,人们常常对如何设定非营利组织中理事会成员(常常是理事长)这一特殊群体的薪酬标准进行争论。过高的薪酬似乎违背了在第二章中所讨论过的非营利组织的托管原则。

50年以前,许多非营利组织的员工大多由志愿者与独立的富人组成,他们的报酬都很低。随着对专业化要求的提高,情况有所变化。但非营利组织中的薪水平均仍然偏低。从某种程度上来说,这有利于组织和理事会。许多此类组织发现自己面对大量的求职者,而支付给他们的薪酬远远低于营利部门的同类工作。然而,在许多方面这种情况存在问题。大型非营利组织经过多年的观察发现,劳工组织已经对非营利组织造成了极大的侵害,因为在非营利组织中通过集体的讨价还价来协商工资与工作条件也许并不是最好的办法。工会的成功源于越来越多的工人希望获得合理的工资报酬。此外,即使员工不能或不愿为高薪讨价还价,但有才之士在低薪的条件下一般在此地也不会工作长远,最终他们会被能提供新的挑战与更多薪酬等其他机会所吸引。尽管非营利组织通常可以找到充满热情的年轻人填补空位,但是要留住有经验的员工却更为困难。

非营利组织发放员工薪水总是过于节省,这一错误的行为导致其声誉不佳。例如,一个组织设定给执行理事的薪酬如此之低,以至于无法聘到拥有某种资格证书与经验的员工,而这些对筹措资金和提高工作效率非常重要。支付给执行理事年薪10万美金的组织也许能吸引那些筹措资金比别人至少多两倍的人,而年薪只拿5万美金的执行理事也许根本筹不到一分钱。类似的是,组织在雇佣没有培训或不够资格的员工时也错误地减少成本。经常可以看到组织宁可雇佣两名没有任何办公技能的员工,而不会付更多薪酬雇佣受到更多良好培训的秘书,而他(她)将减少开支、更有工作效率并可以监管两名志愿者或兼职(work-study)学生进行日常的文件归类、打印及其他跑腿的差事。

薪酬究竟应付多少?虽然确定薪酬标准是一项困难的任务,但组织可以做以下事使其变得更为简单。首先,考察其他非营利组织对相应职

第四章 人事政策

位所支付的薪酬等级情况。其次,选定一些类似组织,打电话或写信询问关于雇员工资与组织可能提供的福利类型及开销情况。许多组织都愿意交换经验、互相分享,这样他们可以通过比较数据互相学习。把这些信息进行总结,汇报给理事会,清楚阐明每一职位的最低薪水、最高薪水、平均薪水的具体情况,以及所提供的福利范围。这有助于为组织设立标准(但是设立薪水标准之前最好根据当地生活标准进行调整)。

接着,应研究组织预算并回答以下问题:

- 对人事支出的费用究竟多少比较现实?
- 非人事管理费用(像租赁、电话费、邮费、办公用品等)必须花费多少?
- 组织所用资金足够开展其项目活动吗?管理费用在总预算中所占比率是否太高?

如果管理费用证实太高,组织可能面对一些困难的选择。在没有与所提供服务的水平达成一致时,可以重新调整员工的结构吗?一些工作可以由志愿者、顾问、兼职学生或其他组织来完成吗?可以筹措更多的资金吗?

也许存在资金不足而无法支付员工应得报酬的情况。然而,薪水标准对于决定哪种人才会留在组织工作至关重要,所以理事会应清楚每个职位的理想工资福利为多少比较合适。一些组织准备了一份预算显示该行业的人事开销标准。因高薪酬产生的赤字将要求员工对组织做出更多贡献,理事的责任是尽可能和尽快地减少数额。

在最终决定薪酬标准之前,必须考虑组织是否需要聘用优秀的有才之士从事特殊工作。如果要组织要优先聘用一名优秀的资金筹措人员,理事会也许会同意在开发领域为其支付高薪。如果组织需要聘用具有社会媒体经验的人员而恰好这一领域缺乏专业人士,那么支付给这个人的薪酬必须非常接近营利部门的标准。但要记住一点,如果在组织等级图中有 2 名职位级别相同的人员得知所获报酬相差甚远,这会削弱组织士气。

非营利组织中的高薪虽然引起争议,但对于吸引高级人才的加盟是必要的。一些组织采用一种策略来为支付高薪员工所花费的开销提供正当理由,那就是在时间允许的情况下把他们外包给其他组织来赚取一笔可观的美金。当然,员工必须愿意,而雇主也要担心组织自身的需要没有得到满足。一旦安排妥当,应在该员工的工作说明中予以详细地记录。下面这个例子说明了这种安排如何产生作用:

> 康普顿医院的执行理事是一名医院成本控制专家。他的总年薪(工资加福利)是 225,000 美元。除去假期、周末、休假等,他每年实际工作日为 220 天,这样机构每天大约支付 1,000 美元。但经证实,同时有其他组织愿以每天 3,000 美元加上津贴的待遇聘请该理事担任成本控制顾问。医院与理事达成一项协议,即他可以每年担任医院顾问为期 15 天,每天报酬为 3,000 美元。这样,医院为这 15 天承担了 45,000 美元,也就是将 225,000 美元的薪酬降低到 18,000 美元。因此,医院负责签订时间以及处理所有的账单和收集事宜。

理事们讨论完薪酬和福利后必须为每一级职位——执行理事、助理理事、协调者、项目理事、办公秘书等——设定薪水范围。最高工资应比最低工资高出 15%—30%。若某新员工几乎没有工作经验,所得薪水应接近最低工资,但随着经验日益丰富,薪水应在职务范围内相应增加。对于某位持有许多证书、具备丰富工作经验的雇员来说,其薪水标准应接近最高工资。大约每两、三年对薪酬范围进行一次审查以保证员工具有竞争力。

豁免员工的加班 & 非豁免员工的加班。美国劳动部的《公平劳动标准法案》(FLSA)涵盖了大多数员工,它在私人部门、联邦政府、州政府或地方政府设立了与员工利益相关的最低工资,加班工资,加班记录(record-keeping)和青年就业标准。其中最重要的一个条款涉及豁免员工与非豁免员工。非豁免员工获得全部加班费,豁免员工则没有。

一些工作被界定为豁免工作。但对于大多数员工,他们是否免除或不免除加班费取决于他们的薪水数额、支付方式和工作类型。大多数员工必须满足下面给出的三个"测验"(test)才能断定为可以豁免:

- 薪酬水平测验——《公平劳动标准法案》规定了年薪水平,符合这一水平的员工必须支付加班费。
- 基本薪酬测验——按基本工资发放的员工不能索要加班费。
- 职责测验——下面有一些职责的例子确定工作是否可以豁免加班费:

——定期监督两个或两个以上的员工。

——主要职责是管理。

——能真正影响到其他员工的工作状态。

许多非营利组织想当然地认为,人们会努力工作并且无须为其额外工作时间支付报酬。但并非如此,有些组织发现自己拖欠了员工的工资,他们一直有工作记录时间并且是非豁免的。没有一个工作的名称足以让人识别某工作是豁免的还是非豁免的。这些测验可以应用到任何名称的工作。最好是要仔细确定哪些员工是非豁免的,认真保存工作时间记录,并确保不让他们加班或进行加班工资预算。

福利[1]。今天,对未来的员工来说认真看待非营利组织提供的福利与薪水范围很正常也不奇怪。随着医疗费的增长远远高于通货膨胀率,又由于其他因素使得退休更像是一场灾难而不是幸福。这一切使得员工想知道雇主会采取什么针对措施。个人医疗计划费用太高,因此未来的员工希望知道雇主是否设定了有效的团体医疗计划、可能支付的医疗费比重是多少，还有退休金、残疾保险、人寿保险以及其他潜在的福利等问题。零散的福利如：带薪休假、个人事假、病假、带薪度假等方面的福利都需要由理事会决定并为员工出示书面文件。

在确定福利范围时，理事会可以先设立福利占总薪水数额的比率，再以此为基准进行决定。例如，组织宣布当年工资的15%可作为额外福利发放给员工，以这一数额为标准再决定哪种福利组合最佳以及如何进行分配。一些情况下，每位员工可得到和工资比例相对应的福利份额。其他情况下，数额和比例变化将依工资高低、服务年限及其他变量而定。要想找到福利组合的最佳办法，考察其他类似组织的做法将非常受益（可从国家服务组织发布的薪酬调查中获取一些福利信息）。记住，非营利组织在引进福利待遇方面比较迟缓，另一方面，较新的组织在此方面表现仍然不太慷慨。

进行福利预算时，留出一部分闲置资金如工伤补偿、国家失业保险[2]等作为雇员相关的花费非常重要，技术上说，这些并不视为福利的组成部门。此外，部分福利会因为一些必要的额外花费以法规的形式设定下来，这些花费有：参加会议的费用、与工作相关的特殊课程的学费、其他对某些员工有益的活动费用，这些活动都是必要的并经过了主管的同意。一些组织发现"自助餐厅"类型的模式非常受欢迎，即分发一些美金给员工，这些美金还可以分配给有不同观点的员工身上。

为了了解如何进行福利的选择，理事会除了询问其他组织，还可以征求独立保险代理人、组织中的会计或律师或专门顾问的意见，也可从董事会成员尤其是商人那获得相关信息。由于要遵守特殊的法律规定与行业的专门术语，大型的非营利性组织更加需要寻求专家的意见。例如，拥有50名雇员的雇主应遵守1993年的《联邦家庭与医疗委托法案》。对这些组织来说，最好在人事问题上与专家意见保持一致。然而，对任何组织来说，由于问题复杂、选择繁多，它们最好要尽力招募一位在此领域中具有相关经验的理事。如果理事会决定要设立人事委员会的话,这名理事应担任主席。

制定政策与程序

当组织已为员工设计 3 个基础变量后(这刚已讨论过)则已完成了最重要的工作。然而,最好还要确定额外的政策与程序。如下所示:

- 雇佣与薪水程序;
- 员工评估程序;
- 利益冲突程序;
- 终止与申诉程序;
- 性骚扰程序;
- 全部的办公业务和程序。

每一部分的政策制定越清晰,引起误解的可能就越少。此外,组织在每一方面的书面政策正日益受到政府执行机构、未来理事、雇员与基金人的称赞。

雇佣与薪水程序

绝大多数雇员都想尽可能多地知道组织相关的雇佣政策。

- 雇员如何被雇佣?是否存在需公开通知的正式过程?
- 组织内是否已有员工可以优先填补职位空缺?
- 是否有积极行动的政策?
- 雇佣是否完全建立在竞争与资格的基础上?
- 是否允许每一个未来的雇员查看工作说明?

一旦雇员被正式录用,他们想知道会发生些什么事情:

- 是否有正式试用期?
- 短期雇员与长期兼职雇员是否与专职雇员享有同样的权利与福利?

- 员工薪水范围与工作分类要多久才重新审查？由谁负责？

其他一系列问题集中在工资发放程序中：

- 多久给员工发一次薪水，怎样发？
- 有什么样的机会提高绩效？年度生活费会增加吗？
- 对于超时或额外工作是否有额外报酬？

对于这些问题也没有正确答案,但为理事会希望讨论并加以解决问题提供了一张清单。总会找到一个选项与观点。关于组织内部的晋升问题可用一个例子来说明,例如,当员工把升职视为对努力工作的奖励时,对组织的忠诚感将会得到提升。组织内部的晋升成为一项目标,理事会与执行理事决定将这一目标制定成一项明确的政策。另一方面,高层管理人员渴望用全新的视角看问题,他们认为对于执行理事的职位及高级员工的职位来说应该优先考虑外部人才。

一旦达成共识,将每一项政策记录下来极为重要。例如,如果组织十分想招收少数民族或其他特殊成员加盟,那么将这一目标予以表述并书面形成一项清晰明确的行动政策非常重要。如果理事会的这种行动与偏好没有加以明确化,雇员的士气将受到严重损害。许多组织发现给新雇员工设立试用期非常有用,因为双方都知道,希望迅速取得成绩的想法不那么严谨。

员工评估程序

一个未来的雇员应了解工作绩效的评估程序,由谁评估,多久评估一次,加薪是否由正式的评估程序决定。在许多组织中,管理者与雇员每年会面一次以进行正式评估(执行理事的评估将由理事会主席来执行,这在第二章中提到)。要讨论的一系列问题有：工作说明、绩效、员工满意度、管理层满意度等,例如：

- 你认为你工作的哪一方面最重要,哪一方面最不重要？

- 是否存在这种情况,即工作说明没提及到你不得不履行的任务? 如果存在的话,你认为是否应加在工作描述中,或者分派给其他人做?
- 对你时间方面的要求是否合理?
- 是否存在由于缺少时间而不得不忽视不做的工作?
- 你认为自己与同事相处得如何?
- 你对如何提高工作效率有什么建议?
- 你认为监督不足还是过多?
- 这项工作适合你吗?你认为哪种工作最有吸引力,哪种工作最没吸引力?
- 在过去的半年中,你哪方面的工作完成得最好,哪方面最不好?
- 你希望未来半年中完成什么工作?
- 是否有其他的意见、投诉、评论及质疑?

许多组织参考员工自我评估的内容——即员工提交自我评估的书面稿(或对前面所列问题的回答)以供主管与员工讨论。接下来由员工或主管来撰写最后的文件(通常主管喜欢撰写最后文件,因为他/她可以决定如何撰写)。除了讨论员工对这些问题的回答,主管还评估雇员绩效的优缺点并讨论第二年的工作目标。

一旦完成书面文件,双方进行检查,就某些修改达成共识再进行签名。执行理事审阅文件,如果问题即将发生时,他(她)可以决定是否进行干预。另一方面,文件将成为以后加薪的依据并最终成为组织内人事记录的一部分。

利益冲突政策

利益冲突问题在第二章非营利组织的理事问题中曾讨论过。在这一章中因牵涉到员工,所以有一定相关性。如同理事一样,如果组织员工所做决定会给自己、家庭成员、其他亲信带来充分好处时，显然，这样的决策是不客观的，这就是利益冲突。在大多数案例中，利益都与经济有关，但也不总是如此。如果大学招生委员会委员在决定招收一个亲戚的小孩还是其他人的小孩时便存在利益冲突。

由于明确规定非营利组织具有广泛的公益目的性，不是为狭小的集团或个人服务，利益冲突在此具有消极性。就这点来说，利益冲突政策应明确说明组织该如何处理这类敏感的问题，这样它才能得到发展。

该领域的政策是否健全合理，关键在于**公开性**。这是因为，只要决定某事的每一个人都清楚它的性质，那么相关人员做出的决策即便有利于自己或家庭成员也并非不可。例如，康普顿社区服务中心的数据处理主管名叫琼·西蒙，她决定从丈夫的电脑公司那购买电脑设备，因为他的公司正在打六五折，这比市中心其他供应商提供的价格要优惠，是一笔好买卖。因此没人质疑该决策不合适。然而，对琼·西蒙来说很重要的是她要在寻求批准之前向主管透露利益冲突的性质。在一些情况中，主管应得到执行理事或理事会自身的批准，尤其是涉及大额资金时更要如此，这样做也许更为恰当。利益冲突政策不一定得防止金钱交易或其他行为的发生，但的确保证了审核的客观性和决策的公开透明性。

冲突情况也存在露骨的自私现象。假设一个组织必须决定是否从执行理事手中购买某件物品，这是该理事一年前自己购买的。在这一种情况下，并不清楚执行理事是否诚实地进行购买物品，也并不清楚他的决策是否基于对组织的了解程度之上，也许组织愿意稍晚时候再买。对此情况，恰当的组织利益冲突政策应该表明，外部对于此事的公正评论将总是优先于任何法律行动。因为利益冲突的情况本质上是变化无常的。对此，因为没有统一的恰当对策，所以要求律师在草拟利益冲突政策的时候最好运用恰当的用语，这样才比较有利。

第四章　人事政策

解约与申诉程序

几乎每个组织都会在某一时期超负荷运转,使得某位员工不能顺利完成工作。要求解雇某人的确令人不快,但这对组织的利益、其他员工、处于困境中的个人都是必要的。同样,在任何分等级的组织中,雇员往往受到雇主的摆布,因此组织应对雇员提供保护。

雇员的某些违规行为会成为被立即解雇的理由。这些行为包括:伪造人事记录、工作期间使用毒品、猥亵行为、偷窃、假装生病旷工、严重的反抗行为。然而在大多数主管不满雇员表现的情况下,因为问题未必清晰明了,所以处理此类事件需要一种更为适度的回应。只要有理由对某事予以关注,主管必须对问题、冒犯行为、讨论的时间地点和日期进行详细的记录。没有这样的记录,则更加难以证明解雇一名员工的正当性。甚至在某些情况下,这类解雇行为事实上可能构成违法。

除了书面文件,一般来说,一旦存在问题主管即要求与雇员进行初步会谈,这也不失为一个好办法。对这一问题要提出口头警告,并记录到主管的文档中以表明讨论过此事。接下来的环节是召开正式会议,做好会谈记录,由双方进行签名并存在雇员的个人档案中。这份文档应总结主管批评意见的性质、雇员对此的回应、具体的工作目标以及用来评估雇员以后工作的绩效标准。还需另定一个会面时间来回顾该雇员在工作中的进步。某些情况下,雇员的表现太差以至于主管认为解职已经不可避免。两次会面之间的日期为试用期,如果雇员在此期间没有改善其绩效,该雇员将被要求辞职或被解雇。

如果雇员对自身待遇、工作环境或其他事情感到不满,则可首先向上级主管进行申诉。经过首轮会谈,或一系列会晤之后,雇员如果认为事情的解决并不满意,则可要求与主管的上级进行会面(可能三人全部参加或者不必三人都参加)。当雇员的申诉涉及执行理事时,他应向理事会的人事委员长或理事长反映。所有的情况下,第三轮会谈为最终裁决,这是组织的最高层官员进行的决定。

一旦组织制定了有关警告、申诉、解雇等政策,它就应受到约束。如果建立了离职程序主管就不能毫无理由地解雇一名员工,否则就没有遵守这一程序。尽管在"任意解雇"的概念下,组织可以以任何理由任何时间解雇某个雇员,但是雇主设立了一项政策又不去执行它则是愚蠢透顶的做法。政策的语言可以使用"**应该**"(should)而不是"**必须**"(must)以允许少数政策无须加以执行的特殊情况。鉴于解约的事宜非常困难,员工也许会求助各种法律手段(即使不成功,也可能是耗时和昂贵的),有时说服雇员自动辞职,而不是用冗长而令人不快的程序解雇员工会比较好。一笔慷慨的支付也许足以满足所有的要求,辞职(应以书面形式)防止了员工向组织索要失业保险,这至少会导致要额外支付较高的保险费用。

性骚扰政策

尽管联邦立法没有要求非营利性组织制定一项性骚扰法案,但的确有几个州要求这么做。20世纪90年代,最高法院的一系列裁决表明了制定并执行这个政策是个好主意。全面的可操作性政策给雇员提供了程序和机制来处理他们的投诉,在事件走向极端引起诉讼前,应使用组织内已设立的解决渠道。

性骚扰包括两种类型。第一种是补偿性骚扰(quid pro quo harassment),即主管对下级施加威胁和惩罚,或者暗示对其予以特殊照顾,但是要求性回报。第二种即敌意环境性骚扰(hostile environment harassment),即涉及性方面的评论、笑话、举止行为。如果一名主管牵涉到任何一种性骚扰,非营利组织应对此负有责任。然而,如果组织已采取了合理步骤去防止事态的发生,一般来说才会较安全。例如,如果组织已制定并执行了性骚扰政策,组织则有可能会在诉讼中占优势,尤其是受骚扰的员工没有充分利用这项政策时,尽管大多数法庭同意"已知和应知"的标准也仅仅是因为没有充分的政策(在本章最后部分将提供一个成文政策的范例)。

全部的办公业务和程序

应向雇员详细阐明许多的日常工作细节,有些是特定的内部办公程序,更多的是日常事务。比如:

- 如何委任员工进行采购的特定条例(通过采购令,小额现金或现金偿还原则)。
- 差旅管理方针(如对差旅津贴的限制,可批准的乘飞机次数及可报销的运费旅程)。
- 控制打私人电话或长途电话。
- 对办公设备使用的管理条例。
- 组织对遗留私人财产的责任限制。
- 外部工作的管理条例,比如雇主是否可以优先公布或组织是否允许员工缺席去做外部工作。
- 其他知识产权与保密问题。
- 工作时间与条件的政策,如日常工作时间、弹性加班制或超时安排及加班费[3]。

人事手册

一旦组织所有决定因素、特定的政策和程序得到制定并通过理事会表决,这些条例应集中收集在一个地方——像以往将之放在封面和底页之间——供当前及未来的雇员参考。在条例最终确定前,那些有人事管理经验的员工有时会向组织咨询,以使员工新的手册和政策进行审查——并不是经他们同意,但是要确定他们能理解条例,若出现一些撰写人没有考虑到的问题和情况的时候——并允许进行调整或修正。任何一个超过7—8名雇员或预算超过500,000美元的非营利组织都应该备有一份基本的人事手册(许多小型非营利组织也有人事手册)。一个典型的人事手册的内容如表4.1所示。

表4.1　典型的人事手册内容

人事政策、程序、福利
前言:简要概述组织的理念、目的、计划
雇佣
基本政策
雇佣程序
过渡(试用)期
雇佣类型(专职、兼职、暂时)
保留人事记录
工作时间与环境
办公时间
弹性时间
加班时间
缺席记录
工资与薪水
以职位类别划分的工资结构
发薪日
扣减
加薪(按绩效与生活成本而定)
员工福利
等候期
休假
节假
病假
私人节日
产假
陪产假
请假缺勤
其他理由的缺勤
保险、退休及其他福利
社会保险
医疗保险

续表

人事政策、程序、福利
人寿保险
残疾保险
失业保险
工伤赔偿
教育基金
一般的政策与程序
外派
晋升
业务关闭
电话
差旅
个人财产
一般办公政策与程序
办公范围
吸烟
设备运用与维护
绩效和薪酬审核
时间日期
程序
报酬
问题
投诉
建议
警告
性骚扰政策
终止
辞职
退休
解除
解雇
离职费
组织图
相应职务薪酬范围
利益冲突政策
人事评估及审核程序

注：工作说明一般不包括在人事手册中。

人事手册只有不断更新才会发挥作用。如同工作说明一样,它应由执行理事每年至少进行一次评估(如果合适,可以由理事或理事会人事委员会提供帮助)。一个良好而又清晰的人事手册有助于激发员工的士气和积极性,防止因程序模糊而引发问题。通过与管理良好的非营利组织的人事手册进行比较,这个组织可以在总结归纳前提取最重要的要素。后面关于康普顿社区服务中心的内容提供了一个更详细的人事手册的例子。

行政首长的特定问题

非营利组织中的行政首长[4]在提高员工效率及士气、提高工作环境质量、策划组织在社区内的形象方面是唯一最重要的人物。非营利组织行政首长面临着许多的特殊挑战,有两个需要特别提到:一个是创始人/领导人的问题,另一个是协同领导者的问题。

创始人/领导人

非营利性组织经常会遇到关于组织的创始人最终成为行政首长的人事挑战。这种挑战一般有三个方面:

第一,由于创始人/领导人通常非常忠诚于其所创建的组织,因此他(她)几乎不会向理事会施加压力以要求得到足额的报酬、人员资助以及可接受的工作条件。关于这点,创办人/理事通常不知道如何要求公平对待,结果也经常没有得到公平对待。

第二,随着组织的发展,理事会成员常常同意创始人/领导人继续实施其强有力的领导。最终这也许证明对组织存在两个不利。如果组织主要受到创始人/领导人的推动,理事会成员也许没有足够的决策权,而且组织也许给理事提供了机会,避免让他们介入理事会需要承担的关键责任,如资金筹措。如果创始人/领导人辞职则会使组织陷入危机。

第四章 人事政策

第三，某人富有远见、想象力、创业精神，从而成为一名创始人，但多年以后，他(她)已不是组织行政首长的最佳人选，这样的事情常常发生。然而理事会经常不愿意采取措施解雇创始人/领导人。

一个组织应如何应付这些挑战呢？在报酬、人员资助及工作条件等领域，理事会成员(或人事委员会)应定期评估或调查具备丰富的组织产业知识的个人(如政府服务组织的代表，同类组织的创始人、管理者及理事)。应询问他们这个问题，即一个公平的薪酬组合(工资水平与福利)应包括什么？还有特别的问题：全体雇员的人数是多少？行政首长的工作职责是什么？在这样的组织中所希望看到的工作条件是怎么样的？

在界定创始人/领导人和理事会的各自角色时，最有帮助的办法是引进一名客观的外部人员。他(她)可以评估组织的需求，与领导人及理事进行面谈，在其工作经验基础上提出建议。这有可能需重新界定某些关系，不幸的是，这些人往往与事态关系密切，而这如此敏感，以至于讨论中断、引发负面情绪，结果没有达成解决方案。

最后，当事态的发展越来越清楚地表明创始人/领导人已不是行政首长的最佳人选时，会发生什么？有时一些解决办法也许很直接，尤其是在这种情况下更是如此，这个人擅长于项目的组织并对此保持兴趣，但他不擅于担任行政首长及管理者的角色。在此情况下，有可能调动他担任组织中的另一高级职位——与项目相关的职位——让他人来担任行政首长。完成这种转变不容易，但许多组织已成功地做到。更为成功的是，创始人/领导人必须接受这种转变，将其看作是一种专注于某方面兴趣的契机，而不认为此事是颜面扫地或一种降级。相反，新的行政首长将会经历一段困难时期，某个管理人员坚决不服从安排会影响组织的有效运行。

有时，非营利组织的理事会成员清楚地感受到，他们的创始人的确需要离开岗位，这种情况是尴尬而难以接受的。理事长如何告诉创始人这一事实：组织的发展已不需要他们，理事会成员或员工(或双方)已对他们表现不满，组织需要的是具有不同技能的行政首长呢？即使已经要求创始人从已有职位上退下来，如何对其特殊的贡献加以适当的补偿呢？

解决这些问题比较困难，因为在大多数情况下，一个创始人已对其组织注入了相当多的情感投资。此外，尽管创始人为（或没有为）组织投入现金，但极为可能的是，他（她）为组织奉献了大量的时间和精力，所得的薪水却极为微薄，这至少在组织创建初期是如此。考虑到这些，理事会成员经常长期忍受这种早已无法持续的局面，这总是将组织置于危险的境地，并打击员工的士气。

考虑到所涉及的感情与资金问题，理事会应该提出一个两全其美的办法。首先，应力求促成体面的辞职而不是因承认失败而导致的免职。理事会应强调这一行动的感情色彩，并准备采取某种步骤以认可创始人的功绩及对组织的重要性。个人名字（冠以"创始人"的称号）可列在所有书面材料和晋升材料中，而且高于理事会成员的任何称号。媒体应努力制作一些特色节目以庆祝个人的出色表现（至少新闻稿中应该谈道：理事会对辞职深表遗憾以及理事长发表声明高度强调创始人/领导人对组织所做出的巨大贡献）。

在资金方面，理事会应准备一份丰厚的解雇费。从组织自身利益的观点看，这种安排常常使创始人迅速而毫无痛苦地辞职。然而，组织应非常大度地认可创始人多年来在金钱上的牺牲。也有可能是，创始人把多年的精力奉献给某个组织后需要一些时间减压及调整自我，然后再去寻找其他工作，额外的资金补偿恰好提供了机会。

最后，一些组织采取的措施是把要辞职的创始人安置到理事会中作为奖励，也并不完全切断个人与组织的联系。尽管有时运行得不错，但大多会引起一些问题。创始人不能从日常的工作项目中抽身，常使继任者对工作无法接手而感到困惑和受挫。这种措施尽管有某种象征性的优势，但往往不值得进行实践。

第四章 人事政策

协同领导者

一些非营利组织需面对的第二个问题是希望拥有一个以上的行政首长。在一些组织中存在两种员工等级,这样的结构安排非常合理。例如,在一个交响乐团中,通常设立一个艺术理事(指挥)与一个执行理事(其担任行政首长)。前者有权做出音乐家的人事决定;后者有权雇佣所有其他人员,二者都向理事长负责,各自职责明确。然而在其他组织中,这种协同领导结构产生了问题,看看下面案例:

美国荒野服务机构

美国荒野服务机构(WSA)的成员遍及全国,其主要目的是给当地组织的自然保护区提供信息、资金及政府援助。WSA最初是奉命建成,由国家基金会提供资金。它由两个职能与任务重叠的政府组织合并而成。国家基金会均为两个组织提供资金,它威胁说若双方合作的计划没有顺利完成,则切断对他们的资助。结果,两个组织的理事会同意成立为一个单一组织,并进一步同意设立两个执行理事担任协同领导者,彼此友好,相互尊重。

最初机构运行良好,新融合的理事会庆幸有两个如此卓越的领导者。然而,3年后,组织中一个顾问与协同领导人进行了会面,在对他进行评估时发现了几个问题:

- WSA的市场部、资金筹措部及项目部的领导都抱怨道,他们从来不知应向谁汇报。文件上规定两位协同领导者在关键决策上要共同商议,但他们很少同时出现在一个办公室,即使在,他们在重大事情上的意见并不总是一致的。高级职员甚至坦白说,他们开始学会揣测每一位领导对某些问题是如何反应的,他们向哪一位领导汇报取决于想要哪一类的回复。

- 理事会成员抱怨道,他们从不知道谁应该负责什么。有人说,"无论何时当我想就某个重要决定或活动向一个领导征询明确答复时,总会不可避免地被推诿到不在办公室的那个领导身上。有时,当我终于找到第二个领导,他声称我所感兴趣的项目事实上他不熟悉。我正在对这样的体系逐渐失去信任。"
- 一个主要的基金会代表抱怨道,"分享责任就是没有责任。如果我投入50万美元,我想知道,当我需要了解我们的投资情况时我应向谁打电话。"

在跟踪调查这些评论时,顾问发现,该组织有设计良好的组织图,对职责进行了明确地划分。但它只以书面形式存在,并没有在实际中运用。由于行政首长的职位被共同承担,混淆不清与各种误解在悄然腐蚀这个体系。

我们一边思考美国荒野服务机构和其他尝试设立协同领导人的组织,一边也要承认有其他组织成功地进行了分权,这点非常重要。甚至在一些组织中——一些已生存了几十年——所有重要决定都是由全体职员集体做出,但这类组织极为少见,且分权失败的组织数目远远多于那些生存下来的组织。一般来说,具有传统的权力等级结构的组织确实运行得最好。当谈到行政首长,外部世界与雇员都希望寻找的那个人其权威水平与职责都要比组织中其他人高。

雇员的价值

非营利组织是一个特殊的工作环境,他们的雇员往往乐于奉献。许多人本可以在其他类型的组织中赚更多的钱,但因为在非营利组织中有助于提高自己和他人的生活质量,所以吸引了他们的加入。

因此,非营利组织应在人事手册中明确强调组织将员工看作是最宝贵的资产,这点尤为重要。理事对雇员的兴趣和同情态度应得到说明。理事的职责是制定政策,致力于建造和谐而有效的工作环境。理事也有责任赞扬工作出色的职员、嘉奖献出大量精力的员工。制定清楚而公平的人事政策本身仅是组织对员工所负义务的一部分。其他方面应是积极与关怀的态度,这反映职员应得到的尊重与钦佩,尤其是在非营利性组织中,后者作为组织的义务必须永远不能被忽视。

康普顿社区服务中心的人事政策、程序与福利

前言

康普顿社区服务中心是一家非营利组织,由联邦政府国内税收服务机构指定为免税组织[根据第501(C)(3)条款规定]。它成立于1966年,旨在为康普顿社区内的年轻人提供休闲娱乐服务。

康普顿社区服务中心把职员看作是最有价值的资产,而且它相信,清楚地了解社区服务中心与其雇员之间达成的工作协议是创建和谐、高效环境的基础。这份文件尽可能具体地解释了康普顿社区服务中心可为职工提供的条件及对职工的要求。

政策并非一成不变,条件和态度的确在变化。也存在有特殊政策比较合适的情况。随时欢迎提出建议。此外,制定这份手册包含了这样一种假设,即在遇到特殊或独特的环境时也许需要通过所有人员的共同努力才能加以解决。

工作时间与条件

超时/加班时间:大多数情况下,康普顿社区服务中心不认可专职雇员的超时工作。也许某些情况下,它会认可为某个项目或任务进行的特别加班,赦免员工为此可以获得休假的补偿。需要加班的

要求必须提前通知员工的主管。要求非赦免员工加班要符合法律要求。

缺席报告:如果某个员工因为出现不能预见的紧急情况不能上班,他应在缺勤的当天上午9点半通知直接主管。如果缺勤超过一天,应继续通知主管,雇员应尽力预计自己可能缺席的时间长度。

每一位员工都应让其主管知道任何未来计划要缺席的时间(度假、休假、私假、请假及出差)。所有这些情况都应提前有所准备以确保赶上最后工作期限和满足客户的要求。

薪水与工资

发薪日期:雇员薪水结算应在月中与月末。如果这一天正好是周末或节假日,应在接下来的工作日结算薪水。

一般不提前支付薪水,除非是员工休假的情况。

扣除:联邦及州政府要求雇主从每位雇员的薪水支票中扣留薪水所得税。因此,雇员必须填写 W-4 表格以显示所要求的免税额,并授权康普顿社区服务中心予以合理的扣缴税额。雇员工资免税额发生任何变化都需要填写一份新的 W-4 表格。

加薪:每年对每个员工的年度雇佣日进行测评。加薪的幅度取决于过去一年里员工的绩效和定期考核成绩如何。

员工福利

等候期:雇佣的第一个月是等候期。在此期间,雇员不享有某些福利,包括由资历决定的休假时间及医疗保险。过渡期结束后,职员有权享有这一节描述的所有福利。

休假:所有工作未满2年的全职员工将享有每月一天的休假。一年累计不能超过10天。工作2—10年的全职员工可以每年享有15天的假期;工作10年以上的员工每年可以享有20天的假期。每个工作月的最后一天可作为休假。

第四章 人事政策

康普顿社区服务中心认为休假是有意义的,员工定期休假是合理的。因此,所有员工都会在本年度充分享受假期,而不愿把假期挪在第二年。

工作三个月后,员工可随时选择时间休假。日期安排应得到主管的同意。可在一年的任何时间休假,但不应提前预休。而且,由于所有的假期安排应得到组织的批准和协调以确保工作流程持续有效,但也可能经常出现假期中断的情况。然而,康普顿社区服务中心乐意尽力满足所有的休假要求,但为了做到这一点,重要的是雇员应尽可能提前告知其休假意愿。是否满足这种意愿应基于工作的安排要求与员工的资历。

节假日:康普顿社区服务中心会遵从以下节日风俗习惯,在这些节日期间一律休假:

新年	1月1日
马丁·路德·金纪念日	1月第三个星期一
总统节	2月第三个星期一
阵亡将士纪念日	5月最后一个星期一
美国独立纪念日	7月4日
劳动节	9月第一个星期一
哥伦布纪念日	10月第二个星期一
退伍军人节	11月11日
感恩节(和第二天)	11月最后一个星期四、五
圣诞节	12月25日
不固定假日	随选

如果这些假日正好是周末,将由执行理事判断决定在周五之前还是在周一之后休。

假期正好遇上员工的休假日,可以让员工自由决定其他的休假时间。

病假：只有在确实生病的情况下才能请病假。在执行这项政策时，每位员工可获得的病假期可达两个月，由执行理事批准。

私假：每位员工每年有权休三天私假。私假是计划性缺席，不被列入休假范畴内。私假超过半天以上就开始计算，每位员工在工作的第一年就享有私假，且应提前由主管批准。私人的紧急事假（员工生病除外）应被列为私假的范围。

私假不应从头一年累积到第二年。职工不应在工作服务结束之际因没有休私假而向康普顿社区服务中心索取资金赔偿。

产假：一个女职员可享有四星期的带薪产假与额外八星期的不带薪产假，前提是她必须在决定离开前两周通知上级主管。同时，应证实该员工打算返回的日期。

在分娩之前，只要职员愿意则可以一直工作。若健康允许的话，她也可以一直履行日常工作职责。

一旦产假归来，职员可担任她离开前的任何职位和职权以及拥有的资历。在离开期间，职员仍然享有累积所得的常规福利。

产假的头四周后，职员可申请用她累计的节假日抵消所缺席的时间。如在她请假期间生病或残疾，她有权享受常规疾病的补贴。

陪产假：某些情况下，作为父亲也许希望在小孩出生后承担一些家庭责任。因此，康普顿社区服务中心为父亲提供了两周带薪假与额外两周不带薪假。类似的情况参照产假规定。

缺勤假：缺勤假是指在规定的有限时间内经过批准的不带薪假。缺勤期间虽然不能享受累积的福利，但不应中止服务。

任何超过五天的缺席都应至少提前一个月将书面报告呈交给执行理事，短期的缺席可经主管口头批准。

职员可申请将未休的假抵消已批准的缺勤假。

除非执行理事予以特别明确地声明,否则超过六个月以上的缺勤将构成服务的中断,休假满后无法保证员工得到他之前的职位,虽然组织竭力为其提供一个相类似的职位。随着新的雇佣的开始,福利与资历将从零开始累计。

陪审义务假:陪审义务假是被康普顿社区服务中心理解并认可的,雇员明白这类请假在离开前要得主管的批准。康普顿社区服务中心支付雇员作为陪审员的费用和一般支付的比率是不同的。

医疗保险:康普顿社区服务中心最近参加了康普顿社区健康计划,它是一个当地的健康维护组织。全面的医保赔偿成了每一位职员福利的一部分。雇员应仔细计划,准确地了解相关赔偿额的事项。

社会保障:应法律要求,康普顿社区服务中心参加了社会保障体系,组织扣除了职工一定比例的工资以作为组织基金的补充。员工没有额外的退休金。

失业保险:所有员工都被列入联邦失业保险项目中,候选资格和等待期由雇佣终止的原因所决定。

工伤赔偿:康普顿社区服务中心遵守联邦法律的要求,制定了赔偿保险。这类保险为员工因在社区服务中心工作期间的受伤或与职业相关的病亡给予福利赔偿。

一般政策与程序

下班:由于天气险恶或其他紧急情况引起的下班应尽可能提前电话通知每一位员工。应由执行理事做出下班的决定,员工应遵守这一决定。

电话:康普顿社区服务中心出于商务办公的目的安装电话是必要的。由于电话线路有限,因此要求职员应尽可能减少私人电话。

办公范围:从上午9点到下午5点都必须有人在办公室、有人接听电话。因此,应安排职员错开午餐休息时间。职员离开休息室时,需要交代其他人接听电话,并告知出去的地点和回来的时间。

吸烟:康普顿社区服务中心内禁止吸烟。

绩效及薪酬评定

时间安排:职员绩效评定每年都应进行,通常在财政结算之前进行,或者,如果执行理事或员工主管认为有必要时也可进行。年度工资评定取决于绩效评定。

程序:评估过程可以引起三种决定:

1. 雇员的工作令人非常满意,与职位目标相一致。可建议为其加薪。由执行理事做出的加薪决定取决于各方面的因素,比如宏观经济环境、正常工资范畴等。

2. 雇员工作总体来说令人满意,但没有与职位目标全部吻合。雇员将被告知哪些方面的绩效令人满意以及哪些地方需要加强。职员主管将为其制订一个在特定方面绩效提高计划。较少幅度加薪或者根本不加薪将由职员的直接主管决定。

3. 雇员表现远远低于满意标准,不能达到所声明的工作目标。对于这种情况,其主管应对职员进行警告,并对其令人不满意的行为进行讨论。雇员没有任何加薪。

性骚扰政策

引言:康普顿社区服务中心的目的是改善工作环境,避免发生性骚扰。组织不允许在工作场所或与就业环境相关的地方发生性骚扰的违法行为。其次,组织不允许出现任何对控告性骚扰的员工或协助调查的个人进行报复的违法行为。为了避免工作场所出现性骚扰现象,在性骚扰政策中所描述的这些行为都是不允许的,我们制定了一个处理员工遭遇不当行为的解决程序。由于康普顿社区服务中心严肃对待性骚扰的相关控告,我们能够快速回应性骚扰投诉,一旦查明发生不当行为的地点,我们将立即前往制止该行为,必要时纠正其行为并给予适当的惩罚。请注意,尽管这项政策详细说明了我们的目标是改善工作环境,避免任何性骚扰现象,但制定该政策并不是也不打算限定对我们认为不合适行为的约束或惩罚权力,不管该行为是否符合性骚扰的范围。

性骚扰的含义:性骚扰,意味着性勾引、性偏好的要求、涉及性方面的言语或身体行为,当:

(1) 员工对明确的或含蓄的性勾引、性要求、性行为是拒绝还是屈从直接决定了他(她)是否能被雇佣。

(2) 这种性勾引、性要求、性行为是有目的性的,通过恐吓、敌视、污辱或制造性侵犯的工作环境,这已不合理地影响了员工的工作绩效。

在这些界定中,凡是主管以现实的或许诺的利益,如有利的评估、加薪、提高福利或续聘等来换取性方面的好处,都构成了性骚扰。性骚扰的界定是广泛的,除了上面的例子之外,其他性倾向的行为——不管是否有意——都不允许,一旦在工作环境中出现敌视、性侵犯、性胁迫或对男女员工的污辱等现象,都可构成性骚扰。

当然不可能——列举出所有其他可能构成性骚扰行为的情形。比如下面一些行为在不受欢迎的情况下,是否构成性骚扰取决于总体情况,包括行为的严重程度及其影响性。

- 令人讨厌的性勾引——不管是否包括身体接触。
- 色情性的奉承或开色情玩笑,书面或口头提及的性行为,关于某人性生活的闲谈,对某人身体的评论,关于某人性生活/性无能/性能力的谈论。
- 展示有关色情方面的物体、色情画面、色情卡通等。
- 令人讨厌的偷窥,吹口哨,轻触身体,色情姿势,挑逗性或污辱性的评论。

- 探究某人的性经验。
- 评论某人的性生活。

所有雇员都应特别注意上面提到的情况,组织不允许出现对控诉性骚扰的个人或对协助调查的个人进行报复的违法行为。

性骚扰投诉:如果员工认为,他(她)已受到了性骚扰,则有权向组织申诉,书面或口头形式均可。

如果你想投诉,你可以与处理性骚扰行为的官员联系,并与他讨论你所遭遇的细节,向你提供组织中关于性骚扰方面的政策与投诉程序的信息。

性骚扰调查:一旦接到投诉,我们将立即公平、迅速地进行调查。调查在实际情形中应尽可能秘密地进行。我们的调查将包括,与提出投诉的当事人及证人进行私下会谈。我们也将与承认有性骚扰行为的个人进行会谈。调查结束时,我们将最大限度地合理处理,通知投诉的个人及承认有性骚扰行为的个人所调查的结果。

一旦确定有不当行为发生,我们将立即采取行动以制止侵犯性行为,如果合适的话,我们也可采取惩罚措施。

惩罚措施:如果一旦确定我们的员工犯下不当行为,我们将针对不同情况采取合适的解决方式。包括:劝告其引咎辞职,或采取其他我们认为针对相关情景比较合适的措施。

联邦及州赔偿法:如果你认为受到了性骚扰,除以上所述之外,也可向政府机构正式投诉。组织内的投诉程序并不妨碍你向政府相关机构进行投诉。

解约

辞职:如果一名员工打算从康普顿社区服务中心辞职,至少应在辞职前两周用书面方式通知其主管。已提出辞职的员工应留出至少一小时让执行理事与其主管讨论其辞职原因。

解雇：员工因不当行为被警告或者没有去警告严重的冒犯行为而遭到康普顿社区中心解雇，他们都无权享有解雇补偿费。员工因为职位淘汰而导致解约的，可能享有解雇补偿费。

最后的薪水：在最后的薪水结算前，雇员必须归还所有的钥匙、书籍或其他康普顿社区服务中心的资产。

思考题

1. 你所在组织的组织图是否清楚地阐明了员工的权责链关系？
2. 你所在组织是否为所有员工设置了工作说明？它们是最新的吗？
3. 你所在组织的补偿范围是否现实公平？
4. 员工的福利是否可与其他类似规模的非营利组织进行对比？假如薪水和福利不合适，是否有计划解决这个问题？
5. 你所在组织是否清楚地记录了雇佣和支付的程序？是否为每名员工都设立了正式的评估程序？是否开发了投诉和解雇程序？
6. 你所在组织是否为员工制定了利益冲突政策？是否制定了性骚扰行为的政策？
7. 你所在组织是否制定了人事政策？这些政策是否是完整并最新的？

注释

1. 福利（benefits）这一术语在此处包括（但不限于）休假、病假、事假、产假、陪产假、其他休假、医疗保险、私人退休计划、人寿保险、伤残保险、其他非薪水的补偿形式。公司应该要为员工考虑社会保险、失业保险、工人补赔，但这些保险不是任意处置的——因为这是法律规定的员工权利。

2. 非营利组织的员工（根据第501[C][3]条款规定）针对就业全部覆盖了失业保险。但是，组织本身必须非常清楚自己的选择和责任。在联邦政府层面，组织不用缴纳失业税（FUTA）。在州政府层面，法律差异大，非营利组织确认和检查程序非常重要。许多州政府的组织都选择加入失业保险计划。如果组织定期支付州政府失业保险金（通常根据总职工工资的百分比评估），那么员工最后被解雇的话，州政府则需要支付失业赔偿金，组织无须为此支付任何费用。如果组织没有加入州政府的失业保险基金（非营利组织一般可以选择不加入），那么员工被解雇的话，州政府要支付失业救济金，然后向组织索赔全部费用。一些确信不会发生员工失业的非营利组织可以不加入这个支付系统。其他组织也许希望这么做。还有些组织可能希望建立自己的保险基金，把一部分职工的工资储存一段时间以建立独立的银行账户，直到确信无须为失业承担责任为止。（注：失业保险只包括受薪雇员，而不包括独立的承包商）

3. 当一个员工是根据弹性工作时间表工作时，他或她可以用其他工作时间相互取代，但工作总时数必须相同。如果员工加班，他或她的工作时间额外增加，超出了最初的数量要求。

4. 个人的头衔可能是总裁、执行总监、行政总监、艺术总监、总经理等，但他或她应该处于组织图的最高层上。

第五章　营销

　　艾波特中学是新英格兰一所声名显赫的男女混合学校。作为大学预科非寄宿制学校,艾波特中学有在校生近200人。该校因为下面几个特点而久负盛名——杰出的师资、严格的课程、苛刻的升级政策、现代化的校园、所有学生需拿出专门时间为公众服务的校规。

　　《辛普森指导你如何上私立学校》一书中,有一位该校毕业生写了篇名为"艾波特的光辉岁月"的文章,对艾波特中学赞誉有加:

　　　　如果你想为孩子提供最好的教育,艾波特中学应成为你的首选。该校的毕业生皆被名校录取,有一年,班上近1/3的学生进入哈佛大学或耶鲁大学。由于该校创始人约瑟佛·艾波特的大量捐助和每年的不断支持,使其学校的学费与其他学校相比偏低很多。由于艾波特先生的慷慨资助,家长不需要像大多数同类学校一样向学校捐助。有人说,一旦孩子被艾波特中学录取,他(她)就拿到了学业和未来生活的成功通行证。

但别憧憬过早，艾波特只接受1/8的申请者而且对其学业成绩要求相当高。艾波特中学为其保持新英格兰中学中最高新生"入学率"骄傲不已——即一旦被录取，申请人大都愉快地签约加入四年的课程学习。少数民族学生在录取程序上受到优待，因为学业课程非常严格，学校为此设立了一个特别的辅导项目，它主要是针对那些专业基础不好的少数民族学生。总之，艾波特中学是国内同类学校之中顶尖的几所之一，它也是综合实力较为出众的学校之一。

《辛普森指导你如何上私立学校》的这篇文章一出炉，学校的理事（都是艾波特先生的朋友）欢欣鼓舞。理事们在以后几乎十年里为自己学校成为名校而庆幸不已。然而，随着时间的推移，学校的命运发生了改变。申请者人数开始减少，虽然这反映了人口统计上申请者数目的减少以及竞争的日益激烈，但减少的趋势还是比预期严重很多。更严重的问题是入学率（指艾波特中学决定招进学生的数量）的下降。在最高峰期的时候，艾波特中学的入学率将近85%，但仅十年后入学率已低于50%。或许更应警惕的是，艾波特中学的高年级学生是否能进入大学正变得难以预测。虽然许多同学仍然准备去读名校，但越来越多的学生不得不接受他们以前根本不屑一顾的学校。最后，预算也出现了问题。当艾波特校长退休后，他通告学校每年减少学校的捐助，校理事会不得不首次考虑要么大幅度增加学费或者加大年资金筹措力度要么两者同时进行。

新校长查里斯·梅伊菲德在1995年的校理事会上向理事们通报说形势没那么严重，如果合格的申请人正在减少，那学校只好将就一下，在一两年内少招收学生。形势又将发生变化，许多申请者会像以往一样纷至沓来，就像"钟摆总是会往回摆动一样"。学校可以稍微上涨一点学费以弥补收入缺口，富裕的家长们也可考虑"额外赠送一些"以共渡难关。

梅伊菲德坦言一旦子女被录取,学校应该做得更好以使其父母对艾波特中学的超常价值深信不疑。但他"拒绝像我们竞争对手那样进行不当的促销"并建议,分发《辛普森指导你如何上私立学校》上的文章复印件或许是学校推销自己的最合适的公关方式。大学入学率变得越发不可预测,梅伊菲德解释说,艾波特中学的总体记录多年来一直都非常好,不应仅以一两年的低迷表现就胡乱猜测。

此时出现一些不好的迹象显示事情越来越糟糕,艾波特中学的理事和校长不能再置若罔闻。申请者人数已减少至这样的程度:学校正在录取的申请者仅过半数,这与几年前《辛普森指导你如何上私立学校》上报道的1/8录取率形成鲜明对比。即便录取的申请者比例较高,但艾波特中学仍无法保持拥有200名优秀学生的规模,因为被录取的这些学生很多最后选择转学。学校的在校生只有178名,学费收入下降。因为资金增筹措效果不明显,学校开始动用校长捐助基金来弥补营运缺口。学校入学率的发展趋势仍然不佳且难以预料——事实上,学校历史上首次出现了有两个高年级学生没有被任何大学录取。教师们抱怨说这是因为学生质量在下降。事实上,众多经验丰富的老师在打算跳槽,因为他们觉得在艾波特中学工作已没有多大意义。最后,尽管少数民族社区学校在招募工作上做了特别努力,但少数民族学生的比例仍在减少。

营销问题

我们在这一章最后会再回到艾波特中学来回顾该故事的欢喜大结局,但现在,考虑到之前了解的情况我们可以发现,虽然艾波特中学的问题已经出现达十年之久,但校长和董事们对此进行了误诊。查里斯·梅伊菲德的行为就像一个医生告诉一位患阑尾炎的老妇人说她并无大碍,不需做什么检查,她可在胃部不适时服一片治消化不良的药片。梅伊菲德和理事们没有综合诊断就妄下断言甚至误诊,没有形成一个正确战略

来鉴别学校的困境。他们像庸医一样根本无法深入研究找到"病因"。以艾波特中学为例,正确的诊断要求有以下几个步骤:

1. 正确识别学校不同的顾客,了解他们在特征、需求和观念上发生的变化。

2. 进行适当的调研来明确学校的优势和劣势、竞争地位、在社区中的明显价值。

3. 思考根据实际情况如何调整学校的项目。

4. 开发一套合理的定价战略。

5. 应对环境变化(包括物质环境——学校建址处),并评估变化的环境如何使潜在的顾客难以充分利用学校所提供的服务。

6. 为学校建立强大的品牌。

7. 利用各种各样的策略促进品牌和制度的发展。

实际上,从营销的角度来看,校理事会没有着手应对艾波特中学所面对的挑战。

何谓营销?营销是对顾客、客户、委托人的动态需求进行不断的诊断和分析并且根据其需求设计各种战略。营销是为产品、服务或组织创建一个最佳品牌。营销是对产品的供给、流通、促销、定价这些领域的决策进行分析、计划、执行和控制。

在非营利部门,营销是不同群体的一项满意工程,包括组织服务的使用者、创始人、理事、管理者和其他可以影响组织成功的人——比如媒体甚至大众成员。以前,为这些团体规划和设计的战略可以权衡再三后进行。今天,那种奢华浪费已不复存在。由于互联网使人们可以瞬间做出判断和表达观点(有时是错误的),因此对快速完成的规划和迅速的反应提高警觉是至关重要的。尽管互联网将成为一个令人担忧的挑战,但它的速度和能力也提供了非凡的机遇。任何组织——即使规模很小——都要感谢互联网,凭它只需花费以前一小部分成本就能很快形成非常强大、积极的影响。运用多种工具开发各种合适的营销战略有助于组织成功地完成手头的工作,实现项目和财务目标,满足顾客的需求,对不同的人始终如一地讲述这样一个积极的故事。

当回顾艾波特中学这一案例时,我们可以较详细地检查营销的每个内容,并展示用营销的视角是如何帮助校长和理事们正确地诊断问题并设计战略加以解决。

顾客群体的多元性问题(市场细分)

营销中最重要的一方面就是市场细分。在非营利部门,市场细分指必须满足不同顾客群体的需求。在多数情况下,针对每个群体必须制定不同的战略,但许多非营利组织一开始就没有正确地区分所有的顾客。艾波特中学就是一直公开明确表示它唯一需满足的顾客就是学生。学校手册一开头出现如下文字:"艾波特中学建立的特别目的是为年轻人提供杰出的教育。因此,正是学生我们才会对之予以全力关注、不惜精力、倾囊相助。"

从营销的视角来看,如果要办好艾波特中学,学生并不是唯一需要满足的顾客。其他需满足的顾客群体包括:

- **家长**。家长一般在决定送子女到艾波特中学上学起着重要作用,他们会判断交纳的学费是否合理并决定是否额外捐助。然而,艾波特中学不鼓励家长参观(除非家长是被召来与老师或校长开会)。学校不为家长设立支援组织并且不提供社会活动。可以交流的形式很少,许多家长感觉被学校孤立,想知道他们以及其子女是否做了错事。由于担心孩子以及如何处罚孩子,家长从来没有向教师、校理事或校长抱怨过自己的感受:即他们从未觉得自己是学校的一部分。
- **高校代表**。指负责大学招生的官员和其他有权决定是否录取申请者的官员,事实上,这些人关系到艾波特中学作为大学预科学校的名声。但它对这一顾客群体的交际工作做得很少。艾波特先生曾经在他任期内与少数常春藤联盟高校保持了良好关系。然而,在他退休之后,就没建立起新的同盟关系了。甚至艾波特中学很少或根本没有与小一点的学校代表有任何联系,导致这些代表认为,艾波特中学的学生申请他们的学校比较安全。当艾波特中学的学生在申请上大学时越来越倾向广泛撒网,缺乏强有力的大学网络关系支撑则变得越来越明显。

- **潜在申请者/未来学生**。通过给入学学生提供优质的服务,艾波特管理者感到他们正在尽全力为未来学生打造一个富有吸引力的学校。但那些已入学者显然很少或根本没机会来影响那些入学申请者。未来学生遇见的只是成年人(他们一般由父母陪伴)。他们匆匆地参观了上课情况,但只是坐在后排没有加入课堂讨论,这常常给人留下一种印象,即艾波特中学仅为特别聪明的孩子开办,而不包括他们。由于该校操场不在校园附近,未来学生根本看不到,这加强了他们的印象,即把艾波特中学视为主要由教室和努力学习构成。

- **少数民族代表**。约瑟佛·艾波特建立艾波特中学时,他相信学校的基础设施应该是为年轻的有色人种提供获得杰出教育的机会。他同时认为白人学生教育的一个关键部分是让他们与有着完全不同背景的人进行交往。但是,学校从来没有出台任何战略以获得少数族裔的支持。鉴于艾波特中学的教育成果明显出众,艾波特先生自己认为再没必要做出特别的努力。渐渐地,学校发现自身失去了少数族裔申请者,他们转向其他中学,而这些中学的教师中有更多黑人、拉丁美洲人和亚洲人,其课程包括学习黑人和拉美作家的作品,其理事会包括一些非白人理事成员。

- **校友**。在多数学校,校友是经费的重要来源,他们也促进母校的发展并协助招募新生。这个群体从未被邀请加入艾波特中学,没有设立校友公告栏来通知各种学校的活动,没有校友聚会或其他机会来培养其对组织的忠诚,也没有年度募捐。艾波特中学终于首次召开了校友基金募捐活动,但当时来参加的校友屈指可数。

- **教职员工**。艾波特中学的教职员工,像许多非营利组织的雇员一样超负荷工作却收入甚少。在组织平稳发展时期,他们的满足来自艾波特中学在其他中学里的威望,他们的思想动力来自于与聪明学生的合作。约瑟佛反复强调教职员工是中学教育中最重要的人群。但是,随着艾波特中学的问题日益增多,理事们忘记了这一群体作为一个组织对于艾波特中学的成功是性命攸关的。他们裁减教职员工、增加工作量、冻结工资、在事后才开设补救课程和改善教学方法,这犯了致命的错误。学生群体的质量在下降,教师在工作中的荣誉感也消失殆尽,加之缺乏薪酬激励,所以能留住优秀教师的条件越来越欠缺。

- **理事**。理事能够给学校或任何非营利组织的运作带来荣誉、金钱和专业知识。但艾波特中学的理事都是艾波特先生的朋友,从来没有被指望或要求做任何相关之事。当学校走下坡路时,新校长要求他们变积极一些时自己也感到很不愉快,因为校长知道他们的重要性,认为那些在组织中闲不住的人有利于其服务。新校长不愿承认他的管理不如前任那么成功。由于没有获得这一群体的支持,校长从他们那里什么也没得到——没有支持,没有资金,没有承诺。

- **其他捐助者**。与大多数非营利组织一样,艾波特中学依赖捐助来平衡预算。虽然它有一个持续的收入来源,即学费,但它不能索价太高来弥补开销。几十年来只有约瑟佛·艾波特一名捐助者。

在这方面,杰出的创始人无疑非常短视,他不愿或不能继续掩盖学校运作中不断发生的赤字,他不得不使学校注意要寻找其他捐助者。但由于从来没有经验,很难找到捐助者。艾波特中学从来没有从校友、家长或基金组织那儿筹到过钱,并且从没求助于那些亲戚是老师或者在学校工作的有钱人。实际上学校从未向任何人募集过钱。结果,当艾波特中学时运不济时没有忠诚的捐助组织向其伸手援助。

这些群体中的每一个顾客都与以下问题息息相关:帮助艾波特中学解决问题、完成使命、保持良好的财政状况。然而,仅聚焦于学生这一群体,学校的管理者为此付出了高昂的代价。他们无法面对每个非营利组织都会遇到的巨大挑战——即准确清晰地识别每一位顾客,以及发展独立的、恰当的、有效的战略来满足每一位顾客的需求。

品牌

挑选一个非营利组织——也许是一个你印象深刻并且非常熟悉的非营利组织——然后现在走出去与人们交流一下各自对该组织的印象,他们的反馈有助于你了解组织品牌的优势在哪里。品牌是人们以及与组织相关的人对该组织及其行为的信念、观点、印象的总和。在非营利领域,组织是否拥有强大、积极的品牌对于赢得病人、顾客、学生或观众是一个关键因素。同样,它对获取捐助者以及广泛的社会支持也是不可或缺的。组织传达的信息必须具有诱惑力、吸引力且能打动人心,但它也不脱离现实。本质上,发展和推广一个品牌就是做出承诺或保证,这应该是建立在能够提供服务的基础之上做出的。

什么可以促成一个强大的品牌?

良好的品牌推销来自于准确的自我认知以及学习和塑造感知的能力。理想的情况下,这些事情可以由组织进行一定程度的控制。但是,一个组织品牌的优势也在于它受到一些少数或无法控制的事件——正面和负面的——的影响。从积极的一面来看,试想当一所大学的教职工获得诺贝尔奖或其篮球队赢得全国大学体育协会(NCAA)季后赛的胜利对该大学品牌的影响程度有多大。同样,一所医院在癌症治疗方面在国内调查中排名第一会对该医院带来怎样的机会,或某个动物园被一家著名的父母指南期刊列为十大家庭游玩胜地,所有这些都是可以提高形象的偶然事件。

有时,一些事件会对一个机构的品牌造成消极影响。假如大学校长卷入道德丑闻、假如医院员工的罢工导致暴力事件、假如一支交响乐队招致大量的批评、假如美国国会决定对非营利组织讨厌或非法的行为进行一项调查、即使很少有证据来证明所有的控告,但这将使组织之前树立的强大品牌毁于一旦。理事们经常认为在一些情况下公众会原谅并忘却它们,但这是一个危险的假设。正确的做法是马上采取行动消除任何负面事件、报道或印象,因为品牌是建立在许多客观的信念和印象的基础之上的,它们可以像病毒一样通过网络四处传播,因此做出快速而重大的改革非常必要(比如,首席执行官辞职、辞退一个犯错的员工、取消一项有争议的计划)。除此之外,组织必须尝试通过发起一场精心设计的运动来树立正面的形象和改变人们对它的不利观点。

当然,当一次突发事件不公平地破坏了组织的形象,诊断问题并策划战略来扭转局势对组织来说非常关键。如果在一次政治选举中,一个竞选公职的候选人突然开始抨击一个非营利性的公民自由组织不符合美国的理念,该组织可予以反击,表明组织活动是符合主流的,是这位候选人与美国人民的步调不一致。

人们很难注意到一个组织的品牌已经在慢慢地、悄悄地受到侵蚀,尤其是在出现这种趋势的时候,理事和雇员们还满以为组织正欣欣向荣地发展。艾波特案例正是如此。《辛普森指导你如何上私立学校》中的文章指出,艾波特中学是一所顶尖的私立中学,这反映了20世纪70年代艾波特中学的形象。不过一些事件破坏了中学所拥有的蓝色履带(Blue Ribbon)的品牌荣誉。艾波特中学首次遭遇到大学录取的困难,这时谣言四起,人们认为该校无力保证学生的升学。虽然谣言夸大了事实,但还是引起了未来学生家长的担忧,许多人开始猜测入学率下降与约瑟佛·艾波特退休一事有关。他们想知道校长的退休预示着什么。谣言也影响了未来的学生。没有了升大学的保证,年轻人开始置疑《辛普森指导你如何上私立学校》所说的"严格的学业课程"有何价值。他们不想加入这样的学校——某位未来学生称之为"智力训练营"而另一名学生称之为"火鸡和书虫的农场"。尽管艾波特中学本来可以采取积极的步骤来反击这些关于学校品牌的攻击,但变化发生地如此缓慢和不易觉察以至于组织中没人清楚地知道正在发生什么。

营销组合

消费者为什么购买产品和服务,支付项目经费,甚至为非营利组织捐款?什么因素促成了个人的这些决定?从营销的视角来看,有四个因素起关键作用,即通常所说的"4Ps"或"营销组合":

- 产品(product),或者大多数非营利组织提供的项目和服务;
- 推销(promotion),推销产品、项目或服务;
- 价格(price),或者参与花费的成本;
- 场所(place),或者可获得产品、项目和服务的地方。

产品

产品、项目或服务自身的特点是影响消费者决定是否购买的最明显的要素。显而易见,产品、项目和服务达到或超过消费者所预期的质量才会使之满意。在营利部门,许多资源被分配进行新产品的研发和测试。

一旦开发出产品,必须使消费者确信它能兑现承诺。这样提供产品就包括了保证产品和服务的质量。事实上,一些公司通过提供现金返还保证或一系列能使产品处于良好运行的专业培训服务来表明他们的产品与竞争对手迥然不同。

在非营利部门,组织在发展和测试新产品、新项目、新服务或更新产品方面要求没那么严格。评估的成本昂贵,并且很少有非营利组织拥有一个研发项目,他们几乎不向顾客或投资者保证产品是有效的,虽然他们经常不断地给出承诺,这是因为非营利组织是受使命驱使而不是受产品驱使。但是汽车公司必须生产流行的车型才能取得成功,最受尊敬的剧团并不一定要演出最流行的戏剧,尤其当剧团的使命是探索新型实验话剧时则尤为如此。事实上,许多非营利组织并不为顾客设计产品,它以指导顾客的品位与喜好而感到骄傲和自豪。

但这种观点没有远见,经常导致在检查与评估非营利部门的产品、项目和服务时缺乏严谨性。让我们再一次看看艾波特中学的案例,学校坚决认为自己知道什么最有利于学生,它不会去探究客户的偏好。在早期,艾波特中学的产品——它的学业课程——被认为是保守、传统但却经得起考验。课程要求学生在课余时间学习三年拉丁文、一年希腊文、一年哲学(包括一学期伦理学)、一年古代史、一年专门的文艺复兴文学。20年过后,这样的课程看来已不合时宜。艾波特中学没有开设非美或拉美文学课程,也没开设时事课或第三世界的政治学,它的计算机实验室也十分落后。如果艾波特中学选择倾听客户的建议——潜在的家长们、大学招生办官员、少数民族申请者——学校可能会发现它的产品在中学市场上遇不到竞争对手了。

同样,艾波特中学在学生升学方面没有向家长们做出保证。尽管没有任何学校能够保证所有毕业生都会被大学录取,但艾波特中学的竞争对手的一些做法可能会使情况大为不同:他们吹嘘拥有众多的大学顾问人员、开设了学生入大学备考的指导课程、学校校长亲自与申请者保持电话联系等。家长和大学顾问认为这的确起了很大作用。

有些非营利组织对产品、项目和服务能够并确实提供了强有力的保证,这经常对他们的顾客们产生重要影响:

- 给受虐妇女提供保密的庇护所并对顾客提供警方的保护;
- 一家第三世界援助组织保证所筹措的90%的基金将直接用于第三世界人民;
- 一所小型文理科大学保证所有学生将有正式师资授课(不像在规模较大的大学中那样由研究生助教来讲课)。

然而组织提供的其他产品或服务还包括包装形式。包装涵盖的不仅是容纳产品的物质容器,而且还是一种环境氛围。这样,虽然粮食包装盒的颜色、形状和设计会影响潜在的购买者,但品牌可能会发挥更大作用。这种荣誉或名声的认同感在非营利组织也至关重要,并且能促进市场化运作。例如,艺术博物馆已经发现,如果一场轰动的画展若恰好与某位著名艺术家名字吻合的话要比那些类似水平的画展——参展作品的人员既有著名的也有不那么著名的艺术家——更有吸引力。某个赞助组织获得的荣誉本身也成为产品包装的重要方面。许多申请攻读哈佛研究生院的学生可能更多是受到哈佛大学这一品牌的吸引而不是受到师资力量或课程设置的吸引。

另一件事要记住,产品供给经常出现矛盾性的选择。一方面,消费者越来越希望能够定制他们所要购买的东西,汽车是否非常特别,或者手提装备能否配备音乐。另一方面,有研究表明当提供给消费者太多的选择,他们经常决定完全退出选择。如今,许多人寻求专家的意见来减少多样的选择,互联网提供了像电脑密码一样的动力。在这个似乎充满无限选择的复杂世界里,有三件事是真实的:

首先,在大多数情况下,更多的消费者有机会选择他们所购买物品的优点,越好则会越喜欢。例如,许多交响乐团知道,尽管提供了许多订阅选择,"自己选择"系列往往是最流行的。

其次,尽管希望定制和做出选择,但把这些服务限制到一个合适的数目很重要,这样的话,鼓励很多消费者去买又不至于最后因为无法提供而引起失望。一个博物馆的礼品店提供的一系列产品完全与网上一样并且价格接近的话,最后可能让购买者失望。

最后,消费者常常成群结队地向专家求助,他们会告知什么是最好的产品或哪个组织最擅长做生意。消费者常常盼望有人为他们做选择。熟悉这些专家的情况,并把他们列入优先行列非常有益。

营销

一些非营利组织可以被归为小镇上保密工作做得最好的行列。它们的项目和服务大都不为人所知。如果它们遇到形象问题,那就是他们从来就没有树立自己的形象。由于这些组织无法通过营销自己来促进活动的发展,这会使它们踏上危险之旅。因为当潜在顾客不了解某个组织的现存状况或对组织的职能一无所知时,他们不愿响应号召去参与和支持。

非营利组织可以通过各种方法推销自己,当然,互联网已经完全改变了规则,甚至允许最小的组织通过网站、博客、社会媒体等其他电子方式高调地进行宣传。比如:免费的媒体报道、有组织地口碑宣传、认真准备每一次出席会议的机会。服务组织、俱乐部、教会以及商会都有可能成为深入促进推销战略的武器。

他们可以推销自己、产品、项目或服务。他们也可以提出一个特别的政治议程来影响立法或寻求公众和私人基金捐助者的关注。无论出于什么目的、使用什么方法,都需要记住一点,即我们生活在一个"嘈杂"的环境中,几百万的人和组织都想引起关注。组织若不积极主动地从中获取信息,则很少能幸存之。

营利组织在营销上花了大量经费。营销部的人员全是精英人士,他们可分配到丰厚的广告预算并自由设计捐助活动。他们可以大量直邮广告给客户并与其他受过销售培训的员工一起共同奋斗。总的来说,非营利领域的资源十分有限。这样,一些小型非营利组织看起来非常专业并能在营销中广泛地实现自己的目标。那些参与设计促销活动的人员必须精打细算。

- 网站是一种成本最少的促销工具,许多优秀网站设计的目的就是花费最少的美元。一个好网站的目标之一是吸引网民购买或捐赠,所以网站主页供选择的链接页面要非常明显、快速和便捷。但网站也应该吸引访问者愿意多停留在网页,让他们尽力多访问页面链接,这样组织可以把它作为一个典例学习。尽管购买者或捐助者可能最乐意快速有效地访问网站,但也应该为信息搜寻者提供很多有趣而具有吸引力的内容,使他们不断地进行点击访问。通常,一个好的网站可以链接其他有趣的信息来扩展自己的原始内容。

- 获取姓名和联系方式尤其是电子邮件地址应该是一个主要目标。尽管可以购买蜗牛邮件(snail-email)的地址,但根据法律有些电子邮件地址未经许可不能购买或出售,所以用激励方式鼓励人们分享电子邮件地址是很重要的。比如,免费参加一次活动,发送承诺特别折扣和预先活动通知的免费电子新闻信件,这些都是用来激励人们提供你所需信息的途径。

- 同样,电子通讯和电子信息轰炸也是十分有效的宣传工具,但在运用时必须小心谨慎。如果一个人被电子邮件淹没,他或她可能直接拒绝接受邮件。选择退出(或需要清除邮件列表)是一个主要的问题,但必须尊重这种退出的要求,并且永远不再用这个电子邮件。另一方面,正确地运用这种通讯途径可以非常准确地定位信息。假如一个特别的购票者团体打算购买一个系列的音乐会,似乎总是固定参加某些钢琴家的演奏会,当提供这样的音乐会时则可以向他们发送相关内容的电子邮件(和其他种类的邮件)。同样,他们可以收到一个定制的电子实时通讯,里面包含了很多关于钢琴家、音乐、钢琴种类的背景介绍还有本次音乐会的其他信息。

- 博客和社交媒体网站逐渐成为一个促进良好促销活动的利器,它们为顾客多层次地参与组织活动提供了有吸引力的机会。它们也提供了病毒传播的载体,这为传播信息提供了巨大的机会,但如果信息是消极的或是误导性的也会带来巨大的挑战。管理和维护媒体网站和博客是非常费时的,非营利组织需要现实看待其服务的范围以及可以提供的监控。

- 直接发邮件的老式形式仍然有效,当它作为获取信息的工具时尤其如此。因为直接发邮件可以购买或换取姓名和地址,所以这常常是寻找新客户或捐赠者的最佳途径。名单经纪人将在具体的类别中(如某本期刊的读者名单、某个大学的毕业生名单)出售好几千个名单,名单的交易也可以像组织一样安排(一般为一次性使用)。

- 新闻稿应定期发布在有代表性的媒体中,还要刊登组织关键人物的相关消息。发布有特点的故事对媒体也很重要,故事经常发生于与媒体人的多次会面,可以定期与他们保持良好的关系。当涉及广告的费用支出时一定要慎重考虑媒体的收购,以确定这样的安排是否与浏览该媒体的客户和支持者保持一致。收购媒体的花费可以互相协商,组织应该设法实现最佳的交易。这些年来,媒体的业务越来越坦率地接近这一事实,即当地媒体的免费报道与组织是否愿意投入大量广告费用直接相关。

- 电话通常用作公关的媒介。花钱请电话销售人员售票或提供其他服务是常见的销售策略,对于大型非营利组织而言尤其如此,那些小型非营利组织可以使用精心选好的志愿者。电话除了可作为销售工具外,还可用来感谢主要的捐助人,调查了解顾客的意见并邀请他们参加特别活动。
- 员工和志愿者偶尔要计划并开展公关活动。这包括颁奖庆典、宴请名流或其他激发大家兴趣的活动。
- 可在人流密集的地点(如大型商场)设计展示地,或者为其客户对实质东西感兴趣的办公部门和机构设计展示点(如医院的减肥门诊展示和办公室的门诊手册展示,高中图书馆的大学校园展示)。假如合适的话,也可以在这些地方配置一些志愿者。
- 围绕某个参与者利益性事务而召集的行业会议和社区领导的聚集,展示出组织在解决问题和促进对话方面发挥的作用,这也显示了该组织从其他组织和个人那获取的尊敬程度。

下面是组织在营销中犯的一些错误:

一是认为在营销战略中说话越多越好。事实截然相反。简短而精心挑选的信息才更有效。我们引用并意译一段马克·吐温的一句话,"我没有时间写简短的新闻稿,所以我写了一个长的。"这说明,简短的版本才是最花费时间并且是最好的!

二是丢失了轻易获得的名字、地址以及其他相关的信息。购买地点是获取这些信息最明显的地方——再一次激励人们提供电子邮件地址和其他信息,这对以后的销售和筹措资金非常有帮助。网站也是信息采集的重要工具("在这注册您的电子邮件地址可以免费获取礼品。")

第三个错误是倾向于过度推销产品或服务。倘若顾客和委托人对产品或服务寄予特别的期望,但最后无法得到满足时,他们将会大失所望。过于夸大事实效应的促销一般都会导致无法实现期望。当非营利组织过度推销某项目时,无疑会使顾客加倍地失望。他们不再支持该项目并再向别人谈及此事时变得过于挑剔。

事实上,这正好发生在艾波特中学身上。当时,学校将《辛普森指导你如何上私立学校》这本书中的相关文章作为促销品发给了潜在的家长们。这篇文章写于20年前,描述了20世纪70年代艾波特中学的发展轨迹,当时学校只录取1/8的申请者,在他们毕业后全部送往到名牌高校。不过现在这已不再是公正的评价,许多家长和学生都受文章的误导。许多选择该校的学生感到失望和愤怒,一些学生在一年后就离校了,家长们公开批评该校的广告不真实。

价格

由于价格有助于建立产品或服务的外在价值(perceived value),所以价格也是营销组合中的一个关键因素。在其他条件相同的情况下,有两件商品陈列在货柜上,如果认为两者质量几乎毫无差别,我们会毫不犹豫地购买价格便宜的那件。不过两种品牌的芥末或两种洗发水很少被视为一样。生产商为了生产出别具一格的产品可谓费尽心思。促成产品个性化的基本因素之一就是价格。我们常常会购买那些尽管价格不菲但能带来更多价值的商品。由于通常缺乏一套成熟的价值评估系统,我们会经常认为昂贵的商品质量会更好。

价格与外在价值的紧密关系在非营利组织的竞争领域尤为明显。要准确评价医院、日托中心、大学和剧院所提供的各项服务有何真正价值常常比较困难。某位消费者在尝试区分同一领域的两个组织时,有时会得出这样的结论,即要价高的组织实际可以提供更好的产品或服务。

正是这种心理——认为价格和外在价值有关联性——为艾波特中学出了一个主要的难题。学校的创始人约瑟佛·艾波特在早期的捐赠数目十分可观,使得那些不太富有的家长也负担得起学费。然而,随着时光流逝,当竞争对手把学费提到超过艾波特中学学费的 1/3 或更高时,一些人开始担心艾波特中学的学业课程是否出现了问题。与之形成鲜明对比的是,艾波特中学的一个竞争对手长期以来被认为远不如前者,但该校决定抬高学费,其费用比新英格兰的任何中学都要高,想以此举来创造高品质形象。同时,他们增加了奖学金的补助数额并做出了其他的改革。三年后,该校明显地发现其申请人数历史上第一次超过了艾波特中学。在此过程中,尽管其他因素功不可没——改进教学活动、增加促销活动——但接受采访的家长们(其子女已入读该校)均坦言,价格在他们的决策中发挥了重要作用。

非营利组织在价格方面需考虑的另一个重要因素和捐助水平的幅度有关。当向捐助者募集时,许多组织提供了自由捐助的金额幅度。在一个组织的年度广告传单呼吁中,捐助幅度可以从最低 20 美元到最高 1 000 美元不等。另一家相似组织的捐助幅度从 100 美元到 5 000 美元不等。在其他条件相同的情形下,第二个组织经常会**从同一群体中**募集到更多资金,因为它把自己标榜为可赋予捐助者更大的意义。

场所

营销组合中的最后一个因素是场所,即消费者可以获得产品、服务和项目的地方。场所在非营利组织提供服务中发挥了重要作用,我们已看到了这样的例子。

- 一家咨询中心获得了一定的成功,现在把办公地点从贫民区搬到了富人区,老顾客不再前来,这危及了组织最初为穷人提供服务的初衷。
- 一个交响乐团继续在一个听觉环境优越的音乐厅举办音乐会,却不顾音乐厅所在的城市环境在恶化,观众早已经搬至郊区。这导致门票销售下降。

艾波特中学在私人中学市场中风光不再,场所也被证明是一个主要原因。1970年,在《辛普森指导你如何上私立学校》一书中写了一篇赞美艾波特中学的文章,学校的城区校园极大吸引了那些许多选择返城的年轻家庭。在那样的年代,城镇中心的房产价格相当便宜而城市本身又在兴建之中。艾波特中学也迎合了年轻城市家庭这一群体的需要,他们相信教育的重要性但不信任城市的公共教育体制。但到了1990年,城市复兴取得相当大的成功以至于城镇的房产价格上涨了十倍甚至更多。带小孩的年轻家庭再也担负不起城市中的费用,于是一步步走向与艾波特中学竞争的郊区学校。在1970年,尽管建立城市校园这一想法曾给艾波特中学带来契机,但几十年后却已成为学校发展的阻碍因素。

许多非营利组织已经逐渐认识到如果顾客、客户和委托人不能或不会来组织的总部,那么组织必须送货上门。实际上在非营利领域为产品和服务形成一个恰当的**配送体制**和在营利公司一样重要:

- 一家为吸毒者提供洁净针头(为预防艾滋病)的毒品治疗中心发现瘾君子不愿到指定地点领取针头。该组织现在使用移动大巴进行分发。
- 一家教会历史上的大教堂位于一个现已成为主要工商业中心的地方,教会建立了两个郊区的卫星教堂为信徒提供周末服务。商业中心的教堂现在用于提供短暂的午间服务。
- 一家大型管弦乐团发现公立学校负担不起送学生参加青年活动的车费,乐团就派送一小批音乐家到学校演出。

每个例子中的组织都意识到,不管提供的产品或服务多么优质,若无法便捷地获取顾客则宁愿不使用。

市场调研

为了形成全面的市场战略或计划,非营利组织务必掌握以下信息:如何与竞争对手进行较量,如何在社区中获得人们的好评,人们如何看待组织的项目、活动或产品,如何拥有更多的顾客、客户、资金筹措人或其他委托人。上述这些可通过市场调研来实现。市场调研可以:

- 分析在社区中组织运作的领先趋势以及在该行业的趋势;
- 理解不同委托人如何看待组织的品牌、项目、活动以及组织的治理和行政管理方式;
- 评估委托人对组织的活跃领域或寻求活跃领域的偏好;
- 根据事件严重性和发生的可能性分析是否对组织构成威胁;
- 根据成功的概率分析组织的机遇性。

根据发现结果,市场调研可以扩展为一个全面的营销审计,通过外部以及内部因素来识别组织的优点和缺点,外部因素有公共意识、项目满足委托人需求的效率、定价、营销力度的优点;内部的因素有员工、理事会和志愿者的工作效率、财政资源的使用等。

一些人认为市场调研的一个主要目的是帮助组织发明新产品或服务来满足顾客需求,但这并不总是正确。尤其是,非营利组织常常需要思考他们如何应对竞争,信息如何很好地传达,如何更好地设定目标,如何巩固项目和活动,这往往关注的是那些和其使命紧密关联以及最能满足顾客所需的活动。好的市场调研能帮助组织实现资源和能量的集约化,而不是一味铺摊子,扩大活动范围。

市场调研的步骤如下:

1. **确定调研目标**。确定需要回答的特别问题。

2. **进行预备调研**。收集那些有助于明晰目标的信息,包括统计行业或目标顾客的现存数据,已经完成的调研成果,对组织竞争者的总体调查,通过与顾客进行面谈或小组会议(称作焦点团体)来评估其态度。这一预备性的事实收集阶段也可包括管理评估或外部对组织的评价。

3. **设计正式调研**。发展数据收集工具(通过网络或拦截访问,邮件发送问卷、访谈给目标群体），确定目标群体抽样方式（随机性、通过邮编、按不同职业），选择联系方式（邮件、电话或私访）。

4. **做实地调查**。收集数据，确保整个过程尽可能不带偏见。

5. **分析数据**。分析、说明、报告成果。

在 20 世纪末，人们建议非营利组织可雇用外部人员进行市场研究，因为访谈设计和分析对于大多数非营利组织员工太复杂。尽管非营利组织能够自己进行市场调研，但得到经验丰富、客观公正的专业人才在方法论上的指导通常至关重要。互联网的出现极大地改变了这一状况。互联网使许多组织自己能够进行非常复杂的研究，比如使用计算机程序系统地组织收集到的数据，然后在总结报告中提供一个基本的分析，并为后面的深入分析导出数据。了解调查设计和如何提出便于分析的好问题仍然是必要的，但对于许多简单的调查来说，拥有如何统计数据的具体知识不那么必要。然而，记住，由组织自己随意设计市场调研证实自己的偏见而不是揭示事实的客观真相实在是易如反掌。与一个团队一起合作来评估目标、方法以及问题往往是一个更安全的方式。最后，无论使用外部或内部的资源，良好的市场调研几乎总是一项可靠的投资。

校长和艾波特中学的理事们从来没有想到该组织的问题可以从营销的视角进行最恰当的分析。一个曾经当过营销顾问的新理事会成员提出免费为学校进行营销研究。最终，他的理事会同事拒绝了这一建议。他们都同意校长梅伊菲德的意见，他认为营销对于像艾波特这样的学校只是一个不合适的分析或管理工具。像许多在非营利组织工作的人那样，梅伊菲德从根本上误解了营销的实质含义。首先，他认为营销不过是简单的推销和做广告，艾波特中学需解决的问题没那么严重。其次，他认为营销不妥当，因为它是以买卖、顾客和利润为导向的。最后，他不喜欢营销这一概念，因为他发现营销的操作性很强。他辩称，如果艾波特学校工作良好，可提供有创意性且为人所需的服务，那么满足顾客需要就变得多余。

所有这些争论当然偏离了要点。营销分析能使艾波特中学的校长和理事们系统地审视学校的使命、形象、顾客、竞争对手、资源、优势、劣势,并设计战略赢得更有利的竞争优势。

营销委员会的角色

许多非营利组织的理事会——甚至非常小的组织的理事会——都设有营销委员会。它们大多是有益的,但是也会产生一定坏处——比如一些委员建议的很多策略要么不合适、要么负担不起,浪费了员工大量的时间。一个营销委员会的委员总是让自己介入一些细节事情并不恰当——比如对海报的字体或商标的颜色上提意见。尽管一个好的职员总是明智地寻求反馈和意见,但不应由委员会来做出决定,它的角色在任何情况下都只是提供建议。一个委员会的主席或执行理事只是在营销委员会的委员肆无忌惮的时候才出手进行强硬控制。

这里有个问题就是,当谈到营销时——如果不是一般的理论,他或她至少在一两件事上确定能带来更多的顾客,更好的媒体报道,或具有优势的品牌——几乎任何人都认为自己是专家。通常情况下,这些人因为个人的主观偏见误解了客观的和已证实的事实。由于许多观点都没有严谨的数据作为支撑,那些个性特征明显或善于劝说的人则会获取成功。特别危险的是,一些人仗着有大公司工作的经验来劝说别人相信他们是专家。许多大公司试图支持一个国际品牌的营销战略,并用巨大的预算予以支撑,这样的战略往往与大多数大型非营利组织的需求无关。讨论这些企业所出售的产品和媒体的关注通常没有关联,往往达不到预期目的,或两者兼而有之。

这是否意味着非营利组织不应该有营销委员会?根本不是。首先,只要一系列的意见是明确的,是员工做出了最后的决策,那么它们就是有价值的。同样,一个营销委员会在评估年度营销计划、提出总体战略的调整建议甚至提出实施建议上发挥了重要的作用。营销委员会中的每个人可以成为市场调研中信息收集的宝贵资源,如在社区中充当采访人员或带回一些非正式收集的信息。最后,一个营销委员会的委员可以充当基地的部队,执行营销计划中建立的策略——强化品牌形象、讨论事件、传递材料甚至代表组织并为许多与之有联系的机构进行演讲提供机会。

谁应该在营销委员会服务?营销委员会,像所有的理事会的委员会一样,应至少有一个理事,但委员会应通过有专业技能和特质的非理事会成员加以扩大,如专业营销研究人员、媒体代表、零售店的促销人员以及其他有相关经验的人。

正确行事

在2012年,艾波特中学的一位男校友在查看学校网站的时候一直犹豫要不要给一个潜在学生及其家长发送该校的网页链接。以前他总发现学校的促销资料阻碍了招生。资料里面的图形古板冗长、表述则骄傲自满,这些使年轻人和他们的父母感到厌恶,它只强调学校因学术严谨性获得了佼佼者地位。在大多数情况下,校友们以一个简单的交谈方式开始进行招聘。

但他现在在网站上浏览的内容令人惊讶和惊喜。

学校的形象完全发生变化,学校现在称自己只是"艾波特"(古老的单词"学院"似乎消失了,除了一些小型印刷单中还存在)。网站的主页是一个学生的照片和一段简短的引用语言,"在一个不大的学校里,你可以交上亲密的伙伴,在不大的班级中,你可以与咨询员一起设计课程并且可以一起步行至棒球公园,这一切是多么美妙的事情!"主页上链接了许多年轻校友的故事,其中一位在20多岁成为市长,另一位校友是美国职业棒球联盟的选手,现在已进入第二个赛季,第三个校友则构筑了太阳能房屋。主页还有一些链接是关于学生进行一系列艺术活动的摄影展览——某位学生在制作产品的照片，学生进行彩绘和陶瓷展览的照片，以及一个学生举办音乐会的视频。另一个网页是学生和教师的系列照片，还有一些打着"艾波特对我意味着什么"的推荐广告——里面是关于各种学校最乐意推广的事情。

另一件令这位男校友关注的就是艾波特怎么应对大学录取的问题。毫无疑问艾波特已无法像以前那样在精英学校中占有一席之地。在以前的促销活动中，学校开始总是列出最著名的学校，然后展示当年将要被该校录取的毕业生的数量。但随着一年又一年仍然没有学生被哈佛大学和耶鲁大学录取，这个列表逐渐失去了光辉。目前学校的统计网页上不再强调"大学和学院"。它仅仅提供了 17 项统计数据的一项，即最近五年学生大学入学的数量。推销材料中新的重点表明艾波特可为不同的学生群体找到合适的学校。无论每个学生的特点是什么，艾波特将为他或她匹配到合适的学院或大学。

过了一周后，这位男校友与理事会委员交谈时祝贺她的新网站，并提道，潜在的学生和家长在浏览网页的时候一直都非常愉悦。

他回答说，"的确，我们在咬紧牙关渡过难关。理事会委员以前为我们提供免费的市场调研，当时没同意。但随着入学人数的下降，我们知道得做点什么，所以我们同意开始进行研究。我们学到的就是得到了一项提醒信号，即一个新校长、扩大学校咨询人员人数、努力建立新品牌、全面和充分地资助营销计划、今年合格申请人数的积压，所有这些再一次推动我们成为私立学校的佼佼者。我们的营销是认真地迎合各种社区的需求。我们的定价目前能更好地保持竞争力（我们已不再是收费最昂贵的五名私立学校之一），这可以吸引更多的少数民族学生因为有多余的资金用于奖学金支持。所有这一切充满了活力并吸引了一批新的理事，他们理解自己的职责就是发放和获取资金。"

"我们仍然是一个值得骄傲的团队——尽管比起过去,这显得有些低调。我们仍然是艾波特中学。我们仍然在学术上要求严格。我们仍然觉得要提供整个城市中——如果不是整个地区——最好的教育。但现在,你知道是什么吗?你会因有这么多人赞同我们而感到惊讶。"

思考题

1. 你所在组织是否准确地识别出不同的顾客?该组织是否能有效地确保顾客接受到良好的服务?

2. 你所在组织是否能评价它在社会和各种顾客中的形象?是否开展战略以加强和改进组织现有的形象?

3. 你所在组织是否提供在市场中具有竞争力的产品、服务和计划?顾客是否满意(比如你所在组织能否信守承诺)?

4. 你所在组织是否对所有顾客推销他们自己和相关的活动?促销是否达到预期目标?公关预算是否足够?开支是否分配合理?

5. 你所在组织的产品、服务和计划的定价是否合理?

6. 你所在组织在最近五年是否进行过深入的市场调研?你们针对组织各事项所做的决策是否基于这种调研结果?

第六章 财务管理

> 当我接过下属递交的预算或财务报表时感到眼花缭乱。和数字打交道并不是我的工作。感谢上帝！组织里有一些懂得和钱打交道的人。

对许多人来说，财务管理是非营利组织管理中最为棘手的事情。因为他们加入非营利组织时并不具备财务知识的背景，甚至在某些情况他们十分恐惧与数字打交道。通常情况下，他们之所以选择当一名工作人员或理事会成员，是因为他们具备教育、环保、虐待儿童或其他活动的相关知识背景，并且热爱干这些行业。他们认为财务领域的预算、财务报表、相关程序的工作枯燥乏味，是属于财务管理人员的工作，似乎跟他们毫无关联。

即使是对数字工作轻车熟路的人在处理非营利组织的财务问题时也会遇到困难。对那些来自业务部门的职员来说，不能很好地解读某些术语和概念。此外,财务报表可能会引起困惑,有时会高估或者低估实际状况。难怪许多人只需要举手认输即可。

但不幸的是,财务问题不能完全交给专业人士来处理。例如,预算是整个组织计划中的关键部分,任何理事会成员想决定组织项目的优先发展顺序就必须多加以关注。同样,财务分析是使组织正常运作、同时又是保护组织及公众利益的重要途径。非常有必要在法律上建立健全的内部财务程序、保证捐赠人的捐助是合法的。

人们对财务管理知之甚少并敬而远之的部分原因是财务专业人员使用的是专业术语。有许多专业术语都是为了简化一些基本概念。这些概念本身并不难理解。如果你具有一些基本的相关知识,这些专门用语也不难理解。但是,许多人从来没有接受过这些术语知识的培训也依然留在非营利组织工作,他们对重大财政决策常常不知所措。本章和下一章将介绍一些财务术语和财务程序。很快你会发现,财务管理的逻辑性非常严密。对某些人来说,一些概念也许看来枯燥乏味,但大部分并不难理解。这一章将介绍财务年度计划方面的一些问题,重点介绍如何编制财务预算和现金流量规划,下一章则解释如何记账。

财政年度或会计年度

我们所有人都要制订计划和做记录,这存在一些系统的方法。在财务管理中,制订财务计划和记账是根据固定时间段来进行的,通常为一个会计年度。因为"会计"(fiscal)也可用"财务"(financial)一词代替,所以会计年度是指组织内基本的财务记账(accounting)时期,在这期间,组织把所有的财务交易进行汇集、汇总、汇报。

个人也有类似的财务年度,它起始于每年的1月1日,结束于12月31日。在这期间,个人将所得财物交易记录进行汇集以便于纳税,我们可称之为个人财务年度。个人财务年度同日历年度是一样的。然而,对非营利组织来说，它的财务年度与日历年度不一样。事实上，非营利组织可以规定任何时段为财务年度。它只需要在其组织条款中注明"本公司的会计年度结束于每年的某月某日"即可。这个日期可能是组织中执行理事的生日或组织创立的周年日，但是选择这些日子并不是从组织的利益出发的。

怎样为非营利组织选择一个合适的财务年度呢？应该记住下面三点：

- 财务年度需要同组织的年度计划大体相符。也就是说，一个活动项目不能被分属于两个财务年度中。例如，如果一个学校的学年度是从9月到次年6月，那么使财务年度与日历年同时运行至12月31日结束的话则极为不明智。结果一个学年分属于两个财务年度之中，这很难在年度计划的基础上准备预算和分析学校的财务状况。

- 财务年度应尽可能在活动相对不多的时间前结束。因为临近财务年末会有大量的结账工作要做。如果需要审核——而大多数组织的确需要审核——的话，必须由会计人员检查财务账本，核对银行账单。由于这些工作给财务工作人员带来很大的负担，因此，审计工作应在财务工作人员工作相对较少的时间内进行。

- 财务年度结束期的时间需要同主要基金人的财务年度结束期以及相应的汇报要求一致。例如，如果非营利组织的主要资金来源是国家政府，那它应该选择与该国家财政年度相同的日期来简化政府拨款的相关报表。

不幸的是，为非营利组织选择的财务年度并不能保证它的财务报告将完全达到其他组织——非营利组织必须要向这些组织呈现其财务决算——的要求。政府和其他公共的或私有的资金提供者或许会要求组织按照他们的财政年度来记录某些账本，这往往与非营利组织的财务年度时间不吻合。例如,应根据日历年记录发薪的名单,这是为了满足联邦政府和州政府的记账需要,还分别为带薪员工和独立承包商分发 w-2 和 1099 两种登记表格以方便纳税。另一方面,为了获取补助,某家政府资助机构或许要求当年的财务报告于 6 月 30 日结束,作为最终报表的一部分。但是,精心挑选的财务年度结束期可能会减少一些必要的财务报告的数量。

预算

预算也就是财务计划。它详细说明了某个组织估计的收入和支出数额。预算通常分为两个部分,收入(或收益)和支出(或开销)(见表 6.1)。在这两部分可进一步对收入和支出进行细分,每一类别分别在财务报表中占列一行,并在旁边注明所估计的资金数目。由此,这些分类被称之为**行列项目**,也叫作**账户**。因此,当某人谈到工资账户时,他是指预算中的行列项目,其中包括工资开销。所有的行列项目(或账户)的汇总就是账目一览表,其中列出了所有的预算账户种类,这些账户种类一般与组织的收入报表的种类是相同的。

表 6.1 康普顿学校预算表

收入		支出	
应缴学费	$41,000	应付工资	$38,200
书店销售	10,000	福利费	4,000
基金捐赠	5,000	应付酬金	2,500
商业支助奖学金	5,000	材料费	5,200
个人捐赠	23,000	设备租赁	3,400
总计	$84,000	推销费	6,500
		设备租赁	20,000
		意外公积金/储备金	4,200
		总计	$84,000

资料来源:由作者编辑。

一个组织怎样确定在账目表里所涉及的项目种类？毕竟，对于同种财务信息有很多分类方法。例如，一家医院能够将所有的工资归入一个行列项目里，或者也可以将工资细分为下列几种：

应付工资——医生

应付工资——护士

应付工资——行政人员

应付工资——监护人员

每个组织都必须为自己设立一个合适的账目表，既要满足财务项目细分的需要又要满足尽量精简记账的要求，在这二者之间平衡好。要想制定一张账目表，最好的办法是参考那些与自己组织规模相当、管理良好、有着丰富经验组织的账目表。通过对比，找出二者的相同点和不同点，考虑自己组织特别的需求，并在集体智慧的基础上设计出自己的账目表。

项目预算

项目预算(即涉及记务程序时所谓的职能会计、部门会计或成本中心会计)是组织在逐个项目基础之上来分析不同业务活动的收入和支出。运用这种分析形式来评估组织某些特殊项目的成本效用或潜在收益特别有帮助。如何使一种简单的资金预算(见表 6.1)变成更复杂的格式呢(见表 6.2—表 6.5)？

- 通常，特殊项目的收益被归为合适的项目类别中(或预算栏中)。因此，一项对教育项目的捐赠应该置于教育费用预算栏中，正如教育事业的学费也应归入此栏一样。其他没有特殊用途的收益按需要或要求分别归入不同的栏目中。(如何进行更详细的收益分类将在预算程序中的第三步进行讨论，可参考这一章后面的表6.5)
- 同样，有关项目的费用也要置于合适的栏目中。教师的工资应放

第六章 财务管理

到教育费用一栏,正如与教育事业相关的费用支出也要归于此栏一样。

- 管理费和资金筹集费可以分别归于各自的那栏中,或归于各个项目中(或将两种方法结合起来使用)。小型组织认为他们没有必要将这些费用归类来分析特殊项目的成本。大型组织希望能够将包括管理费用和筹集费用的成本分类到特殊项目中去,但是仍有一些管理费和筹集资金费无法归类到任何项目当中,只能归入各自的账目栏中。

在项目预算中,决定是否或如何分摊资金筹集费、管理费以及赞助费并不是一件简单的事情。有些人认为进行成本分摊最好的途径是按照某种固定形式进行。他们会估计某个项目中员工所花费的时间比例以分摊工资费用或计算项目所占场地比例以分摊租赁费用。例如,有人问,"新技术援建项目占用了项目主管多少时间呢?"若回答是10%,则他(她)工资的10%就会分摊到这一项目中来。或者,你想确定复印费和邮资费在技术援助项目中占用多少比例。同样,解决的办法就是根据预期的要求设计合适的图表。

不可能将所有资金筹集费、管理费和赞助费合理地分摊到不同的项目中去。若一些费用无法合理地按照一个标准进行分摊,应将它归入到资金筹集费和管理费一栏中(见表6.4)。然而,必须谨慎小心。有人把成本分摊问题看得过于严肃,他们精心地计算邮资费、电话费、工作人员的工作时间。这种方法也许对估算一天或一个星期里每个项目大概接近的比重是有用的,但是这容易做过头,因为它浪费了太多的时间并使人感到沮丧失望。

如果进行项目预算的一个原因是为了确定项目的成本-收益,另一个原因则是为了增加资金筹措项目的灵活性。例如,看看康普顿剧团所处的两难困境。它需要5,000美元赞助剧团的巡回演出活动(见表6.2),

但是康普顿友谊基金会的执行理事却乐意赞助在家乡的演出,目前这一演出刚好收支平衡。但是个人捐赠的非限制性10,000美元已被家乡演出和巡回演出二者平摊(每项拿5,000美元)。当友谊基金会的执行理事告知剧团经理他愿意为组织在当地的演出赞助5,000美元时,剧团经理必须想办法将巡回演出的5,000美元短缺转移到家乡演出。他也可以这样做,即重新准备一个新预算,将所有的个人捐款分摊到巡回演出中去。通过这种方法,他能将家乡演出的5,000美元收入转移到巡回演出活动上,他于是在家乡艺术节演出预算中制造了5,000美元的收入差距。

表6.2 康普顿剧团项目预算表

	版本1 (注意巡回演出项目的赤字)				版本2 ("个人捐赠"从"家乡艺术节演出"转向巡回 演出导致"家乡艺术节演出"预算赤字)		
	家乡艺术节 演出	巡回演出	总计		家乡艺术节 演出	巡回演出	总计
收入				收入			
票房收入	$62,500	$ 0	$62,500	票房收入	$62,500	$ 0	$62,500
交通费用	0	45,000	45,000	建设费用	0	45,000	45,000
国家捐赠收入	0	5,000	5,000	国家捐赠收入	0	5,000	5,000
州艺术补贴	10,000	0	10,000	州艺术补贴	10,000	0	5,000
个人捐赠	5,000	5,000	10,000	个人捐赠	0	10,000	10,000
总计	$77,500	$55,000	$132,5000	总计	$72,500	$60,000	$132,500
支出				支出			
应付工资	$56,000	$21,500	$77,500	应付工资	$56,000	$21,500	$77,500
日常费用	0	18,000	18,000	日常费用	0	18,000	18,000
差旅费	0	8,000	8,000	差旅费	0	8,000	8,000
布景费用	8,000	2,000	10,000	布景费用	8,000	2,000	10,000
运输费用	500	4,500	5,000	运输费用	500	4,500	5,000
推销费用	2,000	2,000	4,000	推销费用	2,000	2,000	4,000
行政费用	11,000	4,000	15,000	行政费用	11,000	4,000	15,000
总计	$77,500	$60,000	$137,500	总计	$77,500	$60,000	$137,500
盈余(或亏损)	$ 0	($5,000)	($5,000)	盈余(或亏损)	($5,000)	$ 0	($5,000)

资料来源:由作者编辑。

注释:某个项目预算可以归在整个组织(或单个基金)预算中。在这种情况下,尽管组织预算保持不变,但项目预算的两种形式完全不同。

现在设想这样一种情况，剧团经理认为，如果预算中显示需要更多的资金，基金会或许会赞助更多（也许多至10,000美元）。经理可以在预算中增设一个储备基金项（见表6.3）。收入转移到了储备金中，因此，在家乡艺术节演出中增加了合适的额外短缺金额。剧团经理感到，也许要预备多达1,000美元的基金赞助家乡艺术节演出，这显示了在那一栏中（见表6.3中家乡艺术节一栏中的底线部分）准确的短缺金额。与此同时，非营利组织当年还在银行存入了相当多的一笔余额（参见储备基金底线部分）。

表6.3 康普顿剧团项目预算调整表

	家乡艺术节	巡回演出	储备基金	总计
收入				
票房收入	$57,500	$ 0	$5,000	$62,500
交通费用	0	45,000	0	45,000
国家捐赠	0	5,000	0	5,000
州艺术补贴	10,000	0	0	10,000
个人捐赠	0	10,000	0	10,000
总计	$67,000	$60,000	$5,000	$132,500
支出				
应付工资	$56,000	$21,500	0	$77,500
生活补贴	0	18,000	0	18,000
差旅费	0	8,000	0	8,000
布景费用	8,000	2,000	0	10,000
运输费用	500	4,500	0	5,000
推销费用	2,000	2,000	0	4,000
行政管理费用	11,000	4,000	0	15,000
总计	$77,500	$60,000	0	$137,500
盈余（或亏损）	($10,000)	$ 0	$5,000	($5,000)

资料来源：由作者编辑。

注释：在这个预算中，该组织通过将非限制的票房收入转移为储备基金，为家乡艺术节演出带来了更大的亏损。现在可以合法地将10,000美元赞助金用于家乡演出预算（见第一栏的底部），如果10,000美元尚无着落，那分摊给储备基金的资金可返回给家乡演出费用，其实际需要现金仅为5,000美元。这就是为什么组织实际的亏损额仅为5,000美元的原因。

非营利组织的工作人员有时对这种处理数据的方法感到紧张不安。他们担心这种程序不合理也不合法。有的人认为非营利组织必须赔钱——或充其量不亏不赚，甚至破产——才符合法律的要求。这从根本上误解了非营利组织的概念。财务盈余（即收入超过支出）不仅合法而且合理。如果没有出现资金盈余的情况，那么对已建成的大学、教堂、艺术馆等非营利组织来说，又怎么会在数年里以捐赠资金的形式建立起大量的储备基金呢？

尽管盈余、储备基金和捐赠资金是合法的，但是谋取利益却是非法的。利益是**业主权益**（owner's equity）的代名词。在一个营利组织内，组织的所有者（合作者或股东）可从组织利润中直接获得收益。他们可以分得现金或者推迟分配，但不管什么情况，直接的利润有益于那些涉及财务利益的人。非营利组织没有所有者，当然也没有股东。他们是为公众服务，因此，任何盈余都必须**最终**用作慈善事业，"**最终**"（ultimately）这个词非常关键。资金并不一定要立即使用，它们可采取储备金的形式或捐赠基金（它只是一种储备基金，对什么时候或怎样使用资金都有特别限制）储存起来。这种储备过程非常值得尝试，所有的非营利组织每年都应设法积存一部分储备基金。

意外公积金（储备金）

为了储备资金而产生的足够的盈余可以通过预算过程予以推动。非营利组织可设立意外公积金/储备金（contingency/reserve）账户，它通常列在财务预算表"支出"那一行中，其资金总额应与非营利组织总收入的5%持平。例如，在表6.1中，某个非营利组织的年总预算额为84,000美元，该组织可以将4,200美元（5%）作为意外公积金，将79,800美元作为日常支出。意外公积金的数额在不同的非营利组织中不同，但是，它一般取决于下列几个因素：

- 预算规模(大型组织的分配比例较小);
- 收入来源的可预测性程度(收入来源越难预测,需要的意外公积金越多);
- 组织的稳定程度(组织越不稳定或越年轻,需要的意外公积金越多);
- 支出的预知程度(支出越难预测,需要的意外公积金越多);
- 组织的管理经验(管理经验越少,需要的意外公积金越多)。

意外公积金/储备金有何用途呢?首先,它可以用作保障资金,以防这一年里出现意外支出,这是一种偶然情况。康普顿剧团在《艾达》上演的晚上遭遇了大风,这导致票房的收入只有 2,000 美元,这比预算要低——意外公积金/储备金则可弥补这项亏损。再如,有人被康普顿学校的长椅绊倒而提起法律诉讼,这意外增加了 1,000 美元的律师费用。组织又拥有了一笔可随意提取的不受约束的资金。

如果在一个财务年度的结算日期,在支付完所有的意外支出后,仍有资金剩余,这笔意外公积金可转化为储备金。换句话说,未分摊的钱可以以某种储蓄方式储存起来——例如,银行存款、资金市场基金或股票——究竟采取何种方式可由理事会根据财务专家的意见来决定。在每一个财务年度,基金都应该以这种方式储存,直到储备金达到年度财务预算总额的 25%—50% 之间。

为什么要鼓吹这种保守的财务方法呢?熟悉非营利组织统计状况的人都知道,许多组织在头 10 年中往往濒临破产的境地。它们野心勃勃地设计公益项目时往往没有准备足够的资金。通货膨胀、成本上升、收入减少及其他因素导致现金亏损越来越大。谨慎的财务管理方法要求组织应该积存一笔储备金以帮助其渡过难关。

积存储备金的另一目的是为了筹集资金。有许多基金人并不想单独支持某个项目或单独提取资金。有的则不想成为第一个捐赠者。储备金以下面的方式提出这些问题。假设一个娱乐组织想要为某个城镇公园购置一批新的设备,这需要花 10,000 美元。该组织欲从社区中的富有阶层那筹集 1,000 美元。理事会深知要得到首批捐赠十分不易。因此,理事会成员一致同意从储备金中提取 3,000 美元作为备用。执行经理已做好准备第一个响应号召。他告诉捐赠者,组织正在筹集 10,000 美元的资金,现已筹集到了 3,000 美元。这比告知捐赠者需要他(她)提供首批资金更容易产生理想的心理效应。最后,该组织筹齐了 10,000 美元,而不用提取储备金。

或者考虑另一种情况:你想为残疾青年和美国新开展一项激情洋溢的培训活动。美国劳工部已答应提供 25,000 美元的配套资金。因为这是一项新开展的公益活动,你无法看到任何公司、基金会、个人捐赠团体提供配套资金。然而,你和理事会都确信这项活动意义重大,必将得到外界的支持,于是决定从储备金中提取配套资金。一年后,这项活动被认为取得了极大地成功,它获得了媒体和社会各界的高度赞扬以及其他各界人士的肯定,有了这些积极评价,你可获得类似的资金来源而无须使用储备金。

最后,储蓄储备金还有另外一个重要的原因。大部分非营利组织在财务年度的某个时间里可能会遇到现金流量问题,稍后会在这章讨论。另外,这些组织发现在获得足够的收益之前需要大量的现金用于支付账单。通常情况下,一个会计年度开始时,应付工资和项目支出使非营利组织需要大量的资金,但是资金的到位常常非常迟缓(一些仅仅是充当补偿性资金)。组织不能支付账单和发放资金使之处于十分尴尬的境地,特别是理事会已经批准了平衡预算时,问题会更为严重。一个解决办法是借款,但一般代价高,除非组织能得到有钱朋友的慷慨捐助或理事会成员所愿意提供的无息贷款。另一个办法是借用组织自己的储备金。也就是说,非营利组织可以在一个会计年度开始之日提取储备金,然后用以后的项目收益来填补。然而，必须记住，这种做法成本也很大。从储备金中提取现金的这种做法会使非营利组织失去部分收益。重要的是应把这点牢记在心，即财务人员不能随变提取储备金。在一个会计年度开始前几个月，最好应准备计划恰当的现金流量，以使之最大化和最优化。（见本章稍后讨论的"**现金流量**"）

捐赠储备金

一些非营利组织的管理人员和理事担心太多的储备金会妨碍基金会人员增加投资，因为它使人感觉组织似乎并不需要资金。他们担心基金会、公司、公共机构在审查财务报表时，会认为这些储备金运行良好，足够支付非营利组织所寻求赞助的那一项目的支出。特别是当非营利组织财务管理谨慎细微、允许储备金数额逐渐增加的时候，这种情况尤为明显。

但今非昔比，因为许多基金人渐渐认识到拥有一笔现金储备象征了一个非营利组织的健康和稳定。理事会可以指定一部分储备金作为"理事会指定储备金"和"捐赠储备金"来达到这个目的。捐助金是一种储备金，它有严格的规章，其使用也有严格的限制。通常情况下，赞助金是由投资基金组成的，它们不能使用（只有投资的收入可以作为资金使用）。尽管在财务报表上，这些基金没有被限制其使用的范围，但若在旁边注明其为"理事会指定储备金"或"捐赠储备金"，就可以提醒基金人不能用这些资金来支付当前的消费。

使用这笔基金要设立内部限制规则并指明它的用途，这样做的第二个原因是为了确保基金的开支经过了仔细的审核。现金透支在商业活动中极易出现。因此必须确保提取储备现金是真实需要的，这点至关重要。事实上，理事会能够对这些资金的使用不加指定或进行任何限制，也可以随时将这些基金恢复成非限制的储备现金。不管怎样，无论从外部筹集资金还是从内部的财务控制角度来讲，对储备金的使用加以限制能够使非营利组织更处于有利地位。

预算程序

如果预算是财务计划的一种形式,那么了解有效的编制预算涉及什么具体程序十分重要。下述两点是必须重点考虑的因素:

- 预算应同整个组织的计划保持一致。若没有清楚地了解可获得何种资源,任何人都无法很好地计划将来。反过来,若不了解组织的前进方向,也无法编制合理的预算或财务计划。仅仅筹集资金是不够的,只有有策略地使用这些资金才是理想的预算程序所想要的。
- 理事——通常经委员会同意——应该参与预算编制和整个计划的制订。因为理事会成员必须为组织设定长远目标,确定优先发展项目,并最终对非营利组织的财务情况负责。所以理事会参与预算制订十分重要,他们不仅要参与筹划预算,事后还要监督预算执行情况。

除了这些基本因素,一个组织要想编制一个完全成功的财务预算需要分八步走。

步骤一:列出愿望清单

制订预算的第一步与数字或金钱无关。它涉及每年对理事和高层人员设定的未来组织目标进行审核。在预算的开始,财务人员应该考虑下一年的相关问题:

- 下一年组织应该做什么?
- 什么活动是最为重要的?
- 如果控制成本不是主要的目标,还应该额外开展什么活动?

- 在这些活动中组织成员需要做什么工作？
- 是否需要额外开销以增添设备、提高体育设施以及雇佣评估专家或市场营销专家？

这一步骤非常重要，因为它迫使人们系统地考虑组织的活动、使命、项目。它提供了机会以评估组织设立的目的、组织的长期目标和短期目标。列出目标清单是有益的，因为不需要控制成本，这是财务预算中唯一不需要考虑成本的步骤。

步骤二：估算成本

完成第一步中所列出的活动需要多少费用？很明显，组织的正常运转离不开一些基本费用。主要有：办公费用、主要人员的应付工资、上个会计年度开展的并将持续下去的基本活动费用。所有这一切，都必须细心估计其成本。此外，也必须估计新增项目的相关费用。

确定成本实非易事，通常有两种方法：

- 第一种方法为"**增量预算**"（incremental budgeting），它很大程度上依靠上一年度的实质支出和收入的财务信息。如果组织开展一项活动已有多年，那么准备第二年预算的最简便办法就是在上一年的财务报表（指实际报表）或年度预算中加上通货膨胀率和其他因素。
- 第二种方法称为"**零基预算**"（zero-based budgeting），要求对每一预算项目进行重新评估。职员被告知如果他们不能提供可信的数据，则在预算项目中作为"零"计算。

很明显，把这两种方法以某种方式结合起是最为理想的途径。将上一年度的支出和今年的项目支出结合起来，不仅对估算下一年的费用支出大有帮助，而且有助于估算当年的收入。另一方面，在预算中的每一个项目都应仔细审核，这与另一项目的数据无关。应对每个项目逐一进行估算，确定该项是否需要支出，如果需要，需要多少？此外，需要估算新项目和活动的支出，但上个会计年度的历史数据和预算对此并不能提供多大帮助。

在计算步骤一中愿望清单的成本费用时，有两件事需要谨记：

- 应略高估计成本，至少应在估计的支出金额上再加上10%的支出。那些自以为自己所造预算极为恰当（无须增加比例）的人总是过低估算了费用。
- 在计算新项目成本和活动的成本时，要记住它们会增加核心行政管理费用。仅仅估算新项目的支出是不够的，因为增加一个新项目会为主要的工作人员、占地和设备带来额外负担。

康普顿医院的隐形支出

让我们考察康普顿医院的情况，这个例子显示了一项新项目活动是如何隐性地增加核心行政管理费用的。康普顿医院决定开展一项胎教活动，医院的财务人员计算了所有与该项活动相关的预期成本，但却忘记医院出版了《信息期刊》，它对每个医院的等级都用一页纸进行说明。由于增加了胎教的等级，所以医院被要求在出版物上另辟一页予以说明，而这一费用则归到了核心行政预算中。随着这种隐性成本的上升，把像这一类增加的现实费用纳入到新活动的预算中来是极为关键的。

如果一个项目预算（看前面的讨论）正在被一个组织使用，项目的支出应该要合理地进行分类（见表6.4）。

表6.4 康普顿博物馆项目预算

	支出计划						
	教育项目	长期捐款	巡回演出	会费	筹集资金	行政费用	总计
应付工资	$22,500	$18,000	$9,000	$10,000	$25,000	$20,000	$104,500
福利开支	3,375	2,700	1,350	1,500	3,750	3,000	15,675
费用	16,000	2,000	0	0	5,000	4,000	27,000
生活费	2,700	500	500	1,100	800	3,000	8,600
电话费	300	600	600	500	200	2,000	4,200
差旅费	0	50	700	100	2,000	2,000	4,850
打印费	2,000	2,000	2,000	2,000	2,000	2,000	12,000
设备开支	1,000	1,500	500	500	500	2,000	6,000
运输费	0	500	2,000	0	0	0	2,500
公用事业费	600	1,500	300	300	300	600	3,600
保险费	800	11,000	5,000	200	200	1,000	18,200
总计	$49,275	$40,350	$21,950	$16,200	$39,750	$39,600	$207,125

资料来源：由作者编辑。

步骤三：收入分配

做完第一步的目标清单和第二步的成本计算后，是时候考虑从每项活动中可获取多少收益的问题了。上年度的实际预算和本年度更新的预算计划可再次提供帮助。然而，这一步骤有它固有的复杂性，因为很可能某些资金被指定用于特别的活动款项，而其他的收入则可无限制任意使用。

因此，把限制性资金和非限制性资金区分开来至关重要。非限制性资金指的是那些使用没有特别指定和限制的资金。入会费、会员费、出版物、商店的销售收入、捐赠资金都属于非限制性资金。另一方面，限制性资金指的是那些在特殊情况下使用的资金，其使用情况适合于特定的时期、特定的目的或者两者兼而有之。一项新设备或奖学金的捐赠款项只能用于捐赠者指定的用途。同样，始于1999年7月1日这一财务年度的捐赠资金，决不能在这一时期前或2000年6月30日之后使用。非营利组织常常要求个人或组织取消或改变这些限制，但在未得到允许之前，不能把这些限制性资金用于任何目的[1]。

一旦分开限制性资金和非限制性资金之后,分配收入的程序如下(见表6.5):

表6.5 康普顿博物馆收入设计(分离非限制性资金和限制性资金)

	教育项目	长期捐款	巡回演出	会费	筹集资金	行政费用	总计
会费	$ 0	$5,350	$ 0	$16,200	$7,500	$7,500	$36,550
入场费	10,000	0	0	0	15,000	15,000	40,000
租赁费	0	0	14,000 *	0	0	0	14,000
学费	28,500 *	0	0	0	0	0	28,500
商店销售	0	0	0	0	7,500	7,500	15,000
个人捐赠	0	30,000	0	0	9,750	9,600	49,350
政府补助	0	5,000	2,500	0	0	0	7,500
公司补助	2,500 +	0	0	0	0	0	2,500
基金会补助	2,000 +	0	0	0	0	0	2,000
基金收入	4,000 +	0	1,000	0	0	0	5,000
总计	$47,000	$40,350	$17,500	$16,200	$39,750	$39,600	$200,400

资料来源:由作者编辑

注释:只有非限制性资金才能用于不同项目间的转移。比如,如果决定要取消教育项目,只有10,000美元的非限制性的入场收入可以转移。那一栏带+号的资金作为收入会花掉,除非捐赠者对其施加限制。带*号的资金(学费$28,500)是收益损失因此不能进行再分配。

带 * 号的为项目收入;带 + 号的为限制性资金

1. 将所有限制性的收入分配给合适的项目活动或类别。也就是说,任何能明确纳入特别项目的收入都应该放入那一类中,并加以注明。然后,如果预算小组准备削减项目或重新分配收益,不能将这些资金在不同的项目类别中进行转移,谨记这一点至关重要。

2. 用非限制性资金支付所有的基本行政管理费用。

3. 把非限制性资金的余额分配给清单中所有的项目和活动。可以按照前面所讨论项目预算中的比例原则来分配,也可用简单的方法在不同项目间进行大致平等的分配。第一种方法虽然工作量大,但是确实可以帮助你测评项目的相关成本收益。

4. 所有收入至少要低估5%,正如在开支中要留有可能出差错的余地一样,在收入预测上你也应采取保守态度。

步骤四:比较

这也经常被称作是"读完则哭"*(read-it-and-weep)步骤。到此时应该清楚,如果要使预算平衡,必须放弃一些项目支出。简而言之,支出太多但收益却不足。事实上,如果收益在预算中能够完全应付支出,就应该关注组织的触及范围是否已不太宽泛或不够雄心勃勃。换句话说,如果组织能够在预算程序的该点上支付所有的项目意愿支出,那么成员将不再希望发生困难。组织的扩展应超过它的支配范围,这样它才能不断地提高为公众提供服务和项目的能力。然而,如果组织的服务超出了自身的支付能力,那理事的行为并没有负责任。即使只有一小部分项目要立即实施,也应该更多地考虑其他项目。仔细审查当年每个项目潜在的支出有益于制订未来一年的活动计划。

在评估某项目活动而反对另一项时,理事会应该谨慎使用成本-收益这一独特的标准。毫无疑义,可以提一些恰当的问题,如"哪项活动最接近于收支平衡?""相对收益而言,哪项活动成本最高?"但这些问题在营利组织里更迫切需要回答。尽管对非营利组织来说,这些问题更多的只是偶尔引起它们的兴趣,但是谨记这一点十分重要:即非营利组织并不是以营利为主,这一使命也许就表明了它们**应该**开展某些没有成本效益的活动。例如,如果某教堂从事的唯一活动是有利可图的旧物拍卖和猜玩游戏**(bingo game),我们会有什么感受呢?我们(最有可能是美国税务局,IRS)会认为教会并未尽到其基本的职责。因此,成本-收益——尽管是重要的标准——只是一个标准。评价非营利组织的主要标准应评估其

---

* 译者注:read-it-and-weep 在习语中指"坏消息"的意思。

** 译者注:bingo game 是在美国、英国、澳大利亚流行的一种猜玩游戏,通常在游戏厅里进行,游戏规则和奖励方式各地不同。

使命、目的和目标。

步骤五：确定重点

任何一名参与预算平衡会议的工作人员都知道这是件多么令人头疼的事情。每一个人都有自己偏爱的项目，每一项支出都有其适当的理由。然而，与此同时，每个人都清楚组织的支出应该受到一定的限制。最后，确定重点不但涉及各种数目的金额，而且涉及对组织存在理由的基本评估。在这关键时刻，根据自己的优势或成本收益原则来支持或反对某项预定的开支简直易如反掌。但是询问下列问题至关重要：

- 这个项目的确对组织非常重要吗？
- 它对组织一年、两年或五年的目标有益吗？
- 为了从长远保护组织，建立储备金是否比从事一项新活动更为重要？

这些问题都比较难以回答，但是在询问过程中，理事履行了其基本的职责，即做出了一项关于什么行动是最有利于组织和公共利益的决策。

步骤六：调整和平衡

尽管已确定好组织活动的有限顺序，但进行一些协商是可能的，因为预算仍会调整和平衡。如果康普顿博物馆的巡回演出已经确立为组织的优先目标，但是又缺乏资金支持时，或许需要从预算中挤出部分资金。相反，如果取消了这项活动，那么为该活动筹集的资金也需要移做他用，但前提条件是这笔资金是非限制性的。显然，某人应小心谨慎，不要随意转移只用于巡回演出这一项目本身的资金。例如，若这一项目有一笔捐赠资金或来自演出租赁的收入，那么组织现在则无法获得这笔收入。

在预算过程中，这个问题还存在着另一个危险，即为了避免削减开支将返还利润或夸大收入。让我们看看下面一则案例：

第六章 财务管理

康普顿基督教青年会(YMCA)的预算会议

康普顿基督教青年会的财务委员会通宵达旦地干了三个晚上,想在平衡好下个年度的预算之后才呈递给理事会。但成员们已经陷入僵局,他们没发现更多的预算削减,预算本是130万美元,但开支却超过收入7万美元。预算的意外资金这一栏已从6.5万美元削减到了3万美元,这一数目恰好是预算中那两笔尚不确定的捐款中所获得的收入数目。当在第三晚会议快要结束时,委员长说:"让我们把预算中的个人捐赠提高到7万美元,这意味着每个人今年将不得不更加努力工作。"为了平衡预算,疲惫不堪的成员达成了一致协议,即增加个人捐赠数额,这一数额应比发展委员会所建议的数额要高出50%。

预算委员会采取这一步骤是否合理呢?也许它并没有负责。尽管预算数额现在已趋于平衡,但他们的收入规划并不现实。发展委员会已充分地估计了所捐赠的收入。财务委员会的估计也已大大地超出了这一数目。这一行动只不过加大了年末的赤字风险。

目前所讨论的预算程序保证了数字将偏向于保守。保守地估算收入,夸大地估算开支,把大约5%的总收入纳入到意外公积金/储备金当中。即使预算在文件中得到平衡,它似乎显得收入要远远大于支出。然而,谨慎的预算需要这种方法。某种花费被遗忘了,而预期的收入却没有达到,这些情况常常发生。假如实际的财务情况是收入大大超出开支,那么理事会则有了一份令人羡慕的美差,即决定如何处置这笔多出来的资金。

步骤七:批准

既然已制订好预算,那么全体理事会有必要对此加以讨论并予以批准,这不仅仅是一种形式。当投票通过一项预算,理事会为员工设立财务标准和界限以履行其托管职责。理事会通过履行资金筹措的义务毫无疑问地赞同达到计划的收入数额。理事会绝不会批准一项不现实的预算,因为它不切实际地祈求获得某一数量的筹措资金。如果这种预算得到批准,却没有筹到任何基金,那么理事会必须对此负责。这样,在批准程序中我们应询问一个问题:"我们是否真的了解每一笔计划的收入是如何赚取和筹措的,谁应对此负责,目标是否合理现实呢?"

在支出上,一名负责任的理事应该询问估算是如何确定的。比如,如果邮资这一项目的开支是2,500美元,而员工告诉理事这一数字的确参照了去年的数字,这时也许应询问这个问题:"这一现实的数字是否表明一个事实,即邮费上涨了20%,我们已在邮寄名单上增添了3,000人?"

事实上,由于往年的预算经常成为许多估算的文件,这对预算准备者来说很容易忘记要做出一些明显的改动。理事应该向预算文件提出挑战,这不是因为他们质疑财务人员或财务委员会的能力,而是因为恰好是他们要对组织财务健康状况担负最终责任。

步骤八:监控和修正

在预算过程中,人们经常会错误地认为预算一旦得到最终批准,预算活动则已经结束。事实上,在谈及预算时,"最终"这个词是一个误称。除非预算能够随着时间的推移,根据新的信息和情况做出修正和调整,否则预算无法持续很长时间。因此,理事会和财务人员必须建立一个程序,必要时可据此对预算进行审核和调整。

必须要避免两种极端情况:一方面,理事会不能死守自己已批准的预算方案,也不能强迫财务人员坚守方案且在整个财务年度里都不进行任何调整。另一方面,理事会也不能宣称预算只是一个大致的估计并告诉财务人员只要尽力执行即可。更确切地说,理事会批准的政策和程序应该允许财务人员有一定的自由度,理事会也有权对幅度较大的预算调整做最后的决定。

例如,在一个100,000美元的预算中,理事会或许会告诉执行经理以下事项(它将经过理事会议的批准并用文件加以详细记录):"只要你能平衡预算,你有权力对每个账户金额提高15%或增加2,000美元的资金。但是,若要做出更大的调整的话,你必须将调整后的预算提交给理事会批准。"

假设,**设备**投资这一项预算为20,000美元。根据前面所列的各项规则,财务经理可以不经过理事会批准自行决定将2,000美元转移到其他用途,或决定在此项目中增加预算2,000美元。但是,财务经理不能越过这个权限额外增加开销,除非(他)她有相当大的把握能够通过额外的收入或从其他暂不需资金的项目中转移2,000美元以达到预算平衡。如果财务经理预料到需要另外4,000美元购买设备,那他(她)就必须向全体理事会咨询,将修改过的预算向上提交予以批准。

预算可以是评估组织发展的一种有效工具。虽然需要修改预算以反映客观形势和时机的变化,但特定年度的原始预算金额仍然是一种对未来进行规划的有用工具。在做新规划时,任何本年度的变更都应由财务人员和财务委员进行审核,这样,在准备制定新预算时可以防止出现差错(比如过低估计支出或过高估计收入)。

预算框架

像许多非营利组织一样把预算过程局限为一年的规划,这对于大中型非营利组织来说会产生许多问题。这是因为许多组织应该提前几年就开始制订未来计划。组织的财务人员经常需要在新预算开始执行的几个月之前甚至几年前对一项重大开支做出决定。例如,博物馆提前三年筹备一个展览,或某个大学为了开发一个新系所都会遇到类似的情况。但存在的潜在危险是,当理事会和高层管理人员在审核预算并准备批准下一年的预算时,已经动用了一大笔资金,这将明显制约理事会对财务状况的变化做出迅速反应的能力。

怎样解决这个问题呢？一个有效的方法是通过**预算框架计划**,这种战略旨在为长期预算提供及时的预测。如上文所述,预算是任何组织计划程序中不可或缺的部分。预算框架计划为计划、特别是长期计划提供了关键性——这常常被忽视——的作用:为了便于理事会和财务人员在未来特别项目基础之上开发多年估算项目,必须设立一个组织等级结构。

出台一项预算框架的起始阶段不同于一般预算的起始阶段。工作人员需要编制往年的历史预算数据,提供当年的预算计划数据,包括对下一年度的预算计划数据报告。将这三组数据放在同一个栏目内,便于所有预算项目进行年度对比(见表6.6)。一旦收集好这些基本信息,就可以分析未来的发展趋势,做出项目规划,并运用电子数据表格便于改进和重新估算。

表6.6　适用于任何社区中心组织的预算框架

	保守的预算					
	实际预算	现行预算	已批准预算		估计预算	
收入	1999	2000	2001	2002	2003	2004
会费收入	$10,223	$11,100	$13,800	$17,000	$21,000	$25,000
公司费用	3,250	3,350	3,750	4,300	5,100	6,100
其他捐赠	2,780	2,750	2,800	3,100	3,500	4,200
政府补助	0	5,000	6,500	7,000	7,000	7,000
总收入	$16,253	$22,200	$26,850	$31,400	$36,600	$42,300
支出						
应付工资	$5,500	$7,500	$8,500	$9,750	$10,500	$13,000
专业服务费用	8,750	9,950	10,775	12,000	14,000	16,000
设备材料费用	1,100	1,545	1,750	2,500	3,370	4,100
场地租赁费用	3,000	3,500	4,000	4,750	5,500	6,000
意外公积金	0	0	1,340	1,570	1,830	2,115
总支出	$18,350	$22,495	$26,365	$30,570	$35,600	$41,215
收入盈余(亏损)	($2,097)	($295)	$485	$830	$1,000	$1,085

续表

	乐观的预算					
	实际预算	现行预算	已批准预算		估计预算	
收入	1999	2000	2001	2002	2003	2004
会费收入	$10,223	$11,100	$13,800	$18,000	$23,000	$28,000
公司费用	3,250	3,350	3,750	5,000	6,200	8,100
其他捐赠	2,780	2,750	2,800	3,500	4,000	4,800
政府补贴	0	5,000	6,500	7,500	9,000	10,000
总收入	$16,253	$22,200	$26,850	$34,000	$42,600	$50,300
支出						
应付工资	$5,500	$7,500	$8,500	$11,000	$13,500	$17,000
专业服务费用	8,750	9,950	10,775	13,000	16,500	19,000
设备材料费用	1,100	1,545	1,750	2,600	3,500	4,400
场地租赁费用	3,000	3,500	4,000	4,800	5,500	6,100
意外公积金	0	0	1,340	1,700	2,100	2,545
总支出	$18,350	$22,495	$26,365	$33,110	$41,110	$49,045
收入盈余(亏损)	$2,097	($295)	$485	$900	$1,090	$1,855

资料来源:由作者编辑。

一旦编制好历史数据,未来2—3年内的两种不同收益和支出规划——分别是乐观预算和保守预算——必须征求理事会和全部工作人员的意见。乐观预算是对项目的收入做出较高的预测,而保守预算则对项目的收入做出较容易达到的估计。每种预算的支出都是基于对各自收入的预测而做出调整的,或者支出在这两种预算下都完全一样,即两种预算的支出底线都根据不同的收入预测数目而有所不同。

预算框架的优势在于能够使理事会成员对未来可能发生的情况有所了解,根据情况做出调整,制订出相应的计划。有时,理事会有可能依据保守的预测延缓某些活动。在有些情况下,他们会调整筹集资金目标。但不管是哪种情况,他们所做出的决策都是建立在更加完善的决策信息基础之上的。

通过出台一些未来几年的预算,预算框架计划为我们提供了一种更准确反映许多组织未来需要的较长预算周期。同样重要的是,通过提供至少两种可供选择的多年预算方案,预算框架计划能够将预算和计划功能结合起来,确保所做出的计划决策是基于对未来形势的合理分析之上的。

同其他良好的计划程序一样,预算框架法也不能看成是某个时期的程序,而应看成是一种不断发展的管理工具。理事会每年不仅要批准审定来年的财务预算计划,也需要审议未来三年的两种预算情况。通过这种方式,理事会成员能够在当年预算的基础上,清楚了解未来整个五年间的财务和项目计划。

现金流量

"我们准备了一项保守预算,认为我们组织正运行良好。但在这个财务年度的第三个月,我们发现资金难以周转,开销账单比现金收入来得更快。州机构为孩子提供的学费比其支付时间要滞后3—6个月,联邦政府不允许我们手头上持有任何资金(我们只能在需要开销的时候才能申请)。我们之前从未听说过现金流量这一术语,但是我们已经领教了现金流量这一问题的严重性。"

这是一家日托中心的一位理事所说的话,她的经历并不少见。像许多人一样,她认为只要设计一个合理的预算,就不会遇到财务问题。她从未想过年度预算仅仅说明了组织在一个财政年度末静态的财务状况,并未言及在一个财政年度内不同时期所出现现金问题的情况。因此,好好地思考这个问题至关重要,这样财务人员才能确知是否有必要做出特别安排以支付账单。

现金流量规划最为常见的是以月为单位对下一财政年度做好准备。

在现金流量分析中,一个组织的收入和支出都是按月份来规划的。预算通常陈列在一张大纸上(或者最好是电子数据表中),每个月有不同的栏目(第一栏目中列出了总年度预算)。每一个水平线上(如果使用电子数据表,则是行)都列出了预算项目。紧接着预算项目的是年预算总额(在第一栏目),接下去是每个月份的预期收入和支出的分类情况(在第二栏目)。例如,如果某年的应付工资总额为120,000美元,而每月的工资基本不变,那么这一项目的年总数目将为120,000美元,接着是每月将支付1,000美元。前三个月中现金流量如下所示:

	总计	一月	二月	三月
应付工资	$120,000	$10,000	$10,000	$10,000

另一方面,如果所有筹集资金在三月份到位,则筹集资金这一项目的现金流量如下所示:

	总计	一月	二月	三月
筹集资金	$5,000	0	0	$5,000

在准备现金流量表时,如果你不能确定某项特殊支出到期的日期,最好保守行事,从最坏的情况出发,假设它提前到期。同样,对收入也要谨慎,最好把资金到位的预期向后推延。

列出每个月的现金收入和支出后,你可以用计算机计算出每个月现金的净收入(或净亏损)。一个月的净收入(或净亏损)恰好是那个月内总收入和总支出之间的差额。在制定好每个月的现金流量预算表后,如果你预测其非营利组织七月份收入为6,812美元,支出为6,467美元,那么七月份的净收入为345美元。如果八月份收入为5,673美元,支出为6,529美元,那么八月份的净亏损为856美元(见表6.7)。

表 6.7　嬉皮士日托所现金流量表

	七月	八月
预期收入		
父母缴费	$2,500	$1,810
XX 项目	2,211	2,106
学校午餐项目	926	882
团体捐赠	875	875
筹集资金	300	0
其他收入	0	0
总收入	$6,812	$5,673
预期支出		
应付工资	$3,468	$3,468
候补开支	280	350
救济金	544	556
诉讼费和审计费	100	100
项目发展/培训	50	0
租赁/抵押	425	425
公共设施	50	40
食品	950	890
设备、日用品及服务费用	200	550
保险费用	250	0
借贷费用	150	150
总支出	$6,467	$6,529
月净收入（或净亏损）*	$345	($856)
现金流量总计		
期初现金余额 +	$200	$545
月净收入（或净亏损）	345	(856)
期末（累积）现金余额	$545	($311)

资料来源：这个资料来自于罗杰·组格堡的著作，即《资金管理的工具——现金流量分析》，其于 1985 年 5 月发表在《幼儿管理信息交流十九法》第十页上。

* 表示现金的支出超过收入。

+ 表示月初在银行的现金总额（其数目等于上一个月的期末累积现金余额）。

了解这些基本财务知识很有用处，但是如果能够分析月份间的现金流量变化将更有意义。你真正想要了解的是月现金变化如何影响累积现金流量。这些具体的变化可以通过表 6.7 底部的现金流量总计体现出

第六章　财务管理

来。一开始,你就要将月初存在银行中的现金数额列出(期初现金余额),然后加上(或减去)本月的净收入(或净亏损)——即那个月收入和支出的差额。这两个数字总和就是这个月的期末或累积现金余额。最底部那一行告诉你这个月末的现金流量情况和下个月的期初现金流量情况。因此,七月份的期末现金余额就成为八月份的期初现金额,其他月份的现金流量情况可以依次类推。

如果你制订现金流量计划较早(在一个会计年度的开始前4—6个月),那么你就会有足够的优势解决现金短缺问题。例如,你可以特别向基金会提出申请,让其优先对你予以补助;你可以决定提前进行当年资金筹集。或者你可以与印刷商磋商延期付款,比如宽限一个月。如果你能事先提醒,人们一般能灵活地应对这些要求。对比之下,如果结账日来临之际,你仍未尝试与债主进行协商以缓和现金流量问题,那么他们将失去耐心并在下次你想与之进行交易时会记起你以前的糟糕表现。

如果所有措施都落空的话,你在这一年可能出现现金短缺的情况。你有以下几种选择。其一,若有储备金的话可从中提取现金。基于这个理由,许多非营利组织都在储备金中留存了一大笔流动现金以备急用。如果没有储备金,你可能被迫进行短期借款。最理想的是,理事能够把无息贷款贷给你。否则,你得向银行借贷,这种代价较为高昂。如果必须要依靠借贷和支付利息的话,一定要确信将利息添加到了预算的开支当中。

本章一开头就引用了一位理事的话,他从未对所在非营利组织的财政事务感过兴趣。我们希望,他和与他有着类似特点的人能够意识到组织的许多财政事务属于理事的部分责任。虽然这些理事不可能从事编制预算的具体工作,但至少必须熟悉它,这样他们才能根据相关信息做出合理的决策。他们也应该要懂得现金流量和其他相关的财务管理知识,否则把这些财务工作完全交给他人处理的话则风险太大。

思考题

1. 你所在组织的财务年度安排是否可以对两年的活动进行有意义的财务状况对比？

2. 你所在组织的账户表是否提供了足够的信息以便于对绩效做出必要的财务分析？

3. 你所在组织的预算系统是否允许理事会和财务人员对各种项目和活动的开销进行分析比较？

4. 你所在组织是否开发了一项现金储备基金？

5. 预算程序是否允许理事会成员的参与？预算程序是否足够保守以防止年末遭到不可预料的亏损？

6. 你所在组织是否制订多年预算以满足长期计划要求？

7. 你所在组织是否定期分析现金流量？

注释

1. 从技术上讲，不允许为了某种目的使用限制性资金而不是按照个人或组织规定来使用。但是组织偶尔会借用限制性基金来解决短期资金需求。一般大家有理由认为，组织将在需要他们之前偿还限制性资金，同时，这种临时性转移资金有助于其避免更昂贵的借贷。这种行为在非营利组织中经常发生，但它合法吗？某位会计对此事认为，只要组织从信贷机构（或个人）那获取了信用证，承诺其如果无法偿还限制性义务的时候拥有足够的资金来替代限制性资金，这种情况则是合法的。当然，当捐赠者明确禁止这种借款时则为非法。一些委员会制定了借贷的正式规定，包括谁来授权借款、可以借款的比例（拨款的比例）。无论如何，应该在任何借贷之前设计一个偿还计划。

第七章 财务报表与财务程序

塞缪尔·辛迪是克瑞唐之家——一所家居型的毒瘾治疗中心的财务主管,他的妻子抱怨说真不知道事情怎么会这样,"上个月,辛迪的老板对我说他是她所见过的最小心谨慎的人,他管理组织财务极其严谨——监控收支、编制复杂的资金预算报告,在每个财务年度末与会计们一起进行审计。可他在家时,却表现得对钱财毫不关心,我才是那个让家庭收支保持平衡的人。去年,辛迪三次透支了我们的银行户头,因为他忘了核对支票(而我总是这样做)或者至少看看我们账户上的钱。至于我们要缴的税增加了,他也不会在意。如果我不管这些,就没人管。辛迪真是一个现代版的杰克利博士和海德先生。白天,他在克瑞唐之家的财务大船上控制平衡;可一旦下了班,是不会记得把他那颗财务脑袋带回家的。"

塞缪尔·辛迪了解得正是事情的真相。非营利组织并不享有那种为个人所有的、可以以相对轻松的方式处理财务问题且不会因此遇到麻烦的奢侈。个人可以忘记核对他们签出的支票;可以假定银行是正确的,只草草浏览一下银行寄来的月结单就乖乖付款。而非营利组织则必须小心地保管其财务收支记录,并且由一个独立的外部审计人员周期性地对这些记录进行审核,以此证明组织是合法地、依据普遍接受的会计制度运行的。由于非营利组织享有很多财务上的有利特权和收益(正如我们在第一章中所见),所以它们必须能够确保自己的财务状况井井有条。理事会成员对这些机构负有最终的财务责任,他们必须能够阅读财务报告并理解报告要求和财务制度,这些制度一般由塞缪尔·辛迪这样的员工来完成。

在这一章中,我们将通过对财务制度的解释继续讨论财务,然后集中介绍财务报告,最后以对财务控制和报告要求的描述作为结束。另外,我们会解释一些财务术语,勾画那些与董事会成员和员工履行其财务职责相关联的领域。

会计

会计指的是财务记录。一般有两种基本的会计方式,第一种是现金制会计,优点是简单、直观易懂。第二种是权责制会计,这种方法虽比较复杂,但能更全面地审查组织的财务健康状况。

现金制会计:大部分人很熟悉现金制会计,因为他们自己就使用这种方法管理常用账户和储蓄账户。只有在转手现金时,财务交易才被记录。当一个人收到一笔钱并将之存入银行,这笔存款就会被记为"收入",并加入银行账户余额;当从银行提取现金(或写出一张相当于取款的支票)时,交易被记录为"支出",并从银行账户余额中扣除。对于所有要知道自己账户中有多少钱的人来说,现金会计制度非常直接。但是,它不能揭示账户持有者个人的财务健康状况,因为它没有显示个人的负债与债权情况。

权责制会计:对于许多人来说,信用卡促使一种非正式的权责制会计进入了他们的个人财务记录体系。这种体系考虑的不仅是他们的实际支出和存款,还有负债和债权。虽然在我们的个人生活中,很少有人做正式的权责制会计,但当我们在估计是否有足够的资金支付下个月的租金或抵押时,大多都是在做类似的工作。如果我们看见一匹精致的布料,并试着通过盘算已产生的骇人账单和还未到手的薪水支票来判断自己是否能买得起时,我们就已经在进行非正式的权责会计。

权责会计制不仅在资金转手时体现支出,还能显示费用的发生和收入的产生。如果康普顿社区中心购买了125美元的办公设备,权责制会计就会从签订购买合同的那一刻起,将这125美元视为一项财务义务从组织的净资产中扣除。同样,如果康普顿社区中心收到了一个捐赠机构将为其提供5,000美元资助的正式通知,那就可以在收到通知时,将这5,000美元计入组织的净资产。在125美元购买设备的例子中,该数额以应付账款的形式反映在组织的财务报告中,直到真正开出支票。在5,000美元捐赠的例子中,该数额以应收账款的形式计入账簿,直到实际存入支票。

上述例子中,如果康普顿社区中心在欠付125美元办公设备和收到5,000美元捐款通知的那一天,有3,000美元的银行存款,现金制会计会忽略这些交易,只显示组织在银行账户上的3,000美元存款。相反,权责制会计则会加上5,000美元的应收捐款,扣除125美元的应付账款,显示7,875美元的净值。而这个数值才更真实地反映了组织的净资产(见表7.1)。

表7.1 现金制与权责制

	现金制	权责制
银行中的初始现金	$3,000	3,000
购买设备(应付账款)	0	-125
捐助承诺(应收账款)	0	$ +5,000
银行最终现金	$3,000	
资本净值		$7,875

资料来源:由作者编辑。

了解一个组织的整体财务状况（它手上有多少现金、多少债务和债权）明显要比仅知道它的银行存款余额更有启发作用。设想一个组织，它在银行有 10,000 美元的存款，签订了一个价值为 20,000 美元的咨询服务合同。在现金制基础上，财务会计只会显示一个积极的 10,000 美元的现金余额；而在权责制基础上，则会将 20,000 美元的大笔债务考虑进去，组织就会呈现出一个 10,000 美元的资金缺口。对于一个潜在的理事会成员、投资者或其他任何试图去评价组织财务健康的人来说，第二个数字更揭示现实。

选择方法

现金制会计比权责制会计更为简单，而且在绝大部分时间可为非营利组织中的许多人提供充分的财务信息。它准确记录收支，并告诉人们银行里是否有足够的现金支付账单。但是在有些情况下，权责制会计信息也十分必要。由于这个原因，许多组织——尤其是那些资金预算超过百万美元的组织，使用一种所谓的"修正的现金会计制度"。根据这个制度，账簿以现金制为基础进行登记，除开一些依据权责登记和通常需要在月底或财务报表时间更新的账户。一般来说，这些账户主要指的是那些需要监管的常规或重大债务支出，包括应支付给联邦政府和州政府的税。这些账户显示了组织要在以后的日子里，从员工薪水中扣除和应支付给联邦、州税收机关的金额。以权责制为基础的账户还包括所谓的设备基金账户，尤其是当一个组织需要在几年内购买设备、土地或建筑物时。在这种情况下，反映组织已经（或将）为长期采购的设备基金所做的年度预算数额是很有意义的。当组织以这样的方式管理账户时，那些已限定用途的资金就会被列入会计体系，使得组织不会因为这些钱在银行里就随意支付或用于其他事情。

不管是采用修正的现金会计制度，还是严格的现金会计制度，组织都有必要在一年内,至少一次把所有的账户转为权责方式。作为年度审计的一部分,会计人员应该在每一个会计年末汇集所有的应付账款和应收账款,并将它们列入财务报告,以便使组织能够通过权责制度来显示自己的整体财务运营状况。必须指出的是,这个实践——在权责制基础上编制年终财务报告——是一个由会计专业批准的"普遍公认的会计准则"。只有那些预算可能仅为75,000美元或更少的小型组织,才会适用不采取此类方式的最终报告。至于那些被其理事会成员(或投资者和监管机构)要求提供更多、更全面的权责制会计报告的组织,则更经常地将其账簿转换为完全的权责形式。

基金会计

一家小型组织可能对自己的整体运行有一个简单的预算表。这个预算表综合显示整个组织可能的费用和收入。在第六章中,通过表6.1中所展示的单一基金预算表就是一个很好的例子。然而,当组织变得日益复杂时,它们可能就需要在这种预算形式下发展出几个分支,以便更准确地分析组织运作。这样一种方法已经在第六章的"项目预算"和表6.3的例子中予以介绍。

基金会计是一种允许组织依据多种类别或"基金"来记录自己财务资源的方法。每一笔基金都是它自己的会计实体,拥有自己的收支类别、资产和负债。普遍建立的基金包括:

- 运营的或非限制性流动基金:组织收到的、用掉的、持有的或欠付的任何没有规定使用条件的资金。
- 限制性流动基金:组织收到的、用掉的、持有的或欠付的任何规定了使用时间与用途的资金。
- 设备专款:组织收到的、用掉的、持有的或欠付的任何与土地、建筑物、主要设备以及组织持有的同样价值的物品相关的资金。

- 捐赠基金:组织收到的、用掉的、持有的或欠付的任何与捐赠有关的资金。
- 现金准备金:组织收到的、用掉的、持有的或欠付的任何与现金准备有关的资金。

这些基金的所有活动构成了组织的所有活动[1]。

表 7.2 显示了一个使用基金会计的财务报表,第一列总结了整体活动的收入和支出数额,第二列总结了两笔用途被限制在天才儿童项目上的捐款的收支情况,第三列归纳了与学校建筑物修缮相关的收支情况,第四列代表了前三项的总和。

表 7.2 康普顿学校的多种基金

	非限制性流动	限制性流动	设备专款	总额
收入				
学费	$41,222			$41,222
书店销售	10,173			10,173
基金会捐赠	5,496	50,000		55,496
商界奖学金	5,000			5,000
私人赞助	15,621	1,000	8,000	24,621
总额	$77,512	$51,000	$8,000	$136,512
费用				
工资	$47,500	$24,500		$72,000
福利	7,122	3,621		10,743
谢礼	2,500	16,586		19,086
供给和材料	5,287			5,287
设备租金	3,401			3,401
改进	6,526			6,526
设施/暖气	3,212			3,212
修理/维修费			9,997	9,997
意外开支/储备	711		2,900	3,611
总额	$76,259	$44,707	$12,897	$133,863

来源:由作者编辑。

第七章　财务报表与财务程序

财务报表

就像会计制度的标准化一样,财务报表也是如此。当理事会成员和其他人想评价组织的财务健康时,他们就会看两种财务报表:资产负债表和损益表。正如体检一样,这两种报表也可以与医疗报告一样被视为诊断工具。例如,假设一个医生要对病人做出诊断,那么他第一个要查看的就是记录病人在某一特定时刻的体温、脉搏和血压等情况的生命体征表;第二个要查看的就是病人的病历,即病人在一段时期内的健康记录。二者缺一不可。两个生命体征相同的病人可能有着不一样的健康状况——一个刚从一种严重的疾病中恢复过来,另一个则从原来的健康状态下滑。除非医生能够持续地观察一段时间内的变化,否则不能单看生命体征表做出诊断。同样,单靠病历也不足以让医生做出诊断。也许它可以让医生很好地了解病人在过去5—10年间的疾病诊疗情况,但若没有病人最新的生命体征表资料,也无法判断他们现在的健康状况。

资产负债表和损益表在财务领域的功能,与生命体征表和病历在医疗领域的用途一样。资产负债表,就像生命体征表一样,是组织在某一特定时期(通常是一个会计年度最后一个月的最后一天)财务状况的定格和快照,它总结了组织的财务生命特征——拥有的资产价值、债务、债权以及余额。相对而言,损益表就像是病历,归纳的是一段时间(通常是一年或一个月)内的财务活动。如果资产负债表告诉我们的是组织在特定时刻的财务处境,那么损益表则帮助财务诊断专家判断组织是否达到了一个"健康"状况。损益表,很多时候也被正式地称为收入支出表或活动报表。在它的帮助下,我们可以判断组织是否有盈余、赤字、不寻常的大笔支出或意外收入。

FASB 报告要求

在 20 世纪 90 年代中期,财务会计准则委员会(FASB)对非营利会计提出了新的规则和术语。其中的变化很多,包括报告格式的修改、捐赠报告的新规则以及新的资产分类,被记载在 116#和 117#条规定中。

虽然所有的组织都必须在其年度审计报表中使用 FASB 准则,但因 FASB 准则令很多非专业会计人员出身的理事会成员难以理解财务报表(参见本章后面关于审计报表的部分),所以大部分组织并没有在自己的内部常规财务报表中适用这些准则。下面关于财务报表的部分将集中介绍大部分组织在其内部报告中使用的基本财务报表。当这些报表与 FASB 的要求有差异时,我们将予以标注。

资产负债表(财务状况表)

资产负债表(见表 7.3)的名字源于其每半边的数额加起来都一样。资产负债表中的一半(表的上半部分)列出了组织所有的资产(即组织拥有的一切);另一半(表的下半部分)列出了组织的债务(它所欠的每一样东西)和它的净资产(正式的说法是基金余额)。因此,资产负债表中的平衡是在这一边的资产与另一边的债务和净资产之间的平衡。用数学公式表示为:

$$资产 = 负债 + 净资产$$

理解了这个公式,我们就能够很容易地发现净资产是如何计算出来的。如果我们知道自己拥有多少以及欠付多少,净资产就可以简单地视为两个数字之间的差额:

$$净资产 = 资产 - 负债$$

在营利性企业中,净资产被看作是利润或所有者自有资本。在不具备所有者和利润的非营利组织中,净资产显示的是从组织的现金和非现金资产中扣除所有债务后的财务净值。因为组织的财务净值受其净收入（或损失），即损益表中所谓的盈亏底线[2]的影响，所以净资产同样与损益表相关。

表7.3 资产负债表（财务状况报表）6月30日

资产	
流动资产	
现金	$2,173
应收账款	8,324
预估费用	8,423
流动资产总额	$18,920
非流动资产	
固定资产（土地及建筑物）	$305,362
应收捐款	7,885
非流动资产总额	313,247
资产总额	$332,167
债务和净资产	
债务	
流动债务	
应付账款	$18,142
递延收入	5,247
流动债务总额	$23,389
非流动债务	
应付票据	$18,010
抵押品	154,840
非流动债务总额	$172,850
净资产	
非限制性	$115,391
临时限制性	7,885
永久限制性	7,431
净收入/（损失）YTD	5,221
净资产总额	$135,928
债务和净资产总额	$332,167

资料来源：由作者编辑。

让我们对资产负债表进行更仔细地审视,就会发现它真正要告知我们的事项。首先,请看表7.3中有关资产的部分。资产是组织所拥有的东西,如银行存款、土地、建筑物、绘画收藏品以及设备(如计算机和复印机)。此外,因为资产负债表通常是在权责制的基础上计算的,所以组织所拥有的债权也被视为资产,登记为应收账款,包括已收到承诺但尚未收到支票的捐款,或已经出售、开具发票却还未收到货款的物品[3]。还有一项是预付费用,记录的是那些为下一个会计年度的活动所做的支付以及为异地仓库所支付的最后一个月租金。

要注意的是这些资产分为流动资产和非流动资产。流动资产指的是现金或在下一年度内能够变现的资产;非流动资产则是那些不易变卖的资产(包括那些在未来两年或两年以上时间才会支付的捐赠或赞助)。

转向资产负债表的另一半,那儿列出的是组织的所有债务(它所欠的)。债务底下的第一项是所有未支付的账单(应付账款)。下两项是为下一个会计年度的活动所预收的费用(递延收入)[4];最后是较长期的债务,例如大笔贷款(应付票据和抵押品)[5]。与资产一样,这些债务也被分为流动负债(一年内偿还)和非流动负债(一年后偿还)。

然后把所有类型的债务金额相加,从总资产中扣除,由此得到的差值就是净资产。根据FASB的标准,这些净资产可分为下列类型:

- 非限制性净资产:不受捐赠人的限制,包括非限制性的捐赠或资助以及所有的生产收益和投资收益。
- 临时的限制性净资产:在未来的某个时刻需要满足捐赠人设置的限制条件或状况。
- 永久的限制性净资产:有着捐赠人设置的不可更改的要求,这些主要是永久性的捐赠基金。

这些信息告诉了我们什么呢?从净资产开始,我们知道了组织的资本净值。表7.3列举了一个组织的资产负债表,该组织的资本净值是

135,928美元。通常一笔大的资产净值底线意味着一个健康的组织。但事实并不总是如此,这也巧好是资产负债表中的其他数字为什么如此重要的原因。例如,在表7.3中,组织显示有一个相当大的净资产。但经过进一步的审视,我们发现该组织之所以拥有如此多的净资产,是因为它所有的土地和房屋。可它的现金状况非常糟糕,只有2,173美元的银行存款和8,324美元的应收账款。它还有18,142美元的债务(除去抵押品和贷款以外)。一方面,这个组织可以被称之为健康,如果它能够出售自己的土地和房屋,就可以清偿债务并拥有大量余款。但另一方面,如果它要持有这些资产或难以卖掉这些资产,它就不得不去筹措现金还债。总的说来,一个没有充足的现金或应收账款来支付近期债务的组织是不能被视为财务健康的。

对于潜在的理事会成员、投资者、监管者以及其他人来说,资产负债表是一个非常有效的工具,能够令他们判断组织财务风险的好坏。潜在的理事会成员想知道组织是否负债累累,因为这意味着他们将来可否要在理事会中花大量时间筹款。潜在的投资者想了解组织是否积累了大笔赤字,因为这通常意味着组织将专注于债务问题,无法将重心放在它的项目和其他活动上。从监管者的角度来看,债务缠身的组织会经常想挪用限制性基金来满足运作需要。事实上,政府审计人员经常调查那些有财务困难的组织,看看它们是否正确使用了限制性公共基金。

如果懂得使用资产负债表,那么它将是一个组织理事会成员和员工最为重要的诊断工具。不幸的是,很多人被那些数字蒙蔽了。他们只满足于学习自己更熟悉、更容易理解的损益表。假定损益表包含人们确实需要知道的所有信息,但正如我们刚刚所见,事实并非如此。一个组织可能在损益表上有盈余(或一笔可观的资产净值),却依然陷于严重的财务危机。只有资产负债表可以揭示这些。请看下面的例子。

环保理事会

在加入一个环保组织的理事会之前,一位可能的理事人选询问该组织的净资产是多少,被告知是 200 万美元。带着能加入一个财务健康组织的满意,他同意加入该理事会并为之服务。后来,当他看到组织的资产负债表时却惊呆了。虽然该组织的土地和房屋价值逾 300 万美元,这也是其净资产数额很高的原因,但却有着 100 多万美元的债务。由于该组织并不能出售其拥有的绝大部分不动产,这是它在接受资产捐赠时就定下的条件,所以这些财产的价值相对于债务的偿还来说,没有什么意义。这位理事在后来的三年中成了一个全职的筹款人,很多时候,他真希望自己不曾加入这个理事会。

如果在加入理事会之前研究了资产负债表,上面这个案例中的理事可能会对这家组织的财务状况有一个更全面的认识。

资产负债表是组织在其内部报告中切实执行 FASB 准则的地方,尽管 FASB 要求将这一表格称为"财务状况表",但绝大多数组织都依然沿用资产负债表的称呼。资产负债表中现在被称为"净资产"的部分原先被称为"基金余额"。新的 FASB 准则要求将净资产划分为非限制性、临时限制性和永久限制性等类型,而不是原先采用的营运基金、设备专款和捐赠基金的分类。大部分组织确实在它们的资产负债表中使用这些新分类,但也有很多组织继续使用它们的基金会计准则和备注。这些备注主要是在它们的审计报表(或其内部报告)中说明各种不同类型的净资产是如何被分配的。例如对于非限制性净资产,可能有一个备注说明多少比例的资产被分配给理事会指定的现金准备金、设备基金或其他内部指定基金。

损益表（活动报表）

如果资产负债表告诉了我们所希望知道的组织特定时刻的财务健康状况,那为什么还需要其他的财务报表呢？原因很简单,因为我们不仅要知道组织今天的健康状况,还要考察其健康状况的长期发展趋势。两个组织可能有一样的资产负债表,但其中一家的财务状况正在改善,另一家的却在急剧恶化。损益表(表7.4)能体现出资产负债表所无法反映的长期财务发展趋势,并给出历史展望。

历史展望并不是损益表的唯一价值,它还能让我们知道组织的收入来源和支出。被划分为多种类型的收入和支出可揭示组织所获取的收入数额、对某些捐赠的依赖程度、人事费用支出及其在项目资源方面的开销。

资产负债表中所列举的很多项目类型是可以预测的,并且在不同的组织与行业之间非常相似。相比之下,损益表上的收入和支出类别却变化极大(它们通常与组织的会计预算表一致)。盈亏底线,即本年度迄今为止的净收入/损失,可显示组织在这一年中(或是报告的任何一个时期)的盈余或亏损,它通过总体收入减去总体开支计算而来,并结转入资产负债表(表7.3)[6]。

FASB准则的变化同样对损益表产生了影响。FASB要求损益表被称为"活动报表";还要求所有的费用都必须归结在项目、管理和筹资等三个功能类别中;要求组织根据支出性质要求,报告所有非限制性类别的支出,以及临时性的限定性收入的转变。不过,大部分组织只是在自己的审计报表中执行这些要求,内部损益表中的绝大部分内容保持不变。

损益表带来的最大混乱就是它坚持组织必须在得到承诺时,就将承诺捐赠计为收入,而不管这项承诺何时获得兑付。本章前面的注释3表示,除非是在审计报告期间,一些组织并不这样处理。因为这些组织认为提早将捐赠承诺计为"收入"会夸大组织的收益,并给审查财务报告的人造成一种幸福的假象。不过即使这样处理,也不能解决财务报告的困境。在下一年里,一个在第二年被兑现的承诺并不能被计为"收入",因为它已经被记入上一个年度。理事会成员会看到这份财务报告并担心自己未给组织带来足够的收入。对于这样的问题,除了通过注解说明承诺的金钱额度将会被计入该年的捐赠以外,别无他法。类似的注解必须被包括在其他同样可能"夸大"或"低估"组织真实现金情况的所有项目中。

表7.4中的损益表展示了这个组织业务基金下的活动。对于大部分组织来说,业务基金构成了它们的财务活动的主体,并且受到极为认真的分析和审核。报告不仅体现了这个月活动的最新完成情况,还有本年度迄今为止的所有活动,并把它们与月度和年度预算进行比较。年度预算是由理事会在一个会计年度开始之前就批准的预算;月度预算适用的是第六章所描述的现金流转预测中的收入和费用的每月分配。

通过看这张表,我们可以说出组织的哪些情况呢?首先,这个组织已经度过了其会计年度的一半(报表涵盖了7月1日到12月30日的时间)。这意味着我们可以期望50%左右的预算已经完成。这个组织做得很好——它已经筹集了48%的收入,花掉了46%的费用,但还有一些潜在的领域需要引起关注。例如,个人捐赠远低于这一年度的预计。如果我们知道该组织将其对个人的年度筹款安排在二月份,那么这种情况是预料内的。但如果其年度筹款发生在十月,那么就有一些缘由需要得到关注。

同样,在费用方面也存在一些潜在的问题。专业费用已经超出了预算——后面还有半年要过!另一方面,很多类型的费用开支还不到原先预算的一半,这说明组织在拟订计划方面很谨慎。不过,可能会有一位理事关心组织在教育资料方面怎么还只花费了预计支出的22%。这是一个有计划的延迟呢,还是项目材料没有得到应有的关注?

很显然,通过审查组织的财务报告可以得到许多信息。如果读者知晓重要的信息在哪里,这些吓人的数字行列确实很能揭示问题。有责任感的理事会成员会花时间让自己至少熟悉每一个报表的重点部分,以求尽可能多地了解自己所监管的组织。跟随报表的叙事报告能引起人们对更有意义数字的关注,也很受推荐。

表7.4　损益表(运营表)7月1日至12月30日

收入	本月			本年度截止至今		
劳动收入	实际收入	预算	预算百分比	实际收入	年度预算	预算百分比
学费	$2,111	$2,000	106%	$48,201	$110,500	44%
利息	404	450	90%	2,955	5,000	59%
其他收入	2,450	1,800	136%	11,222	21,500	52%
总计	$4,965	$4,250	117%	$62,378	$137,000	46%
捐赠收入						
会员制	$525	$1,000	53%	$14,225	$25,000	57%
私人捐赠	4,230	5,000	85%	5,225	18,000	29%
企业捐赠	2,000	1,250	160%	9,753	15,000	65%
政府补助	0	0	0%	12,655	20,000	63%
捐赠总计	6,755	7,250	93%	41,858	78,000	54%
收入总计	$11,720	$11,500	102%	$104,236	$215,000	48%
开支						
薪水福利	$9,374	$10,750	87%	$56,244	$129,000	44%
专业费用/合同	2,500	1,200	208%	15,400	15,000	103%
办公室设备/电话	333	500	67%	2,987	6,000	50%
差旅费和津贴	400	0	400%	5,531	7,500	74%
印刷品和宣传	723	1,000	72%	2,423	10,000	24%
教育材料	3,655	2,500	146%	4,091	18,500	22%
公共开支和保险	562	425	32%	2,755	5,000	55%
抵押利息	295	295	100%	1,750	3,500	50%
场地维护	245	500	49%	4,000	10,000	40%
其他	1,150	875	131%	3,834	10,500	37%
总计	$19,237	$18,045	107%	$99,015	$215,000	46%
净收入(损失)	($7,517)	($6,545)	115%	$5,221	$0	

资料来源:由作者编辑。

控制

　　理事会成员的主要责任之一就是建立避免组织有意、无意滥用基金的财务政策。他们必须决定如何在组织内部管理资金,从而确保资金能够被安全地接收、记录、储蓄以及经得住时间检验的使用。这些政策就是控制,并有一些供人参考的制定原则。任何有责任心的会计都会依据普遍接受和适当的准则给他们建议。例如很多控制都建立在这样的理念下,即不管是有意还是无意,两个人总比一个人更少犯错。因此,有一种财务控制方式就是要确保在现金交易、财务报告准备、基金支出以及其他财务事项上,有一个以上的人参与。下面将讨论其他一些控制手段。

预算监控和修订程序

　　在第六章中,谈及预算的任何显著变化都必须向理事们进行咨询时,涉及预算监控和修订程序。不过,征询理事意见并不能被视为充分控制。因为它并不能向理事们保证其意见会得到落实,也不能向一个投资者保证理事会正在认真地监管员工对其资金的花费。为了建立一个可靠的流程,理事会通常要求必须有两个人参与所有的结算过程。其中的一位,熟悉预算、组织运作和专项支出的合理性,负责批准付款。在某些时候,这个人是组织的负责人;在大部分组织中,这个人由组织负责人指定。另一位要填写支票和监督理事们的支出。如果付款符合预算规定或在理事会确定的预算标准之下,就可以开出支票;如果付款超出了规定的要求,就必须将这笔支付提交给财务主管、财务委员会或整个理事会,由它们批准或修改预算。

　　这里有一个编制付款程序的简单方法。组织应为下列名称准备

第七章 财务报表与财务程序

图章：

  收到日期：

  支付日期：

  账号：

  支票编号：

  核准：

  每张票据,在支付之前都要盖章。当没有为特定项目准备的票据时,就由员工先准备一个仿本并盖章。执行理事或负责批准票据的人,填写第一栏、第三栏和底部栏目。第一栏显示的是收到票据的日期,第三栏显示的是费用应计入的账户或项目,最后一栏是负责人(或指定人)以他或她的签名表示的付款许可。负责开支票的人在确定预算账户上有足够的资金支付账单后填写第二和第四栏。在完成交易后,将票据存档以便审计人员检查特定付款的文档备份。对于交易量相当大的组织来说,最好为其每个账户或每月的支付分别设立档案。

填写支票的其他控制

  我们一般不主张开票的人有权在一个会签都没有的情况下为自己开支票。另一个控制措施就是,所有超过一定数额(如5,000美元)的支票上应有两个人的签名。虽然银行不一定会对此进行监管,但是这项政策必须被记录在理事会的会议纪要中;如果这项政策没有得到落实,将会有人因违反财务制度而被追究责任。为了更进一步地监管支出,应禁止或严格限制支票被当作"现金"使用。

  如果组织不持有大量的银行账户,那么就更容易对其支票填写和其他财务活动进行监控。在理想的情况下,一个组织只需要有两个现金账户:活期账户和储蓄账户(金融市场)。这在某种程度上是可行的,即所有的支票和存款被放在一个账户(活期账户)内,第二个账户只用来保存现金储备和未使用的限定性基金。有些人可能认为多几个账户对于确保限定性基金不被挪作他用很是必要（极少数的投资者可能因此要求将其资金单独放在一个银行账户里），但是完善的会计方法也可以实现这一目标。此外，当小笔现金合并在一起能产生利息却被分置在几个没有利息收益的账户，或因多个账户而产生服务收费时，保持不同的银行账户就是既费时，又费力。而且从控制的观点来看，多个银行账户也会在账簿审计时，要求会计人员进行更多的监控。

应计资产管理

同样，在这个领域中，也假定两个人比一个人更少犯错。在涉及应计款项的地方，开启信函的人必须如实记录所收到的支票和现金，并列出清单。然后将支票和现金交给负责准备存款单和进行记录的财务官员。再由这两人以外的另一个人（由负责人或理事会的财务主管授权）周期性地对此进行检查，看看这两份记录是否一致。此外，不管是现金还是支票，所有的应计收入都应该在支付之前尽快地被存入组织的银行账户。

保单

保单是一种保险形式，它令组织免受那些因资金管理过程中的有意或无意的违规行为而造成的财务损失。通常，那些掌管资金和签发支票的人都会被列入保单文件。像其他形式的保险一样，保单也会对组织财务损失的计算设计一个限额。限额越高，每年要缴纳的保险费也就越多。作为一个普遍性的制约规则，组织不会把自己所有的年度花销设为保单限额，即使猛一看这样做显得很谨慎。因为组织不可能在任何时刻用完所有的预算资金，任何损失也不会如此之大。组织应该确定自己在任何时刻预期可使用资金的最大数额，再把这一数额提高20%，以此数字作为自己保单的限额。一些资金来源在为非营利组织捐赠之前，会要求组织提供保单证明。不过,不管它们要不要求,对于投资者和理事们来说,知道存在着这样一种防止损失的保险,确实是一种安慰。

物品管理与安全措施

防火档案柜、保险箱、异地(或在线)计算机备份磁带或硬盘存储之类的物品管理,为一个负责任的财务体系提供了额外的保护。如果合适(就礼品店及其他零售点而言),使用电子或机械设备记录和操作交易,能减少错误或违规的概率。

报告要求

非营利组织不一定要提交所得税报告,但是为了维持其非营利地位,每年还必须提交一些其他的报告。虽然这些报告一般由员工或每年审查账簿的独立审计人员准备。但是对于理事会成员来说,为了确保这些报告被及时完成,应该知道这些必须被提交的报告,这也是非常重要的。由于每个州的报告要求不同,理事会成员必须审查自己所在州的规定,确定何种特定的报告必须被提交。除了某些类型的纳税申报(这可能要求组织附带提交任何版本的990报表一份)以外,州的要求通常包括递交一份年度报告。以下是一般要求提交的联邦报表:

- 年度报告:绝大部分非营利组织必须提交一份被美国国税局称为990报表的年度信息报告。[8] 这份表格提供了组织开展的、各种支持其免税地位的活动信息,以及组织在这一年中的收支情况。这份报告的截止日期是该会计年度结束后的第五个月的第十五天。过期没有提交,就会引致民事和刑事惩罚,以及非营利地位的丧失。
- 不相关的营业收入税:近年来,随着越来越多的创造性的、非常规的筹资方法的推行,非营利组织引起了越来越多的关注。不相关的营业收入,即与非营利组织的免税目的没有持续关联的常规活动所带来的收入（不包括金融市场利息、股票分红等消极投资收入）必须交税。这笔收入（如果超过了 1,000 美元）必须在 990-T 报表中申报，截止日期与 990 报表相同。有时很难判断一笔收入是否是"不相关的"，因此最好咨询一下准备 990 报表或从事年度审计的独立的外部检察人员，问问他们是否需要准备这种额外的报表。

- 雇员税：所有雇佣员工的组织都必须代扣、代缴所得税、社会保险和医疗保险费用并向国税局报告扣、缴数额。除了符合 501（c）(3) 规定的组织，非营利组织同样必须根据其所支付的薪酬缴纳联邦失业税（FUTA）。收入所得税和社会保险用费在 941 报表中申报，其提交日期在每季度后的一个月截止。FUTA 在 940 报表中申报，在每年的 1 月 31 日截止。此外，所有的雇主都必须准备 W-2 报表，为每个雇员准备年薪和税收报表。这份报表必须在每年的 1 月 31 日之前寄给雇员，而复印件必须在每年的 2 月 28 日前与 W-3 报表一起提交给 IRS。可以在 IRS 的出版物（圆形 E）——《雇主税收指南》中，获取有关扣除支付和 FUTA 的细节。

- 其他信息报告：当每年支付给任何非雇员的报酬超过 600 美元时，组织必须填写并提交 1099-MISC 报表，这份报表必须在每年的 1 月 31 日之前寄给收件人，并且与 1096 报表一起在 2 月 28 日之前提交给 IRS。如果受赠组织接受了一项捐赠，并在三年内出售、交换或以其他形式处理其所接受的现金或可公开交易的有价证券之外的赠品，必须向 IRS 提交 8282 报表即受赠人信息报告。如果赠品的价值低于 500 美元，则无须填写此报表。

审计报表、复审与编制

许多非营利组织都被要求向其所在州、投资者或其他人提供有关其财务活动的年度审计报告。这种审计是以标准格式提供的有关组织财务状况、活动和历史(审计报告通常会把当年的活动与往年的活动进行比较)的正式报表。是否要有这样的报告,在组织与组织、州与州之间的要求不尽相同。不过,一般而言,预算额为500,000美元及以上的组织都必须准备审计报告。

审计报告必须由一个独立的注册会计师(CPA)准备,这位会计师要准备一系列的正式报表,包括财务状况报告(资产负债表)、活动报表(收入报表)以及现金流报表(组织现金在一年之内变化情况的报告)。这些报告必须符合FASB的所有要求。审计中同样包括对各种报表中的不同项目提供的细节备注。它也可能包括净资产变化报告、增补一览表(关于各种收入或开支遗漏的细节)以及功能费用表(列支项目费用在活动、行政管理和资金筹集中的分配)。审计同样要包括CPA关于报告可靠性的公开信。这些信件的通常状态是表示CPA认为这些报告是值得信赖的,并反映了一般公认的会计原则。不过,有时候CPA也会通过发布一个单独的意见和建议报告(称为管理建议书),对现行的财务体系提出改进建议。

由于审计报告对于组织来说是一份重要的文件,因此选择合适的CPA就是一个重要的过程。一个组织通常会与同位审计人员合作多年,因此有必要选择一位深得员工和理事会成员信任及尊重的人。如果可能,被选中的CPA应该熟悉非营利组织的运作,不管组织的活动领域是人类服务、艺术、教育,还是其他。同样有必要的是亲自接触潜在的审计人员,从而了解这个将与员工和理事会并肩工作的人,并确定其在此领域的知识水平。

就提出的成本进行评估是另一个重要的步骤。有时候,可以使用公益服务性(或捐赠)的审计。但要小心的是,这并不等于把完成项目置于次要的考虑或指派能力较低的人从事这份工作,或低水平的审计人员和报告。一旦选定了CPA,必须与其就具体的服务项目和成本签订协议。

对于那些不需要提交审计报告的组织来说，还有两项低成本的选择。第一个是复审，它是一个由 CPA 完成的、针对财务报告所做的非常有限的检查。复审只对财务报告的准确性提供有限的保证。有些州就只要求那些预算较少的组织提交复审，而不是审计报告。第二个是编制，也由 CPA 完成。它仅表示组织的财务信息使用了正式的财务报告格式，但对其准确性却不做陈述，也不涉及其他文件的复审。编制是最为经济的选择。

其他的报告/政策要求

有些要求虽非财务人员的职责范围，但对于保持非营利组织的非营利地位至关重要。

- 所有的非营利组织都被要求为 250 美元以上的捐赠提供收据。收据应包括是否为所收到的捐赠提供了产品或服务回报的信息（如果是，还必须提供产品和服务的描述及价值）。虽然很多组织都选择为任何价值的捐赠提供收据，但所有较大的捐赠必须有收据。
- 501（c）(3) 条款下的非营利组织不得试图将影响立法作为其活动的主要部分，也不能参与任何的竞选活动或反对政治候选人。990EZ 报表和 990 报表提出与这些类型的活动直接相关的问题，这些组织必须申报其在游说方面的任何支出。
- 990 报表提出了一系列的治理/管理政策问题。对于非营利组织来说，虽然无须将上述文件都设置到位，但可建议理事会考虑这些政策，将其视为保证组织健康运作的重要工具。

这些文件包括：
- 利益冲突政策；
- 告密政策；

- 文件保存和销毁政策。

可以在网上找到这些政策的样本[9]，并根据每个组织的需要对其进行调整。

计算机安全

今天，很少有非营利组织能够不依赖计算机而在各个领域开展运作。在记录财务信息和制作财务报告方面，计算机尤为重要。即使是一个相当小的，只有一个现金基础上的单一基金报表的组织，也会在维护分类账和制作财务报告方面，受益于一个标准的、现成的会计软件。这里还有专为非营利组织定制的会计软件包，它对标准的会计制度、术语、报表设计、会员联系和筹资计划等内容进行了具体的调整。对于制订预算、分析现金流、简化项目规划、重算和降低错误概率来说，计算机电子表格是非常宝贵的工具。

使用计算机来保持财务记录需要额外的控制流程，以保证财务体系的责任。这些流程可包括以密码的形式控制记录和数据入口、由另一个员工对一个员工手中资产的输出和对账（尤其是现金）进行常规检查、特殊的系统备份要求，以及对数据入口和报告生成程序的清晰记录。

除了内部的计算机系统外，很多组织还把自己的工资记录交给专业的计算机工资会计服务。这类服务包括薪水支票准备、税收和福利信息记录、W-2 和 1099 报表的核发以及其他薪资相关的业务。对于雇员工资变动频繁（小时工）和服务合同较多的组织来说，由于这些服务高度计算机化并由那些专业从事薪资服务的人完成，所以其价格并不算昂贵，而且比员工完成的类似工作更为准确。

这一章解释了会计程序、财务报告和财务控制，重申了非营利组织为保持其特殊的税收地位而需满足的报告要求。太多的非营利组织因为缺乏对这些领域的关注而走向失败。它们的员工可能在保持财务记录时漫不经心,其理事也没有费心分析财务报告或采取适当的控制。尽管本章所描述的大量的程序和报告看起来令人不知所措,但是一个非营利组织若要保持其非营利地位和持续生存,就不能对自己的财务事项掉以轻心。理事会成员若要担负起托管条件中的公共信任责任,也不能对此类事务马马虎虎。

思考题

1. 你的组织已经明确哪种会计方法最适合自己的需要了吗(例如现金制、修正的现金制或权责制)?

2. 你的组织已经准备好合适的资产负债表和损益表了吗?二者结合在一起能够准确地告诉人们组织的净资产和会计年度的财务活动。

3. 你们的理事会已经为监控收支和修改年度预算制定出规范的程序了吗?

4. 你的组织内有对支票填写、收入处理和现金管理的合适控制吗?保单能有效地避免组织的财务损失吗?

5. 你的组织的计算机财务记录有足够的保护和备份吗?

6. 你的组织及时提交了要求的财务报表吗(包括 IRS990 报表、990-T 报表、940 报表、941 报表、W-3 报表、1099-MISC 报表和 1096 报表)?你的组织为员工和独立的合同签订者及时提供了必要的报表吗(包括 IRSW-2 报表和 1099 报表)?

7. 你的组织满足你们州提出的归档要求吗(包括年度报告和纳税申报表)?

注释

1. 很多组织同时采用基金会计与部门或项目会计。一项基金可能包括大量的项目或部门。一个项目或部门同样也可能拥有多项基金,例如一个具体的项目同时由限制性和非限制性基金支持。

2. 大部分组织通常只在年底才对净资产或股本价值份额进行调整;在一年之内,它并没有发生变化,而且整个净资产的变化通过损益表中的净收入(或损失)反映。另外,对于一个营利性企业来说,股本可能是其所有者的原始投资,它因企业所获得的利润或遭受的损失而扩大或减少。

3. 注意:FASB 的一个要求是组织必须在得到慈善捐款承诺时,把承诺的捐款计为收入,而不管这项承诺究竟何时兑现。有些组织并不这么处理,除非在处理审计报表的时候。因为人们认为把承诺的捐款较早地计为收入,会虚夸收入,并导致部分审查财务报表的人产生虚假的良好感觉。某种程度上,在如此计算的时候,一般把资金负债表中记录未收取的捐赠承诺的项目称为应收捐款。

4. FASB 变化的一个结果是早先被界定为递延收入的基金(例如一份在其资助项目开始之前就已收到的限制性捐赠),现在可能被视为临时的限制性净资产。不过,有些收入仍被视为递延收入。

5. 资金负债表允许人们计算组织所拥有房产的资产净值。房产的价值体现在资产一栏下,而房产未清结的债务则显示在债务一栏下,房产净值的数额就等于这两个数值的差。因此在表 7.3 中,资产净值就等于 \$305,362 减去 \$154,840,或 \$150,522。利息支付没有显示在资金负债表上,而是体现在损益表上。

6. 年底的审计报表中,通常在运营表(损益表)的底部有一部分显示净资产的增长(减少),这其实只是净收入(损失)的另一个名称。这一行是经过以下调整的:

净资产的增长(减少)　　　　　　$5,221(与净收入相同)
年初的净资产　　　　　　　　　　$130,707(来自于上一年度的资产负债表)
年末的净资产　　　　　　　　　　$135,928(上面的总和)

净资产的数额同样分散在非限制性、临时的限制性与永久限制性的净资产中,这些都是在净资产报告的变化报表中完成的。此外,损益表中也有三列,每一列代表着一个净资产类别。

7. 组织可以适用该系统的不同版本。但是必须保持一份"文档"显示发票的批准和付款时间。

8. IRS 对不同的预算规模要求不同形式的表格:总收入少于 5 万美元的组织必须填写 990-N 报表(一个简单的电子明信片文件);预算低于 20 万美元、资产少于 50 万美元的组织必须填写 990-EZ 报表;其他的组织必须填写 990 报表。

9. 可以在网上找到适用于特定组织的政策文件样板(包括 IRS 本身的一些政策)。有两个可能的来源,一个是美国非营利组织理事会(www.councilofnonprofits.org),另一个是自由管理图书馆(www.managementhelp.org)。

第八章 资金筹集

约瑟芬·泰利(Josephine Tierney)是一位72岁的富有的丧偶妇人,也是康普顿社区的一位活跃的志愿者。多年来,她一直支持公益事业,为其数不过来的组织捐赠了时间和金钱,并深受所在社区的敬爱。她同时也是很多非营利组织的筹款目标。

圣诞节的前一个星期,约瑟芬·泰利正在拆阅信件。摆在她前面的72封信函中,有22封是圣诞贺卡,还有22封是募捐信。这对她来说是个很寻常的一天。实际上,仅在12月份,她就收到了500多封请求她资助慈善组织或其他事业的募捐信。其中的很多会被她直接投入废纸篓,有一些则被匆匆审查一下。泰利夫人会花时间打开其中的一些信函,浏览一下其中的内容。大部分被阅读的信件都会被扔掉,有一些则会被保留下来。如果有一封信来自一家她特别喜欢的非营利组织——她正打算为这家组织捐款——她将留下这封信并贴上表示同意的标记堆放在桌上;至于剩下的信,如果她碰巧看到了什么让她犹豫的东西,就会放在另一堆,表示可能。

是什么让这些信不被投入废纸篓呢?用泰利的话来说就是,"我当然有我喜欢的慈善组织,而且接受它们的请求。很多时候,在我收到它们的信之前,就已经给它们捐了钱。但对于其他组织的信,我通常是一边看,一边准备把它们扔进废纸篓。我会扫视一下信的内容,看看其中有没有我认识的某人的个人信息。如果没有,我的手就很接近废纸篓了。我会检查一下理事会成员中有没有我认识的人——这个名单一般印在信的开头或材料中的其他地方。最后,我也可能会被这个组织所从事的某种活动打动——从事癌症防治和世界贫困的大型组织不会把它们的信息个性化,但不管怎样我都支持它们。至于其他组织的,我关注的是捐赠要求的个性特点。值得一提的是,个性化的方式并不等于我打算捐钱,只是说我会认真考虑一下。"

泰利夫人的女儿——诺贝塔·希姆(Roberta Sims)是一家公司的捐赠主管。这个月,她所在的公司收到了1,400多封募捐信,这些资助请求来自大学、医院、社会服务机构、文化组织或其他类型的非营利组织。诺贝塔·希姆本人并不是上述这些领域的专家,她的专业是公司财务管理。在被指派到这个职位之前,她没有任何慈善领域的工作经验或接受过特别训练。她还有一两名手下。她的助手通过给为每份申请做一个封面页摘要的方式组织这些材料,这些标书总是在表明自己与公司的关联性,类似某位员工与它们有联系。他还帮助诺贝塔安排日程表,尽可能免受各种电话的打扰。办公室秘书,也就是第二位雇员,负责处理收到的信件和电子邮件、接听电话、校对回信、处理计算机上的文档。她还担任着接待员和会议的计时员。三个人都没有什么空闲时间。

通过对各个高管所喜爱的慈善组织的追踪,诺贝塔·希姆一年两次向公司的捐赠委员会做出推荐。就像她自己公开承认的那样,她的策略就是尽量把混乱的情况变得有条理。她要为公司找出具有明显应该得到资助的"蓝筹组织"——例如联合之路、医学院、交响乐团——为了保持捐赠计划的平衡,她要把它们组合成一个系列,并且与公司的捐赠活动目标相一致。她要让公司捐出去的金钱得到最大的回报,要让公司在它的顾客、员工和社区眼里有好形象。同样重要的是,避免那些可能令公司陷入尴尬境地的捐助。

当诺贝塔·希姆把她收到的申请分为三类时,她笑了。正如她母亲所做的,一类是公司打算资助的组织;第二类就像她母亲的废纸篓类别一样——是那些明显不值得资助的项目。这些组织太小或管理混乱,它们的活动不会给她的公司带来任何看得见的好处,或是这些项目的风险太大。然后是第三类,她母亲所说的"可能"一类的,它们需要诺贝塔·希姆更仔细地审查。

在另一个城市,诺贝塔·希姆的哥哥查尔斯·泰利(Charles Tierney)是一位在当地大学任教的心理学家。他不时地被政府资助机构邀请,担任外部评审员。虽然他的日常教学工作和科研任务都很繁重,比一般的全职工作还繁忙,但是当需要借助他的专业知识对慈善申请进行审查时,他还是表现得非常热情。他知道这对于他自己的职业生涯和研究资助申请都非常重要,因为这给他与同行建立网络关系提供了绝佳的机会。一年有两次,联邦机构要求他阅读那些申请,然后到华盛顿就资助问题做出推荐。在华盛顿会议的三个星期前,他被发送了大量的申请资料,长达312页的总结和15份完整的申请书,他被告知要深度地阅读这些总结和审核15份申请书以及备份的材料;要根据邮件封面上的评分标准,对这些申请书进行分级,并由他负责在华盛顿会议上报告这15份申请书。所有的加在一起,他要阅读1,000多页。

查尔斯·泰利说:"第一次收到这些材料的时候,我怀疑联邦机构是否意识到我还有别的工作。在这三个星期里,我每个晚上都在看它们。保守地说,我花了20个小时,可仍然觉得不满意。当我到华盛顿时,才发现其他小组成员远没有我准备得充分。我的直觉告诉我,某些人可能只是在头天晚上或者在来华盛顿的飞机上看了看那些材料。这令人相当震惊,也大受启发。如果说我们对这些申请的审查很肤浅,不过是一种掩饰。作为一个结果,可以想象发生了什么。正是我母亲和姐姐行为的另一个版本——申请被分成了三类。没有经过太多讨论,我们这个领域里的核心组织就得到了绝大部分的资金;那些没有仔细筹划的组织根本不被考虑;我们花了大量的时间,为谁将得到那些剩下的钱而斗得水火不相容。这次的经验告诉我,一个优秀的筹款者并不是那个能为已经成功的组织募集到资金的人。一个能够为那些处于不利的资金平台导致十分激烈竞争的组织成功筹款的人,才是优秀的筹款者。"

最后,艾格尼丝是诺贝塔·希姆的女儿,她现在是一所大学的大四学生。她的父母强烈地感觉到自己的孩子应该理解赠予他人的重要性。于是,在艾格尼丝刚上大学的时候,他们就为艾格尼丝捐给慈善组织的钱提供匹配资金,上限是1,000美元。"哇!这么多的钱!"她说,"我想支持很多事情。当然,我认为我的父母和祖母都是老一代的人,我懂得更多。"

当艾格尼丝回想起她祖母的信件堆的时候,笑了。"谁还有时间读信呢?我在网上处理所有的事情——在我的生活中,我从不会读那些蜗牛一样的募捐信,也不会用信寄钱(谁能受得了邮票啊?)不过,我想我和我的祖母还是有些共同点。我们都有着自己喜欢的公益事业,而且都打算支持它们——有些组织给我感觉非常强烈,这让我已经在自己的支票账户上为它们设置了每月自动扣除。绝大多数我收到的主动要求捐赠的电子邮件——我都当垃圾处理了。可也有一些是我感兴趣的或是我的朋友转发给我的。我常常通过登录慈善网站和我能做的可能研究来审查它们。有一些就成了我的常客。"

虽然这个家庭的四名成员通过不同的方式参与了慈善事业,但他们面临着同样的困境。他们知道自己不能对收到的绝大部分请求说"是"。他们的金钱有限,时间也有限。而压力让他们很难对某些请求者说"不"。同时,他们都是意志坚强的人,对于自己要支持什么有着确切的认识。就像大多数已经在金钱捐赠上变得有经验的人那样,他们已经形成了一套快速地将资助请求归为三类的方法:哪些应该得到资助、哪些不会资助以及剩下的。在筹款中,这也被某些人称为"三类"现象,即"肯定"类、"否定"类和"可能"类。

很多被负责任管理并为所在社区服务的非营利组织在申请资助时,多次被归为第三类——"可能"类。那些成功者必须设法完成两个艰苦的任务。第一,它们必须在公平的规则基础上击败所有的竞争。第二,它们设法让自己被越来越多的捐赠者归入"肯定"类。本章的主题是完成这两项壮举的方法。然而,记住这点是必不可少的,那就是很多完成了这些任务的组织也对失败习以为常。如同棒球联赛中的天才击球手,一个成功的筹款人员也总是败多胜少。在棒球比赛中,达到30%的命中率(或者0.300的平均打击率)就会被视为很好的成绩了,而在筹款工作中,成功的概率更小。好的筹款人员不可能每次都成功,他们很快懂得成功的秘密在于提高自己每年的平均水平。

理事会在筹款中的作用

第二章谈到过理事会成员向组织捐款以及为一般的筹款活动提供协助的要求。很多资金捐赠者都对下列三个问题的答案感兴趣:

1. 理事们为组织捐赠的比例是多少(答案最好是100%)?

2. 组织收到的理事会捐赠的总额是多少(答案最好是在个人捐赠总额中占有一个重要的比例——可能是20%到30%)?

3. 在筹集资金时理事会的活跃程度如何(答案最好是非常活跃)?

正如一位捐赠者所说,"信托理事是领头羊,他们提供领导。如果他们自己都不慷慨解囊、都不在外奔波筹钱,那这个组织就会出现很多问题。"

泰利夫人,在本章开始我们介绍过她的捐赠方法,就一直非常关注谁是理事会成员以及他们捐了多少,她说:"这能帮我确定该不该捐以及捐多少。"同样,诺贝塔·希姆也声称她的公司不会对那些没有强大的理事会参与的组织提供捐赠——这种参与不仅在捐款中,而且也在筹款中。"如果有我们公司的人在理事会中服务,那就更好了。我们在这儿讨论的是理事们的三G——给予(Give)、获取(Get)和行动(Get off)。尽管并不是所有的理事都乐意去要钱,但他们也应该参加一般性的筹款活动。对于那些不愿意参加直接劝捐的人来说,这儿还有一些其他的活动,包括筹备筹款活动、更新数据库、分析捐赠者记录、书写或打印个性化的募捐信、研究资金来源(比如公司和基金会捐赠者)以及举办筹款午餐或早餐。每个人都有很多工作。"

理事们必须积极参与筹款的最重要的原因在于人感染人,同行尤其影响同行。在某种程度上,如果理事们在社区表现积极,自己也是捐赠者并且不惧怕参与劝捐,那么该组织将更易于在筹款活动中取得成功。此外,组织的财务健康状况也在某种意义上取决于理事们对组织收入差距(收入与支出之间的差额)的责任感。理事会成员在直接劝捐和安排员工电话募捐方面有着极其重要的作用。他们的参与是资金社群衡量组织活力和健康的标准之一。

非限制性捐赠与个人捐款

就非营利组织的运作而言,它们所筹到的资金的价值并不相等。某些捐赠最有用,因为它们可以被用于任何与组织使命相一致的目标,包括基本的管理费用。这些捐赠被称为"非限制性的",因为它们的捐赠者没有对它们附加任何条件。而其他类型的捐赠,所谓限制性的,就只能用于特定的目标或特定的时间,或二者兼具。完全依赖限制性捐赠的组织常常发现自己连基本的运作费用都难以支付。此外,限制性捐赠有时也会把组织带入困境。因为单笔捐款只能部分地资助一个昂贵的新项目,它还需要大量的额外的资金投入。这种捐赠不仅不会让组织在财务上无忧,反而会迫使组织设立更高的筹款目标。

很显然,最有价值的资金是非限制性的资金,因为它的直接用途非常广泛。可以用它支付员工薪水、场地租金、必需品账单、电话以及其他办公费用。对于很多非营利组织来说,寻求足够的非限制性收入是一个永恒的烦恼。捐赠者们总是希望资助项目或方案,对常规捐赠比较缺乏热情。因此,筹款计划必须关注的问题是找到持续的非限制性支持的首要和主要来源。

迄今为止,非限制性收入的最重要的来源是个人。健康的非营利组织总是努力与个体捐赠者建立长年的联系。事实上,绝大部分良好的筹款活动都是以众多小到中等规模的持久的、个人的、非限制性捐赠为基础的。虽然很多个人捐款看上去并不多,有些几乎不值得去争取,但是它们的总额却相当可观。如果一个普通人在十年内每年捐100美元,而且资金是非限制性的,那么这个人就是组织的一项重要资产(尤其是这样的捐赠被乘以一百,有一百个做同样事情的人)。如果其中有一半的人在最后提供了双倍捐赠,那么就会有另外的5万美元被加入组织资金。出于这个原因,很多筹款人员都试图培养个人捐赠者对组织的忠诚并提高每年的捐赠额。这涉及两方面的努力:

- 每年增加非限制性资金捐赠者的数量。
- 逐年提高个人捐赠的额度。

理想的状态是找到几个将提供大额捐款的捐赠者——理事会成员应该在此类捐赠者中表现突出。经常是不到10%的捐赠者提供了90%的资金。但要记住的是,这类个体往往需要大量的关注,而且由于他们中的很多人捐得越来越多,他们让这些捐款处于完全的无限制性状态的意愿也可能消失。

可以通过多种途径向个人要求捐赠——亲自写信、上网、打电话,筹款活动,甚至通过大众传媒。无论采用何种方法,个性化方式越多,成功的可能性越大。很多组织有筹款委员会(也被称为发展委员会)、志愿者或付费的电话员承担面对面的劝捐工作。不管是在精心筹划的面对面会谈中,或是在挨家挨户的社区运动中,个人对个人劝捐的成功率远远超过了其他的筹资方式。不过因为这种方法可能很耗时,因此也可以组合其他的方法。学校和大学成功地使用电话,由校友、家长以及学生向那些与组织有着某种联系并可能提供支持的个人募集资金。不过要注意的是,因为强烈担心个人隐私的缘故,电话劝捐已经变得越来越不流行。对于很多组织来说,网站已经取代电话成为一种有效的工具,直邮广告依然是一种靠得住的途径。

年度基金和直邮广告

大多数组织都有一个"年度基金",这是持续的非限制性捐赠的基本筹款类型,主要面对个人。为年度基金筹款的基本方式之一,就是通过邮件。在互联网时代,直邮广告作为一种筹款工具几乎显得很古老了。但由于它在时间耗费与受众到达方面的高效率,依然是主要的筹款工具。不过,也正因为它是如此的普及,除非是精心定制、在个性化上给人留下深刻的印象,否则很难成功。那些不久前被大量印制投递给"亲爱的朋友"的募捐信,在信封上就已经贴有批量发送的邮资标示,大部分落得未经拆封就被投入废纸篓的命运。确实,要寄出成千上万信件的大型非营利组织,不得不求助于这种非个性化的方式,但这些组织通常具有广泛的知名度、巨大的吸引力和较高的媒体覆盖率,这些优势可以帮助它们拓展信息。对于知名度不高、只能吸引特定人群的较小的地方组织来说,绝对有必要在直邮广告中添加个性色彩。

如何使直邮广告显得有个性呢？最明显的个性化方式,就是由组织已知的支持者或理事会成员、其他志愿者甚至员工亲自写信。虽然这很耗时,但确实比打印的信件获得更高的回报。当然,也可以通过计算机编程,或者在信上附加手写的信息、在信封中装入书写在个人信笺上的短评来增加个性色彩。

直邮广告包的其他方面也可以用来展现更多的个性。例如,一封好的直邮广告包应包括下列内容：

外部信封。外部信封的作用是让人拆开它。为此,手写信封能达到好的效果。有邮寄标签的信封效果最差,因为它们看上去最没有人情味（或如很多捐赠者所说,像垃圾邮件）。信封上贴有邮票——最好是大的彩色的——比那些贴有预印或计量邮资的信封效果好。为了吸引注意和鼓励收信人进一步查看,还可以在信封上使用抢眼的照片。

信。大部分信件不会被仔细地阅读。它们应该简短——对于很多组织来说,一页纸就够了。如果需要表达详细的信息,可以包括一个独立的传单。要设计出一封好的募捐信,最容易的办法就是要理事会成员或志愿者保存其他组织此类信件的优秀样本。这些样本在信的格式、结构、内容甚至遣词造句方面都提供了丰富的建议,结合几个组织的创意,我们很容易设计出一份新颖独特的信函。

需要谨记的重要事情之一,就是在一封诉求非限制性资金的信中,千万不要在言语中表示这些资金将被用于特定的项目。例如,如果在信中为奖学金请求资金支持,那么它就变成了对限制性资金的请求,由此所筹到的钱也只能被用于奖学金。有些组织为了使自己寻求一般支持的诉求显得更具体,使用了一种比较聪明的策略,即列出几种可能的资金使用范围(如奖学金项目、毕业生项目、贫民区项目),然后以"以及其他活动"这个短语结束。这就使得到的捐赠,可以被视为非限制性资金。

总的来说,寄给之前的捐赠者的所有的信中,应该就他们最近的捐赠向他们表示感谢,提及他们的捐赠数字,并请求增加。例如,"您最近的250美元捐赠对我们非常有帮助。随着项目的发展,我们希望您能考虑增加一些捐赠。"有些组织还在这段话中加入捐赠的日期。所有的这些信息,我们都可以很容易地从筹款数据库中调出,把它们编入信函,这并不需要耗费人工特制。

另一个有效的策略就是提供匹配"挑战",这个挑战承诺捐赠的每一美元都会得到另一个捐赠者或捐赠者们提供的一美元(或二美元)的匹配。找到主要的捐赠者来提供这样的挑战,可能比首创更容易。人们喜欢挑战的创意——它们提供了动机和回应。在很多情况下,可以要求一个计划捐款的捐赠者或捐赠者群体把他们的捐款作为匹配的基础。这里也有一些风险,即那些激发所有人参加比赛的钱可能无法到位。不过这种风险也可以消除,只要前来挑战的捐赠者之后同意将自己非匹配捐赠的余额提供给组织。同时,在筹款信中表示为获捐的每一元钱提供另一元钱的匹配,也能将自己的信息与其他组织的相互区别。

回邮信封。为了便利捐赠者,回邮信封上已经预先打印了组织的名称和地址。对于是否预付邮资问题,存在着争议。有些组织预先印上了回复邮资,只要这些信封被使用,它们就得支付费用。还有一些组织则跳开这些支付,只是简单地在信封的右上角打印下这样一个说明:"您的邮票有助于我们的努力。谢谢。"

然而，有一个群体不仅需要在回邮信封上预付邮资，还需要在信封里放上一张真正的邮票。他们就是这个组织的"流失捐赠者"，即去年捐了但今年没有，简称 LYBUNTs (Last Year But Not This)。只要保持努力，组织极有可能从这些个体中获得捐赠，因为这些捐赠者往往是那种把组织的第一次请求放在一边然后忘记了的人，给他们再发一个邮件包，里面附带一个贴上真正邮票的回邮信封，就会引起更多的注意并产生更快速的回应。

回执。有时，回执是一张单独的卡片；更多的时候，它被印制在回邮信封的背面，用一个上面印有信息的宽折页折叠和密封着。回执必须包括捐赠的种类（或数量），以及捐赠者可以填写姓名、地址和电话（以及匿名捐赠者的自愿选项）的行列。它还应该包括一个填写电子邮件地址的空间（允许使用它进行联系）。大部分组织会在回执中设有信用卡支付选项，这就要求有一个签名的地方。有时，回执也会提出匹配项目、计划捐赠和（或）一个空间让捐赠者填写信息（例如学校或大学的校友简报信息，音乐组织的项目偏好标志）。

表 8.1 就是一个回执样本。

表 8.1 所显示的这张卡片有几个非常重要的特点。第一，它在捐款种类中最先列出的是最高的捐赠数额，这使得捐赠人不好简单地选择最低数额。第二，它所列出的最小数额大于预期的最小数额（可能是 25 美元或更少），这鼓励那些不确定要捐赠多少的小额捐赠者们，令其被吸引到一个较高水平的捐赠。第三，捐赠者们被问及希望如何登记自己的名字——他们的指示获得尊重，这是非常重要的。对于捐赠者来说，这是一个保持匿名捐赠、显示计划捐赠兴趣以及提供匹配捐赠信息的机会。最后，强调捐款的税收减免和组织的感谢也都很重要。

表 8.1　回执样本

组织名称
是的！我要做下列捐赠(选出一个)：

　　____皇冠:($10000以上)　　　　　____资助:($500-$999)
　　____总裁核心($5000-$9999)　　　____赞助:($250-$499)
　　____授权者($2500-$4999)　　　　 ____贡献:($100)
　　____恩人($1000-$2499)　　　　　 ____朋友:($____)

您的雇主有一个匹配捐赠方案吗？　　____是　____不是
(如果是,请填写必要的信息。可能的话,我们将与您联系。)

除非您要求不得如此,您将作为捐赠者被确认在我们组织的材料上。如果您不希望被登记请在这儿签字。_____

如有遗产或计划捐赠请与我联系。
____是　　____不是
姓名：_____
如果您希望出现在我们的材料上

地址_____
城市_____州_____邮编_____

是的,我希望通过电子邮件接收通知或其他的优惠。我的电子邮件地址是：
_____
____附上支票
或者支付我的捐款通过_____Mastercard_____VISA
卡号_____有效日期_____
签名_____

捐款免税。谢谢您的支持。

信息传单(选择使用)：有些组织喜欢在直邮广告包中,加入其他的介绍组织的事实和数据的资料。虽然这样做会增加直邮广告包的制作成本和邮寄成本,但如果一个宣传单或小册子里确实有一些必须传递的复杂信息或详细而重要的财务信息,就还是要把它们放入邮寄设计中。如

果这些材料通过电子邮件发出,那么很显然,附加的材料不会增加什么成本,也就无须再讨论了。

测试。那些做了大量直邮广告——特别是针对众多民众——的组织最好在大规模寄出邮件之前,先在一个小群体中测试一下直邮广告包。如果测试了多个内容组合,就要根据其内在的时段对回邮信封进行编码,以匹配发出的邮件包。测试可以简单(回应比例是多少?每一美元捐赠的成本是多少?)也可以复杂(哪一类邮编对特定信息的反应最佳?不同的回执会带来不同的捐赠规模吗?)

感谢捐赠。有些人认为这是成功的直邮广告中最重要的内容,它能有效地带来下一次捐赠,而我们将在后面的章节中更多地介绍"谢谢您"事项。捐赠必须立刻得到确认。不过,在某种程度上,为了让捐赠者感觉特别,应该以个性化的方式进行确认,它可以实现最重要的策略——让人定期捐赠。

使用互联网筹款

在本书的前一个版本于1999年出版时,通过互联网筹款还是一个相当新的现象,还没有作为一个突出的特点被归入大部分组织的筹款措施。至十多年后讨论本版时,互联网筹款已经无所不在以至于有些组织几乎完全依赖于它。在其他方面,互联网已经彻底改变了筹款的很多内容,从捐赠者研究到劝捐、到捐赠者沟通。但正如过去十年所见,计算机与万维网已经带来了巨大的变化,今天讨论的很多技术在十年后可能就变得陈旧。要确定哪些会被保留成了挑战。

同时,也需要找出那些在互联网时代保持不变的筹款技术。第一,如果组织期望得到支持,那么它们确实必须被负责任地管理,必须为它们的支持者提供重要的服务。第二,简单精练的信息对于快速获取捐赠者的注意十分必要。这可能在互联网中,比在传统的邮件设计中更为真实。

第三,关系建立依然是这个游戏的名字。你认识的人越多,方法就会越有效。最后,一旦收到捐赠,致谢是非常重要的。

电子邮件。电子邮件确实是一种以互联网为基础的筹款策略。它的优势很明显,便宜、快捷,容易为数据库中的不同类型的捐赠者定制各种具体信息,捐赠者也有机会通过点击一个按钮进行电子捐赠。不过,它也有劣势。不像普通邮件的地址可以被很轻易地通过多种方式获取,电子邮件的地址比较难以得到。二者的不同之处还在于,普通邮件可以被送达(在大部分地区,不管个人愿意不愿意),电子邮件却要面临多种筛选。在很多情况下,它可能被电子系统筛选并永远到不了目标接受者的收件箱。而且,只要接受者对于接收邮件感到一丁点的不情愿,他或她就可以退出组织在未来发送的所有邮件。除非获得特别许可,组织就再也没有机会给他们发电子邮件了。

这个过程的第一步是获取电子邮件地址,组织必须利用一切可能的机会去做。大部分人都有各种定期的电子通讯或要接收的信息,如果内容比较有趣(关键策略)并且可以通过它得到实在的价值,会有越来越多的人登记注册。不管组织出售什么东西——会员、入场券或商品——电子邮件地址是必须的(同样还有使用电子邮件"更新或其他特殊优惠"的许可)。组织的接待桌上必须有电子邮件登记表。它的网站上也必须有一个登记表的模板,这个表格可以在每个网页上显示。组织还可以利用社交媒体赞助免费的抽奖活动,或者公开表示可以为那些注册了的人免费发送某种类型的电子新闻。当人们接收到这些信息后,要鼓励他们将这些信息转发给可能感兴趣的朋友。

当使用电子邮件表进行劝捐时,与普通邮件一样面临挑战——你希望目标对象能够打开邮件。在这里主题语就变得至关重要了——它可以提出一个富有争议的问题、引发好奇心的声明、表述紧急的事情或提供一个看上去很特别的机会。电子邮件本身也要有丰富的内容,夺人眼球(多个影像通常比一个好）并且提供简易的方式，让人通过点击进行捐赠。对于电子邮件来说，对这些策略的反应进行监测很重要，监测内容包括反弹数目、接收数量、打开率、点击人数和回应率，这一点与传统邮件无异。幸运的是，这个过程是电子化的，因而可以迅速并准确地完成分析。

使用组织网站。通过网站对非营利组织进行捐赠，得要简单、直接、迅速，并且是尽可能少的鼠标点击。针对那些特别希望通过网站进行捐赠的人，必须在网站首页就设有一个清楚的选项，上面写着"捐赠"或"捐款"。之后的链接网页应包括捐赠多少的直接选项和支付方式选择，如果有一种以上的支付方式（例如信用卡、电子账户、在线支付）。它还应该包括礼品的种类（例如一般礼品、纪念礼品或生日、婚礼、周年庆典等"荣誉"礼品）和捐赠的种类（例如一般基金、研究或奖学金）。这个页面还应该有组织的安全政策，保证捐赠人提供的个人财务信息是安全的。最后，这里还应有一些链接，让捐赠人可以进入下一个提供了个人资料和财务信息的页面。

有些组织还在网站首页上为那些尚未做出捐赠决定的人提供了第二种选择。它可能是在页面底部出现"返回"之类的标示，点击它就可以把人们带到捐赠页面之前的另一个页面，在那里有着一段简单而精练的话语，告诉人们捐赠为什么重要、组织支持什么，以及还可以使用其他什么方式支持组织（例如志愿服务、步行筹款参与、宣传，或发送一份电子卡给自己的朋友，推动组织的各种活动和（或）鼓励人们为组织捐款）。

社交媒体。社交媒体改变了我们对友情的看法，通过这种方式我们可以轻松、快速地与很多人进行交流。它还引入了"病毒传播"的概念——即发送和接收同一信息的人呈指数增长。它已经在动员成千上万的人利用广泛传播的即时功率推翻政府方面取得了一定的成绩，这一力量的大部分也可以被有效地用于筹款。由于越来越多的年轻人在走向成年变成捐赠者[1]，因而在所有被加入到募捐者策略的各种技术中，它可能是影响力最大的,变成了游戏规则的改变者。

由于社交媒体为人们谈论自己和参与对话提供了工具,所以在形成信息的途径方面有一些不同。直邮信件和网站上的信息是静态的——也就是说,它通过一个不变的信息为捐赠者提供单一的渠道。有了社交媒体,很多人就可以进入一个动态的对话,这个对话可以激发兴趣、产生捐赠,最重要的是鼓励人们通过自己的方式传播信息。

通过社交媒体进行筹款的另一个动态方面,就是它把人们吸引到一个团队使人们努力去实现目标的能力。例如,比方说有一个组织想资助一个新的创意,需要12,000美元,通过社交媒体发布了需要人们怎样资助这个项目的消息(通常由一个安全的网站作为渠道)。不过,人们又被告知除非能筹到所有的12,000美元,否则他们的资助不会被兑现;他们被鼓励寻找更多的朋友来为这项事业捐款(通常只要5美元)。组织再定期发布更新以使这个目标看上去就在眼前,寻找其他人进行捐赠的鼓励也变得更有激励作用。

一旦通过社交媒体找到了一个捐赠者,建立的网络就会提供一个持续对话的工具。不同于组织的电子邮件一旦被滥用就会产生大量的"退订"请求,人们会不断地发布自己喜欢的慈善组织的新故事,以及自己为什么喜欢它们、它们在做什么、别人怎么才能加入。再者,那些捐赠了的人们希望得到承认和感谢,对于非营利组织来说,社交媒体可以让捐赠者成为拥有特别感觉的忠实朋友。

电话劝募

在20世纪末期,电话是最受欢迎的筹款工具之一,不过它的受欢迎程度已经有所降低。今天,越来越多的捐赠者不再使用固定电话;而且除非他们自己提供,否则很难查到他们的手机号码。一些有固定电话的人则抱怨电话劝募侵犯了他们的隐私,不过,对于一些组织的筹款活动来说，电话依然是有效的方法。有些组织还会使用电话劝募寻找新的捐赠者。对于那些已经建立良好形象的大型组织来说，这确实是真的。他们雇佣电话员，这些人阅读脚本，赚取佣金。正是这些电话，让很多捐赠者觉得很受侵扰。规模较小的组织可能会将自己拨打的电话局限在那些已有历史表明对组织感兴趣的人，或是那些对"让自己赶上潮流"的志愿者或组织员工反应良好的人。尤其是那些曾经捐赠过的人，他们是最佳的目标对象，电话是促使他们提高捐赠额的理想方式。

一般来说，捐助者们在接到志愿者的电话时感觉比较舒服，特别是那些在电话中就可以把自己辨认出来的志愿者。志愿者们虽然缺乏磨炼和经验，但他们容易被信任。如果要使用志愿者，就必须对他们进行培训和排练。培训可以采用解释过程的会议与团队中的系列实际电话相结合的方式进行。在他们第一个晚上的排练中，第一次参加的志愿者会被搭配一些经验丰富的伙伴。这样有助于克服过程一开始的恐惧。

志愿者演示。为志愿者准备一个工作用的脚本是十分必要的。一开始，志愿者必须逐字逐句地念脚本；后来，随着志愿者信心的增加，他们可以（也应该）做些变动并根据电话那端的人的反应，随机调整谈话内容。不过，即便是经验丰富的电话员，也会在脚本的帮助下听上去显得更博学多识，更令人安心。

除了电话脚本，组织还应该为电话员提供每个要致电的人的个人信息资料卡。这些卡片为电话员提供了必要的背景资料，从而使脚本的内容更有针对性和个性。在目标对象的姓名和地址外，卡片上还应说明目标对象最近几年的捐赠情况以及其他的相关信息（例如，学校的卡片明显应包括目标对象的毕业时间、所学专业以及他或她是否效力过某支运动队）。电话员如果要求目标对象提高捐赠，那么通常也应列出具体的数额。

在下面的例子中，是我们在第五章所介绍过的一家小型的私立学校，艾伯特学院的一位家长／志愿者,要按照表8.2所显示的目标对象卡完成任务。

表8.2 目标对象卡

目标对象:史密斯·本杰明	
称　　呼:本	
地　　址:马萨诸塞州开普敦市霍顿大街112号,02438	
电　　话:617-294-4111	
毕业时间:1998	
教育情况:斯沃斯莫尔学院(学士)	
哈佛大学教育研究生院(硕士、博士)	
职　　业:音乐学院讲师	
妻子名字:丹尼斯(不是艾伯特学院的毕业生)	
子女情况:莎莉(5岁),乔斯华(2岁)	
2010年捐赠:$150	
2011年捐赠:$150	
其他信息:	
1. 史密斯是一位音乐家;而且在学校时他是交响乐团的笛子演奏者、合唱团成员,三年级时获得音乐奖;一定要告诉他今年的合唱团赴欧演出之旅。	
2. 史密斯毕业后每年都向学校捐赠;一定要向他表示感谢。	
3. 一定要称呼史密斯"博士"而不是"先生";如果你感觉恰当,也可以称呼他"本"。	

这张目标对象卡(以及学校提供的脚本和纲要)下的对话给我们提供了一个组织良好的电话劝募的风采。打电话的家长／志愿者是萨姆·伊文思,他的儿子也是这所学校的三年级学生。伊文思自己并没有在这所学校上过学,所以他不能适用"好校友,还记得我们在古老母校度过的好时光"这样的方法。不过,他依据最初的脚本和临场发挥,也别出心裁地完成了任务。

(电话铃声响起)

S　你好!

E 请问是史密斯博士吗?

S 是的。

E 我是萨姆·伊文思,艾伯特学校的家长/志愿者,可以占用您几分钟时间吗?

S 可以。

E 是校友基金会让我给您打电话的。不过我自己并不是校友,但我想他们之所以选我给您打电话是因为我的儿子也是一名横笛演奏者,他也渴望像您一样在三年级时赢得音乐奖。我听说从那以后您一直在进行音乐演奏。

S 哦,是的,确实如此。虽然我的教学工作很繁忙,可我还是不时地参加一些演奏会。艾伯特学院给了我那么多的鼓励,我一直心怀感谢。

E 是啊,这也是我和我妻子对这所学校非常热心的原因。学校的合唱团今年暑假要赴欧洲演出,我的儿子也有机会参加。

S 太好了,他和我一样幸运。

E 是的。史密斯博士,我们很幸运有您这样的毕业生,这也是我们给您打电话的一个原因。代表学校,我要向您表示感谢。您是校友中的杰出代表,自从您毕业后,您每年都向学校捐款。这可是非常少见的,我们都非常感激您的所作所为。

S 我做的还很不够。比起我后来所上的大学和学院,我觉得自己对高中学校的感情最忠诚。

E 是啊,我也知道这所学校很不错,不过,我们也需要考虑学校的未来。现在学校有很多新的计划,特别需要像您这样理解我们的工作并且有作为的校友的帮助。这个电话很重要,因为我们希望今年您能考虑大幅提高您给校友基金会的捐赠。

S 我明白。

E 我们不知道您能不能捐款500美元?

(停顿)

S 这个增加得太多了。

E 300美元合适吗?

S 这个可以接受。

E 好,我知道学校一定非常感谢您300美元的捐款。实际上,我个人也要感谢您。您的捐款会让学校向前发展,继续做一些我们都认为很重要的事情。明天我可以来给您送300美元捐款的承诺书吗?

S 没问题。

E 现在我再确定一下。(伊文思核对史密斯的姓名、地址和捐款金额)。非常、非常感谢你的支持,我想委员会也会万分感谢您的慷慨解囊。

S 这没什么。

E 晚安。

打完电话后,伊文思向史密斯送去了承诺书和私人感谢信。史密斯寄出他的捐款后,又收到了另一封私人感谢信,这是学校校长为感谢其增加了捐款而发出的。

正如结果所示,这个电话不仅带来了一个比以往捐赠多150美元的捐款,还意味着捐赠人在下个年度里,不用特别打电话,就会在300美元的水平上继续捐赠。因此,通过充满个性化的方法请求提高原来的捐赠、通过使捐赠者对自己和自己的捐赠感觉良好,就能获得长期的高水平捐赠。

移动电话。移动电话已经改变了筹款的规则,那些依赖捐赠者的固定电话与号码目录的人很多都认为,电话劝募的时代在快速衰退。不过,新技术催生新技术。例如,一些非营利组织为其指定的筹款号码打广告,捐赠者可以给这个号码发短信。技术可以让一些较大的组织进行自动化的跟踪。在一些较小的组织里,信息也可以被发给专职做跟踪的员工。还可以使用其他方式发短信。对于非营利组织获得的移动电话号码,它们可以通过短信定期发送"最新材料",就包括一些筹款信息。

非限制性资金的筹款活动

筹款活动是一种有效的产生非限制性收入的方法。这样的活动有下列优点:

- 筹款活动可以靠吸引人们对活动而不是组织的兴趣来扩大组织的捐赠者范围。
- 筹款活动可以建立良好的公共关系,提高组织的曝光率。
- 筹款活动可以使组织从已经做过捐赠的人那儿得到额外的资助;如果一个人购买晚餐舞会的门票、无声拍卖会的物品或参加慈善音乐会,那么这个人仍然会做普通的捐赠。
- 筹款活动为没有实际筹款经验的理事会成员和志愿者提供了协助促进捐赠的方式。

这类活动的劣势就是涉及大量的筹划和努力,使志愿者们劳碌不堪。对于那些看上去拥有无穷无尽的志愿者供应的组织来说(例如学校有很多家长,大学有很多校友),多种多样的活动可能是有效的。但是,当组织没有那么多的志愿者供应,而不得不靠它的雇员和已经超负荷的志愿者时,即使一年一次活动也给组织带来挑战。

在计划筹款活动时,必须遵守下列重要原则:

- **在筹备活动一开始,就确立一个资金目标并坚持**。许多活动的计划者们因为把公关和筹款功能混淆在一起而偏离了轨道。逻辑看上去是,如果组织没有筹集到很多钱,最起码也要让每位来宾度过一段愉快的时光、要让活动在当地的报纸上占据显著的版面。一个资金目标可以提醒志愿者们这次活动的基本目的是筹钱,同时也给他们提供了一个成功的判断标准。

- **记住成功的秘密是净收入而不是毛收入**。要计算的是组织在扣除了所有活动费用后还剩下多少收入。必须在关注盈亏底线的情况下,谨慎、现实地制定筹款活动预算。不要因热情膨胀而超出预算。

- **设计一个公众喜欢的筹款活动**。如果筹款活动本身既能吸引观众的演出,又有组织的赞助,那么就更容易吸引公众的参与。要避免那些曲高和寡的活动,它们不会产生广泛的吸引力。

- **成立一个委员会,并有一个(或两个)强大的主席为活动奔波**。主席(或副主席)通常决定活动的成败。工作努力、条理清晰、风度翩翩的个体是首选。要记住那些为委员会工作的人,本身就可能吸引他人的参与。因此,邀请一些显要人物(例如当选官员、他们的配偶、公司领导、大的捐赠者和媒介宠儿)作为荣誉委员加入委员会是很有帮助的。

- **为了使活动成功,夸大所需的志愿者数量和资金数额**。如同编制预算一样,筹款活动的计划工作通常也需要在活动伊始就夸大所需。

- **留出足够的准备时间**。事情总是要比预计的时间长,应该在筹款活动的时间表中为修正错误留出足够的余地。

- **设立大量与筹款活动相关的辅助方式筹钱**。一个拍卖会可以包括会前的鸡尾酒会(附有收现金的吧台)、简易餐会(人们一般要买票)、昂贵物品的博彩、纪念品销售摊以及年轻人的游戏室,等等。

- **邀请当地商人**。虽然当地的销售商们不大愿意为非营利组织提供现金资助,但是他们更乐意为筹款活动捐赠商品和服务。要记住,当销售商们愿意以"成本"价为组织供货时,与零售价格相比,接受的组织将节省 40%—60% 的费用。当商人们直接以此进行捐赠时,这比让他们捐赠现金更经济实惠,而且这也为他们的产品做了一点免费的广告宣传。
- **寻求一种适合组织并使组织长年坚持举行的筹款活动**。随着有关筹款活动知识的传播,人们开始计划它,把它列入自己的日程和预算。最好筹款活动能在每年的预定时间举行(如某个月的第一个星期六),这样人们就不用等待公告以留出时间。

筹款活动的类型不胜枚举。舞会、特殊的宴会、展览会、拍卖会、戏剧或慈善音乐会、艺术展览和售卖、博彩(除了法律禁止的)、园林和民居游、品酒会、风景名胜或其他有趣地方的旅游等,这些只是活动内容列表的开始。其他的创意还包括展示房(装潢者和承包人对房屋进行创新式装修,然后由参与者实际感受经历)、美食节(当地的饭店和酒店加入其中,竞争奖金)、"不出席"筹款活动(参加者付钱以获得不出席某个筹款活动的权利)。筹款活动对参与者的吸引力经常取决于活动主题的创新和这些项目的形象。

说"谢谢您"。一旦收到个人的捐赠,组织必须立即给予确认。对于小额的捐赠,通常一封写有日期和金额的标准的感谢就足够了,不过最好用个人签名和在信的底部写上只言片语来让这封信更有感情色彩。对于数额较大的捐赠,感谢信必须更具个人色彩,一封额外的致谢信(通常由理事会成员或执行总裁分工完成)可能会让捐赠者感到很特别。正如第七章谈到的,美国国税局要求必须对 250 美元以上的捐赠提供正式的确认。不过,私人信笺仅意味着——捐赠对于组织和发出信笺的这个人的价值。

无论最终发出了何种组合的"谢谢您"材料,现金捐赠者必须收到某些特别的东西(无论是信,还是特殊的表格):"您给予×××组织的 \$_____捐款已经收到,我们满怀感激地予以确认。作为记录,您并没有得到任何应从您的捐款税收减免中抵扣的物品或服务。"假如组织为此提供了物品或服务,就得用物品和服务的估算价值取代最后一句话。例如,一张花了捐赠者500美元的晚宴门票就不能全部获得税收减免,因为捐赠者享有的晚餐有一定的价值。在这种情况下,晚餐的估算价值应该被列入确认书。

对于较大的捐赠,一些组织除了提供"谢谢您"材料以外,还会再通过电话或由总裁、理事会主席发电子邮件致谢。一些组织还为提供超出一定数额捐款的捐助者举办晚会或招待会——这些捐赠者会成为一个被冠以"社会里程碑"或"指挥圈"之类名字的捐赠团队的一员。大部分组织会在年度报告、计划手册甚至报纸文章等印刷材料中确认它们的捐赠者。如何表示谢意至关重要。正确地处理这个问题就能在捐赠者中创造积极的情感,从而使得第二年的资金筹集更加顺利。

当地商业捐赠

经过适当的培育,当地商业机构可以为持续的非限制性资金提供另一个来源。任何特定的商业捐赠——经常以会员或实物捐赠的形式出现——可能比较少,但积少成多,它们可能就会成为一笔重要的收入来源。在某些情况下,这些捐赠经常以非现金的形式提供。当地的超市可以为筹款活动提供食品;律师事务所可以提供免费的法律援助;银行可以贡献自己在报纸上的广告空间以帮助活动推广。不管形式如何,所有的这些捐赠都应该受到鼓励。在向当地的商业组织请求帮助时,应该抱有这种想法——组织拥有的贡献者越多,就越容易找到更多的贡献者。

在当地商业机构中为组织寻求可能的捐赠者时,应遵守下列准则:

- 为当地商业机构设置可能的非限制性捐赠范围,最低金额不应该少于 100 美元,最高金额也不宜太高(可能在 500 美元到 2500 美元之间)。记住,只有在资金数额要求合理的情况下,我们才能年复一年的在同一渠道不断得到捐赠。

- 如果筹建大楼或其他特殊项目,可以为此单独筹款并提出较高的要求。这种为特定项目所做的一次性筹款请求不能干扰常规的年度筹款活动。

- 为现有捐助者的再次捐赠提供便利,而不是任由他们从年度捐赠计划中流失。你应该在活动一开始就给他们写信,征求他们的意见,询问他们是否还愿意作为一名捐赠者列入你们的计划手册。手册一旦印制好,就给他们送去一份副本,突出他们的公司的名称,并告诉他们这是捐赠的最佳时刻。

- 选择一种当众向商业机构致谢的方式。为了成为良好的社区公民,商业机构为组织做出了贡献;它们也希望每个人都知道它们履行了自己的义务。除了新闻材料和公之于众的印刷品确认以外,一个答谢宴会或其他致谢方式都非常重要。

- 面向商业机构的第一次筹款活动应该由它们的同行来完成。最好成立一个专门的委员会,由当地的一位商人领导并负责这项筹款活动。这个人应该能够在商业社区中找到其他人来协助筹款。如果没有合适的商界人士,也可以由那些被特定行业视为好顾客的理事会成员或志愿者承担。

- 利用商会、扶轮社之类的服务俱乐部让组织的活动为商业社区所知晓。没有人愿意为社区中的无名组织提供捐赠。

- 不要把当地商业机构为项目所做的广告宣传与捐赠混相混同。虽然广告是赢得某个商业机构支持的首要步骤,但我们的最终目的是为了让这家机构做出捐赠。

一些当地的大型商业机构有能力提供比较多的捐赠,应该对它们另眼相看。很多商业机构都已经安排好了捐赠计划和员工,你应该与这些员工会面,讨论他们的捐赠计划目标以及你具有哪些能力满足他们的需要。这家机构可能想通过一个主要的现金或实物捐赠换取对某个项目或活动的命名赞助权——媒体提供一定数量的免费广告或印刷,连锁酒店为到访的艺术家提供免费或特价住宿。在大部分情况下,这些付出必须找到一个明确的回报。事实上,只有双方都获利,关系才会更持久。

一般来说,当地的商业支持非常重要,它不仅能带来收入,而且还在告诉其他的资助者——特别是大的公司赞助者、基金会、公共机构甚至一些富翁——组织的社区支持情况。同样,赞助者们通常都很清楚非营利组织很少能争取到大公司的支持,但如果它得不到当地商业社区的支持,他们就会心生疑虑。因为这表明了该组织在当地的形象如何。

筹集大额捐赠[2]

要求大额捐赠通常会带来限制性资金——这意味着,这些钱将被用于特定的项目、活动或资金需求。因此,在提出这样的要求之前,必须完成大量的工作。需要对潜在的捐赠者(个人、公司、基金会和政府机构)进行识别、研究和评定(评定显示潜在的资金捐赠范围);必须对组织的具体方案和项目与捐赠者自己的慈善偏好进行匹配;装订好宣传推广资料;准备好目标对象信息卡(它们在格式上与表8.2中介绍的目标对象卡相同,但包含更多的附加信息,例如可以要求多少钱、资金如何使用等)。

资助理由

在筹备大额捐赠之前,组织必须确立一个令人信服的支持理由。就如在本章的后面所讨论的,资助理由是一系列的陈述,可以在与目标捐赠者的会面中做口头表述,也可以融入书面的计划书和赞助申请书。

对于非营利组织来说,可以通过以下三个步骤确立一个值得信赖的资助理由:

1. 陈述组织计划在大额捐助的帮助下预备解决的问题或满足的需要。
2. 证明组织在处理这些需要方面的能力。
3. 将组织活动的计划范围与投资者自身的慈善兴趣相匹配。

问题(或需求)陈述。非营利组织是为了解决社会问题和满足特定群体的需要这样的目标而建立的。希望得到大额捐赠的筹款者们必须形成简短精悍的书面问题(或需求)陈述,准确地阐述这些需要是什么以及他们为哪些群体服务。在可能的情况下,这些陈述应使用数量术语表达。例如,一个为康普顿的准备上大学的学生们提供财务援助的组织可以表述为,"在康普顿,如果没有各种形式的财务援助,就会有 2/3 的高年级毕业生上不起大学"。一个社会服务组织可以这样说:"过去的三年里,在康普顿的服务中提供免费餐点的呼吁增长了 37%。"一个为这样的陈述准备了不同列表的组织,就等于是为捐赠机会建立一个"菜单",这个菜单可以适合多个有着不同慈善议程的潜在捐赠者。

能力表述。为了确立资助理由,组织还必须准备应对资助者的一系列暗示性问题:"为什么是你们?你们的组织有什么不同?为什么不该把我的钱给那些服务于同类群体的其他组织?"对这些问题,就通过能力表述来回答。以下是每个组织都必须清晰表达的四大能力陈述:

- 组织的活动与计划质量很高;
- 组织为一个范围广泛的群体提供服务;
- 组织管理良好,财务课责;
- 组织提供的服务具有成本效益。

在论述组织计划与活动的质量高时,最好使用外界评价或具体的量化措施。新闻界对组织的社区服务褒扬与客户使用的记录统计,远比辞藻华丽的自我评价更有效。

由于"公众服务层次"是判断一个组织是否值得资助的常用标准,因而资助者很关心非营利组织是否为广泛的公众服务。如果一个组织是在为多元化的顾客、低收入群体、残疾人、老年人、学生或其他特殊的群体服务,就要记录下这一事实并予以强调。地理范围在农村地区很重要(例如,"我们服务于七个县四十一个乡镇的年轻人")。组织应能够根据类型指明自己所服务的人数,并展示一个广泛的组合。

最后,能力还可以建立在组织的功效、审慎的财务管理和成本收益的基础上。虽然其他的组织也可以解决同样的问题、为公众提供同样的产品和服务,但他们能够用一样的财务稳定保证、优秀的理事会以及经验丰富的员工提供同样水平的服务吗?他们能够用一样的价格提供同等水准的服务吗?如果不能,他们将在筹款中处于劣势地位。就像我们其他人一样,资助者们也喜欢以较少的金钱获得更高的质量。

战略适当。没有一个投资者会对所有的事情都感兴趣,捐赠者们都有着自己独特的兴趣、捐赠理由和慈善偏好。只有那些不惜花费时间去了解捐赠者的所有习性与偏好的组织,才能成功地融聚资金。

如何收集这方面的信息呢?公众机构一般都有公开出版的指南,明确陈述该机构的赞助对象,几乎都安排一个员工专门对指南中的模糊问题予以解释。一些企业和基金会也印制了自己的指南;其他的通过年度报告来展示自己过去的赞助类型。过去,在纽约的基金会中心的各个收藏机构组成的全国性网络是基金会和企业赞助者大型信息数据库的主要来源。今天只要通过互联网,一个点击就可以获得大量的信息。

针对个体捐赠者制定适当战略可能是一个比较难以预言的过程。一些组织设立了大型的发展委员会,通过有经验的筹款者所说的"蓄意闲聊"方式,收集潜在的捐赠者信息。还有一些组织收集城里其他几家非营利组织的年度报告和其他的捐助者信息发布,对照参考捐助者名单,试图确定特定的个体捐赠者的能力和兴趣。最后,分析组织自己的捐赠者的历史记录也是一个发现个人捐赠者的捐赠模式的好方法。再者,互联网已经使那个烦琐的过程变得简化。

我们有必要在此处加一个警示性注解。有时,为了回应捐赠者的热情,组织倾向于开发一个专门的项目来满足他或她的兴趣。虽然这种做法能在短期内为组织带来更多的资金,但沿着这条路走下去,也会给组织制造财务问题。如果捐赠者不能为这个新计划提供全部资金,会出现什么情况?如果一两年后,他或她失去兴趣并停止资助,又会出现什么情况?在上述每一种情境下,捐赠都有可能迫使组织提高自己的筹款目标,同时把员工的时间转移到这个与组织的使命和长期计划无关紧要的项目上来。

几年前,一个巡回演出歌剧团的导演为这个问题提供了一个很好的例子:"我们违背自己的良好判断承担了歌剧《卡门》的巡回演出任务,因为有一个全国性的大型基金会愿意提供几十万美元的赞助,但只针对那个项目。现在回想起来,那笔赞助却几乎让我们破产。我们从没有过那样大型的巡回演出。当我们结束演出时,亏损了近百万美元。由那我明白了,接受一笔捐赠经常可能使你的财务状况比之前更糟。"

问责。在 21 世纪的头十年,很多事件导致了人们对问责的新关注。发生在这个十年伊始的公司丑闻、经济动荡、恐怖袭击都使得部分捐赠者的放任态度有了改变。组织必须证明自己被妥善地监督和管理着,可以安度经济不稳定时期,有能力和责任意识专注于外向的支持和服务供给而不是内向的只满足于生存。

对于捐赠者来说,也是时间进行重新评估了。"如果我出了钱,组织会兑现它的主张吗?我怎么知道呢。"成熟的组织都有完备的活动记录,至少可以用自己过去的成绩来消除捐赠者的担忧。不过,所有的组织都必须提供持续的监控和评估方法,至少在项目的进展期间。捐赠者们想了解这些评价方法,不仅是为了得到项目结束后的成绩报告单,还希望有机会对项目本身进行调整和改进。

企业支持

企业是大额捐赠的来源之一。[3] 在理解什么促使企业捐钱的同时,重要的是要记住营利性企业的事业是赚钱,而不是捐钱,它之所以决定在慈善领域发挥一些作用,通常是与自身的某些商业利益相关。一般来说,三个因素促进了企业捐助:

- 捐赠将影响企业的公众舆论;
- 捐赠将使雇员受益;
- 捐赠将有助于有效活动。

影响公众舆论。为了给公众留下关心社区、环境、贫困或其他特殊事业的印象,很多企业拥有大量的慈善捐助项目。石油公司、烟草公司、大的银行以及军工生产企业是四种一直利用企业赞助的方式来解决其特有的公众形象问题的商业组织;还有一些企业通过慈善突出自己强大、慷慨、有力的形象,以保持对同行竞争者的些微领先。

雇员利益。一些企业把慈善事业作为提高员工忠诚度和积极情感的方式。有时,员工的利益直接来自公司资助的日托中心或员工捐赠的现金匹配项目;有时则是间接的——例如对员工所居住城镇的主要非营利组织的捐赠。这种捐赠形式的另一个方面就是通过捐赠所带来的信誉提升高级主管们的地位。

市场营销。当企业推出一种新产品时,以提供免费样品作为营销手段会取得不错的效果。当这些赠品的接收者恰好是非营利组织时,企业同时也赢得了慈善捐赠的声誉。另一种以慈善为营销工具的方式则更加巧妙,它促使顾客通过购买公司的产品的方式共同参与一个慈善努力。

在这种"公益关联营销"模式中,比较典型的做法是,公司承诺将单位产品销售所得利润的一部分捐给特定的非营利组织。

考虑到各种不同的激励因素,在提交一份申请之前,最为重要的就是准确地查明企业捐赠政策背后的深意。企业已经做了哪些类型的捐赠?何种组织受益?这些组织在哪里?它们平均收到了多少资助?

有几种方法可以帮助我们找到这些信息。我们应按照顺序采取下列步骤:

1. 对企业展开基本的调查。有几个基本的事情需要得到确认。企业的慈善工作由谁管理,是企业捐赠部门(有些可能是社区关系)呢,还是独立的企业基金会?如果是前者,那么企业计划捐赠的资金额度将与其上一年度的利润紧密相关;如果是后者,就更容易逐年预测其捐赠水平,因为企业基金会的财产与其年度利润额的关联较弱。在与企业交流时,找到一个关键人物也很重要。有时,企业的几个部门都与非营利组织有联系,如员工关系、营销和捐赠——非营利组织最后可能要与每个部门的代表进行会谈。使用你能得到的任何资料(如企业年度报告或其他关于企业捐赠的在线资料),看看能否找到一些企业以往曾经资助过的活动类型的线索。

2. 投入大量时间,试着在企业中找到一些愿意作为志愿者与组织保持联系,或至少愿意到组织来参观访问的人。之后,那个人就可以帮助你约见公司的决策者,或至少将你的申请书塞进去。除此之外,看看你是否能找到一个公司的外部人员(如另一个企业的捐赠者或一个官员的朋友),由他通过电话或电子邮件把你介绍给捐赠者。最低限度,要找到一个人允许你在自我介绍中使用他或她的名字。

3. 如果你的联系人已经代表你给企业代表致电或写信要求几分钟的面谈,那么就给那个企业代表致电并要求对话,告诉接电话的那个人是你的联系人要你这么做的。

4. 如果你是自我介绍,可以提前十天写信或发电子邮件,声称自己将在一周内拜访他;如果不愿写信,也可以借用你的联系人的名字打电话求见。

5. 面对接电话的人,保持礼貌并且坚定自己的立场。重申你的联系人告诉你必须和公司代表直接谈话。如果被追问,就说你在寻求建议。

6. 如果或当你最终接通与企业代表的电话时(这可能要打好几个电话),向在电话那端的人解释,你的联系人说过他或她可能对你的筹款活动很有帮助,你希望花15—20分钟的时间介绍一下自己的计划。如果那个人对你从他们企业争取资金的态度消极,你可以说明一下,你真的很希望就你的策略、交际以及活动方案得到一些建议,总之这一短暂会谈的价值很大。

7. 当你得到约见时,要切记下列几件事:

- 你这次访问的最重要的目的是尽可能多地了解这家企业的捐赠方式(得到此类信息的最好办法就是令企业代表感觉轻松、交谈随意;找一个非正式的话题开始你们的谈话,例如就摆在桌上的家庭成员照片提问)。

- 第二个重要目的是获得你应该与之交流的其他商业代表的名字(理想的情况是你让这个人打电话为你介绍其他人。然而多数情况下,你最多能期盼的就是你在给其他人打电话时,可以使用这个人的名字——但这种待遇已经很好了);在你离开之前,尽量得到五个人的名字。

- 你必须介绍一下自己的组织(记住,与你谈话的这个人并不是你所在领域的专家,而且会对细节问题厌倦);简单地描述你所在的组织,在家就练习好一个切实的三分钟演讲,用以强调你组织的项目怎么对该企业有帮助。

- 务必确认提交申请书的最佳时间、该企业在过去一年的实际捐赠数额,如果可能,你的组织从事何种项目更容易被资助。提问时不用旁敲侧击,你正是为得到此类信息而来,与你交谈的那个人知道会被问到这些问题。不过,要注意的是,如果这些信息中的很多内容可以从企业网站获得,就不要再浪费时间询问这些易得的信息了。

- **知道何时告辞**。计划停留时间不超过 25 分钟,仔细观察那个与你谈话的人,确定他是否感到厌烦(不要把礼貌误认为热情;如果你不能确定自己是否该继续,可以用这样的话语试探:"我知道你一定很忙,我也不想占用你太多时间",这样就给了他一个机会,要么使你体面地告辞,要么挽留你再多待一会)。
- 在会面的当天发出一个致谢短信,总结自己所收获的建议。当你真的向该公司提交申请时,这将成为非常有用的背景资料(如果你没有在三个月内提出申请,应该用一般的信件与这个人保持联系,介绍你们组织的活动;你已经打破了坚冰,必须保持这种联系的存在)。

从这次会谈收集的另一个重要信息就是书面申请的适当形式。一些企业只要求一页纸的信和预算,另一些则需要更正式的申请。一些企业要求写在纸质的表格上,另一些则要求通过电子邮件。除非被特别告知,非营利团体不要提交四页纸以上的材料。理想的申请书应该有一个简单的介绍以概述这个项目和资金需求(最好是一个较大的类型),一个详细的描述和一个费用预算页。也可能需要一些其他的辅助性支持资料,如组织的税收确定函、上一年度的财务报告(最好经过审计)、理事会名单以及宣传资料。

多数情况下,来自企业的支持会有一个限制性的目标,并只维持很短的一段时间。组织持续从企业获得大量非限制性捐赠的情况极为罕见。这也是非营利组织必须仔细权衡是否值得花费时间和精力去接近很多企业的原因。它们必须问自己是否有个项目能给某个企业带来它追求的宣传或利益;是否有人力资源去研究和开发企业关系;是否要为特定的短期项目投入如此多的时间和精力筹款。

提交给基金会和公共机构的标书撰写

　　基金会和公共机构是大额限制性资金的另一个重要来源。总的来说,判断哪一类目标对象将可能成为潜在捐赠者的研究显示,基金会和政府机构的情况完全不同。对于基金会,有时间的非营利组织开始工作的最佳地方就是基金会中心在各地的收藏机构。这些指导中心——遍布全美国——所拥有的资料数量虽有所不同,但它们大多拥有丰富的馆藏书籍、期刊和在线信息,很多还收藏有基金会的年度报告、时事通讯以及某些情况下的基金会税收报表。一些中心还为用户提供服务,刚入门的资助寻求者可能需要这样的帮助去学习如何使用基金资助索引、基金会指南、原始资料汇编、联邦与地方指南、国家资料卷丛、国税局的990报表以及其他资料。它们经常出版自己收集到的州与地方层面的资助人信息。对于那些没有时间去实际拜访收藏机构的非营利组织,基金会中心提供了非常全面的综合在线服务,它们可以订阅。对于那些十分清楚自己在寻找什么的组织,互联网成为其开始的关键之地(对了,这都是它们需要的)。

　　至于政府资金,则比较难以找出捐赠者。虽然联邦国内援助目录中包含了每一个联邦资助项目及其目标、援助种类、使用及限定等方面的信息,但是目录中的资料体积庞大,降低了它在锁定潜在捐赠来源上的有效性。此外,目录中没有城市、乡村及州政府的资助信息。也有同样一个提供综合信息的网站(www.grants.gov),很多人发现它的资料也是多到令人不知所措(同样还有关于州的资助机会的网站)。另一方面,这些发布的资料可帮助识别那些提供资助的特定机构,然后就可以比较容易地逐个机构跟进，获得更多关于资助机会和资格要求的信息。更有效的进行方法是与来自相同领域的其他非营利组织的代表交流，了解他们是如何按惯例申请资金的。如果在这个领域有一家全国性的服务组织，这也是一个极好的信息来源。最后，公共部门的官员和市政工作人员不仅提供资金信息，也能在获取资金方面给予有效的帮助。当选的官员尤其乐于看到资金注入他们所代表的选区，他们也很乐于帮助那些在未来可能支持自己的选民。在寻求政府支持方面，不能忽视他们。

有些基金会和政府的捐赠机构要求填写详尽的表格，这样会使申请过程比较容易，因为捐赠者的意图明确。在任何时候，都要仔细阅读附带的指南，按照它的要求提供确切的信息，这是非常重要的。无论何时只要有可能，申请组织中负责填写表格的人都应该与基金会或机构的代表面谈，切实弄清需要什么以及如何填写表格。在一定的情况下，这样做甚至可能找出捐赠机构所希望看到的、对某一特定问题的回应重点。

不提供表格的，特别是基金会常常只要求一份标书，也没有详细规定标书应包含的内容。同样，在撰写标书之前，最好也是尽可能多地寻找解释，以便根据每份标书的接收机构的具体情况制定不同的标书。有一家机构可能喜欢简短的标书并重点关注活动执行人员的情况；另一家则希望了解活动如何被评估的详细内容。在每种情况下，了解成功的标书平均写了多少页和确保自己所写的标书能与这个样本高度一致是很有必要的。有时，基金会和机构的工作人员愿意提供一份成功的标书样本（一般是你自己要求）；另外，它们的一些员工也可能愿意在你提交标书之前，对标书进行检查和评议。

虽然标书的长短和内容不一，但有一些捐赠机构所希望看到的标准格式。一份典型的标书纲要应包含以下几个部分：

- **引言／摘要**。典型的标书开始于涵盖所有相关和关键信息的引言。它可能以下列语句开始：

第八章 资金筹集

　　[申请人名称]为了某种[资助目的]向[捐赠者名称]寻求[多少金额]的资助。所获得的资金在从[日期]开始到[日期]结束使用。这个项目的总费用是[数额]，匹配资金由[既可以写出你知道的具体捐赠者的名字；也可以给出预计的匹配支持的种类，例如组织收入、个人捐款、政府赞助等]提供。这个项目是在成功地完成[理事会规划拓展、可行性研究、试点实施、六年的成功运行以及其他体现组织发展逻辑的内容]活动的基础上提出的。

- **问题/需求陈述**：申请组织在标书中计划解决的问题、需求和准备服务的群体的描述。把这部分内容更放在引言后面比较合适。
- **目标与任务**。标书应该继续描述所要实现的总体目标和推行这个计划所要完成的具体数量目标与任务。例如：

　　通过对高中三年级学生开办的教育项目实现反对吸毒的目标。具体来说，在一年的时间里，由5名合格的药品顾问为整个康普顿社区的32个高三班级进行至少4次45分钟的课堂教育。

在制定有时间约束的数量目标时，要记住项目评估(假设标书得到了资助，项目得以执行)要包括对这些目标是否实现的衡量，这一点非常重要。

- **项目描述**。标书的这一部分涉及该项目究竟如何执行以及由谁负责的基本条理问题。在这一部分中，应该出现时间期限和计划细则以及对该计划承担首要责任的个人的能力与背景介绍(某些时候，该项目负责人的简历也作为附录放在标书中)。
- **能力陈述**。在本章前面已经讨论过能力陈述。它们为申请人何以值得被资助提供了理由。有些标书的写作者喜欢将能力陈述设计在标书的前面（在摘要之后）；还有些人喜欢把它们放在后面（在计划描述之后）。哪种格式都可以。

- **评估**。如前所述，对于捐赠者而言，问责是极其重要的，他们想知道申请组织在评估要求其投资的活动效果方面的打算。至少，标书应该明确体现申请组织打算如何测量目标和任务是否实现以及怎样告知捐赠者。较大规模的项目计划最好采用外部的专业项目评估。

- **预算**。预算应该反映出各种来源的组织收入（包括向捐赠者要求的赞助）对活动项目费用的满足情况。在收入方面，应该明白不是所有的赞助和捐款都是稳定的，有些预期的收入并不能实现。在支出方面，大部分捐赠者不喜欢看到高额的行政管理开支。如果与项目有关的支出，包括项目工作人员的薪酬，高于支出总额的80%就必须降低。一些资金寻求者喜欢把实物捐赠写入他们的预算。其实更好的方法是在制定预算时，只将现金收入与支出计入预算，把实物捐赠的价值分开列出。

计划捐赠

个体捐赠者为大多数组织提供了重要的大额捐赠，在很多情况下，为了给这类重要的捐赠者拓展捐赠优势，出现了很多创造性的方法。计划（或递延）捐赠提供了多种工具以满足众多不同类型的捐赠者的利益。

计划捐赠涉及这样的安排，即一个捐赠者承诺做出捐赠，但要延续一段时间才能实际转移现金、证券以及其他的有形资产。从表面上看，似乎递延捐赠对非营利组织的吸引力不大，尤其是那些急需现金的组织。不过，这些递延捐赠对于捐赠者非常有利，可令个人在这样的安排下做出更多的实质性捐赠。最后，非营利组织也可以获得相当大的利益，很多组织几乎完全依靠这种方式获得捐赠基金。

什么样的情景可能适合计划捐赠呢？

- 某个人愿意向一个非营利组织提供大量的捐款，但是他又不愿意放弃这笔资金在他和他的妻子有生之年为他们带来的稳定收入。
- 另一个捐赠者愿意设立一个奖学基金来纪念她的丈夫，但感到自己必须继续持有这些资产，因为她年迈的双亲依然健在，她得为他们的健康以备不时之需。
- 一个刚刚卖掉了自己企业的商人希望在某年得到一大笔慈善税收减免，但他没有足够的现金去进行大笔捐赠，这样的大笔捐赠能带来大额的税收减免。
- 一位刚刚被任命为一家企业总裁的50岁女人，希望递延自己在收入高峰期的所得，她想等以后承担的税率较低时再享用这笔收入。
- 一个40岁的男人想建立一个基金来纪念他的父亲，但是他没有足够的现金即刻捐赠，他想通过每年分期捐款的方式实现，不过他又希望若他死时还没有提供完所有的钱，基金仍能得到保证。
- 一个女人继承了一些股票，这些股票价值惊人却没有红利，她并不想因卖掉这些股票而承担巨额的收入所得税，但是她又希望通过某种途径让自己因这些股票而获得收入。
- 一个50岁的人已经为自己的退休留出足够的钱，只要他的健康保持良好；但他自己又希望在可能的情况下再多工作20年。他想找到一个办法保护自己的收入不被征税，可以用于经营投资，然后再一次性地捐给慈善组织，只要他退休的时候不会因健康问题需要钱。

对于上述的每一个人——以及其他的很多人而言，存在着一系列的递延捐赠途径，这些途径既可以令他们实现自己的目标，同时也可以帮助非营利组织。我们将在下面介绍其中几种最重要的方式。

遗产捐赠

遗产捐赠是一个依据捐赠者意愿所做的捐赠。捐赠者可以获得下列收益：

- 通过延迟捐赠直至死亡，个人可以在他或她的有生之年继续使用这些财产。
- 因为可以从确定的总资产中扣除，遗产捐赠通常也可以获得税收减免。
- 捐赠者可以在有生之年修改遗赠；直到捐赠者死亡，遗产捐赠才是不可取消的。

从非营利组织的角度来看，遗产捐赠虽受欢迎，但它的可取消特性却是一个问题。一个捐赠者可能在今天对某个组织感觉积极，几天后他或她的感觉变差了，就有可能改变捐赠意愿。遗产捐赠的第二个缺陷就是无法保证遗产中有足够的钱以提供规定的资金。事实上，在很多情况下，作为剩余财产的遗赠（其中非营利组织被指定为接受一份已被执行完毕的遗产剩余），其资产净值已经不足以提供任何资金。尽管如此，遗产捐赠在非营利组织所持有的养老基金中占据了主要份额，它们在个人筹款中的重要性不应该被低估。

人寿保险捐赠

终身寿险捐赠是另一类重要的递延捐赠，终身寿险指的是为个人的一生而不是某个限定的时期（如有期限的保险）购买的保护。个人普遍会为自己购买一份具有一定面值（即当个人死亡时，保险公司将支付的金额）和保费支付表的保险。一个人想要将自己的人寿保险捐出来，就必须将这份保单的所有权指定给一个非营利组织，并使这个非营利组织成为这份保单的受益人。为了获得税收减免,这个人会将保险费以捐赠的形式提供给非营利组织,再由非营利组织支付给保险公司。

人寿保险捐赠为捐赠者们提供了下列优势:
- 只要人们购买了保险,这种捐赠就获得了保证;即使这个人在缴纳了第一笔保险费后立即死亡,组织也可以获得全部的捐赠。
- 捐赠者可以在其有生之年享有规划这笔捐赠用途的快乐;
- 年轻的捐赠者(35岁以下)可以用较低的投入创造巨额的捐赠(例如,一个不吸烟的40岁男人可以靠购买一份七年、年捐赠额为4,000美元的保险创造225,000美元的捐赠)。

人寿保险捐赠同样也可以为非营利组织带来收益。一份人寿保险单的现金价值可以在捐赠者的有生之年作为一项资产列入组织的资产负债表,也可以作为资金申请贷款。人寿保险捐赠还是一种与捐赠者建立持续联系和培育其他捐赠机会的极佳方式。但这种方式最不利的一点就是捐赠者可以在保单被付清之前,选择停止支付保险费。在这种情况下,非营利组织自身可以选择是继续支付保费,还是不管这份保单的现金价值是多少而在当时将它兑现。

慈善信托基金

有几种慈善信托基金被用于递延捐赠。

剩余资金慈善信托。最重要的是剩余资金慈善信托,它允许捐赠者在做出大量的捐赠以后,仍然可以在一定时间内——既可以是固定年限,也可以是一生的剩余时间(或终生)接受依托这项捐赠的价值所产生的收益。捐赠者设立一个正式的信托,并提供一定数额的资产(通常最少为100,000美元,多以有价证券的形式提供,当然也可以是现金或不动产)。这笔资产被转交给一位受托人,由他负责在规定的信托时间内对这些资产进行管理。当这段时间结束时,资产就被转移给非营利组织。借用这

种方式,信托可以实现:

- 在规定的信托时间内,向受益人(捐赠者、配偶或信托协议中指定的任何人)支付固定比例的原始投资的合理市场价值的收入,这一安排适用于剩余资金慈善单一信托。
- 向受益人支付信托财产的实际收益,这一安排适用于收入单一的信托。
- 每年向受益人支付固定数额的收益,这一安排适用于剩余资金年金慈善信托。

还可以设计很多种特殊的支出安排,以满足特定捐赠者的需要。捐赠者们可以得到下列好处:

- 对于捐赠者来说,最明显的好处就是他们不会因提供大笔捐赠而失去可能的收入;可以在规定的时间内为指定的受益人直接创造收入流,因此减少放弃资本所产生的风险。
- 依据美国财政部的计算方式,捐赠者们可以获得立刻的税收减免,其额度等于所有收入被付清之后最初财产的剩余额(例如,一位五十五岁的妇女通过 100,000 美元的捐赠建立了一个信托基金,在她的余生每年向她支付 6,000 美元;在做出捐赠的这一年,她得到了约 50,000 美元的税收减免)。
- 在捐赠的证券升值的情况下,即便这些证券由捐赠者持有,受托人仍然可以出售和重新投资这些证券而不用支付任何的资本利得税(这种方式特比适用于原始证券不派发红利而捐赠者指望由此获得收入的情况)。
- 可以减轻捐赠者管理投资组合的责任。
- 捐赠者们可以在有生之年拥有重大捐赠带来的巨大满足感。

非营利组织也可获得相当多的收益:

- 这种捐赠是不可撤销的,这意味着即使捐赠者变得不再对组织着迷,组织仍然可以在收益支付时期结束后接收基金。
- 捐赠者们常常会提供更多的捐款,因为他们没有放弃收入;这些收入是他们在做毫无保留的捐赠时失去的。
- 由于组织不必等待捐赠者的死亡以获取一个重要的承诺,因而就有时间进一步培养其他的额外捐赠。

导向型慈善信托。顺便强调一下,这是另一种慈善信托基金,它不仅允许捐赠者获得提供给非营利组织的捐赠所带来的收益,还允许他们收回本金。在导向型慈善信托中,捐赠者将能够产生收益的资产在一段时间内转移给信托基金。在这段时间内,信托基金所产生的收益被分配给一家或多家非营利组织。这段时间一结束,财产——证券、不动产或现金——就会返还给捐赠者。

对于捐赠者来说,一定形式的导向型慈善信托的主要好处之一就是,他们的捐赠的税收减免可以加速计入捐赠的第一年(因为信托基金的设立时间不得少于十年)。因此,对于那些希望通过一个大额的税收减免来抵消一个特别高收入的年份的人来说,导向型慈善信托可能是一个解决办法。不过,由于捐赠者是这笔信托基金的所有人,因此信托基金所产生的各种收益都是应计税的(这也是此类基金都经常以免税证券形式设立的原因)。

对于非营利组织来说,导向型慈善信托提供了可以预期的现金流——这也是它们常被用于支付资本运动(为新的建筑、捐赠基金或其他用途发起的短期筹款活动)中的长期担保的一个原因。不过,由于被托管的财产总要还给捐赠者,因此在非营利组织的筹款组合中,导向型慈善信托常被视为一个较低次位的选择。

共同收入基金

共同收入基金的运作类似共有基金。它是非营利组织为了吸引捐赠者而设立的,捐赠者可以通过购买共同收入基金的股份(或单位)提供捐赠,由基金的管理者(可以是非营利组织自身,也可以是某个指定的受托人)对此进行多样化的投资管理,捐赠者根据自己的投资比例获得收益。一旦受益人(例如捐赠者、配偶、朋友)或规定的受益人死亡,最初的投资就从共同收入基金中取出,作为一笔直接的捐赠提供给非营利组织。

共同收入基金带给捐赠者的很多权益与剩余资金慈善信托相似:

- 捐赠者无须放弃与被捐赠的资产相关联的收入。
- 捐赠者可因其证券投资组合获得更高的资本增值(共同收入基金的管理者只是简单地出售证券或再投资收益而不会对捐赠者产生任何不利的资本利得税)。
- 减轻了捐赠者们在投资组合上的管理责任。

此外,共同收入基金还可以带来下列收益:

- 不同于剩余资金慈善信托的是,个人可以通过共同收入基金参与一些相对较小的投资——有些非营利组织把一个捐赠单位(或最低捐赠额)定到 2,500 美元之低。
- 与剩余资金慈善信托不同的是,共同收入基金允许捐赠者按其意愿增加他们的初始捐赠。

对于非营利组织来说,共同收入基金提供了与剩余资金慈善信托相同的收益,提供给它们的捐赠都是不可撤销的,都有希望从主要的捐赠者那儿获得更多、更频繁的资助。不过,共同收入基金也存在弊端,其中一个最严重的问题就是要求组织必须自己或者寻找一个受托人来管理共同收入基金。除非一个共同收入基金的规模很大,能够为组织带来丰厚的回报,否则并不值得为其管理付出努力与责任。在这方面,一些慈善组织把自己的大部分基金交给愿意提供照管与共同收入基金相关的管理服务的社区基金会。虽然这项服务会收费,但社区基金会的投资管理专家常会带来更大的收益,足以抵消这部分成本。不过,基金会通常要求将这部分财产转到它们的账上,而这部分数额的减少会给非营利组织的资产负债表带来不利的影响。因此,与社区基金会和其他基金管理机构的关系研究,对于递延捐赠中所涉及的比较小的非营利组织来说,很有意义;当然,也需要做这方面的探讨。

对于非营利组织而言,计划捐赠是其在未来几十年里,长期的重大捐赠收入的最重要来源(有人估计,婴儿潮年代的父母留下的不动产价值高达一万亿美元)。虽然计划捐赠的本质是技术性的,但极少有非营利组织可以忽略这一资金来源,尤其是在建筑基金以及为重要的设备和项目筹资方面。

公益创投

在20世纪末期,有人注意到了一种新的慈善趋势,它由那些对旧的慈善捐赠形式不再抱有希望的青年企业家引导。尽管展示这一变化的案例各不相同,但它们也有足够的共同点,就是这种新的捐赠形式被命名为"公益创投"。在公益创投背后隐含的理论是,对非营利组织长期战略的投资和亲自参与的管理援助,将比传统的、以捐赠人消极填写支票给非营利组织为特点的赞助产生更大的影响。

公益创投从很多美国最成功的公司所赖以创建的风险投资概念那里借来了很多元素,找到一个好的创意、为它注入现金和管理技能、设置成果评价参数、让公司长大、再卖掉。当然,风险投资的退出战略在于获得丰厚的投资回报;公益创投的结果则是促使越来越多的公共服务以更有效的方式交付。

公益创投的很多元素开始进入主流。捐赠人越来越想看到更快速的成果,他们希望产出是清晰的,结果是可测量的,他们想得到更多的过程报告,希望找到那些在投资之前明显准备就绪的组织,希望看到好的创意"形成规模"——不仅能服务更多的人,还能更有效地服务。更重要的是,慈善捐赠中的传统的"不插手"哲学——捐赠者与其支持的组织之间形成一种有距离的关系,而不是为其制定政策、指导项目、设计预算——也开始发生变化。

正如任何新概念的发展,在公益创投的案例中也出现了很多问题。就如彼得·希拉(Peter Hero),前硅谷社区基金会的主席和首席执行官所写,"非营利组织最重要的成果是不易底线量化的。很多时候,最易测量的产出也是最不重要的。同时,非营利组织的诸多过程(达成共识、志愿者领导机会和公民参与的创造)构成了公民社会的坚实基础。但这对于痴迷投资回报的捐赠者来说,可能是令人烦恼的事务。而且在一个缩小政府干预的时代里,一个主要的'外卖型投资者'该在哪里执行公益创投的退出策略呢?"[4]

在关于公益创投的争论的故事之外,有一个新生代的主要捐赠者正在出现,他们看上去非常不同于前几代人。老式的赞助正在改变,如果非营利组织想利用新型的资金,必须适应不断变化的思想。

筹款十诫

已经有大量的书籍对筹款这一主题进行过论述,在此我们不能一一陈述。不过,我们还是在下面提出了一些建议。这些建议就是所谓的"十诫",代表着许多观念的提炼与浓缩,与那些古老的有益的常识结合在一起,可以让普通人成为娴熟的筹款者。

诫条一:记住,只有勘探者才能找到金矿

一个优秀的募捐团队会把较多的时间用于搜集目标对象名单和研究资金来源,而不是实际去要钱。知道向谁筹款比知道如何募款更为重要。

诫条二：确保求爱先于求婚

在你有机会结识某人并判断你们之间是否适合之前，永远不要梦想与之结婚。同理，在你有机会认识某人并在你的组织活动与他或她的慈善路径之间找到相容领域之后，再向其请求捐款比较合适。

诫条三：体现个人化标准[5]

尽可能针对捐助人的偏好，调整每一个捐款请求。很明显，我们既无法定制每一个捐款请求，也不能站在每一个捐赠者的面前（虽然你应该尽可能地尝试）。然而，对于每一类型的捐赠者都应该思考什么办法最合适；对于那些最大的目标捐赠者，尤其应该全面考虑每一件关乎其好恶的事情，调整对他们的捐助请求。地毯式的筹款活动极少如针对性的求助那样成功。

诫条四：如果你要面包，就需要面团

对于烘焙师来说，事实如此；对于募捐者来说，同样也是如此。没有某些事务的启动，资金就很难成为现实。捐钱的人都很保守，他们更喜欢把钱捐给那些已有一长串捐赠者名单的运作项目。公共机构要求有匹配资金，企业可能希望看到实际的收益。不过，几乎在所有的情况下，捐赠者们都希望见到在他们加入之前，你还有其他的资金来源。

诫条五：在筹款时，假定对方会同意

还记得上次有人向你推销人寿保险吗？他或她决不会使用"如果你买这个保险"这样的措辞，而是说"当你买了这个保险"。他或她这是在避免不明确性，也不给你机会委婉地说不。一个优秀的募捐者也应使用同样的方式，即在假定潜在的捐赠者最终一定会捐款的前提下，进行所有的交流。

诫条六：在写申请书时，如果你不能浏览它，就取消它

大部分的募捐信和申请书未被仔细阅读，只是粗略地被浏览了一下。能够得到最彻底审查的是那些最清晰和容易阅读的，其他的事情也是如此，电子邮件也需要吸引人的主题行。募捐信应该简短并留有足够的空白；申请书也应该有足够的标题、醒目的列表、强调的内容以及其他供人浏览的设计。当然，言简意赅是最重要的，正如一位筹款者所说："申请书获得资助的成功性与它们的长度和重量成反比。"

诫条七：在设计预算时，使用传统的数学方法

那些很幸运地接受了所谓"新"数学训练的人，对于数学概念有着非常深奥的理解，即便他们可能对乘法运算表有点荒疏。不过在筹款的时候，这些人最好拿起计算器并确定他们的数字计算正确。没有什么能比一个错误的预算给人留下更差的印象了。如果数字在纸上看上去都不对，捐赠者就会丧失对组织理财能力的信心。

诫条八：拿不准的时候，使用正规英语交流

为什么有的筹款人员认为行话会给人留下深刻的印象？由一个音节或更少音节的单词所组成的简短、清晰的句子是再好不过的了（明显没有什么词语少于一个音节，但捐赠者们希望有）。名词和动词，尤其当它们非常具体时，构成了一份成功的申请书或募捐信的基本内容。大量的形容词和副词通常是一个软弱无力的要求的标志。当你宣称自己的组织非常优秀时，捐赠者并不会被打动——你到底打算说些什么呢？如果你想得出这样的价值判断，至少应得体地引用他人的评价。

诫条九：不要自己对自己说不

对于那些敏感且不喜欢拒绝的人来说，筹款是非常困难的，因为即便是成功的募捐者听到说"不"的时候也多于说"是"的时候。但是经过一段时间后，有经验的筹款者会把说"不"的回答视为一个挑战——今年可能是"不"，明年就有可能是"是"。优秀的筹款者会在他或她的脑子里装进一个内在的翻译器，把听到的"不"转化为"重新来过"。总之，坚持通常会获得回报，尤其是在筹款中。

诫条十：不管你已经说了多少次"谢谢您"，再说一遍

筹款的奥秘不在于争取一个捐赠者的第一次资助，而在于得到第二次、第三次。发展一个持续的、忠诚的支持者队伍非常重要，而且只有在捐赠者捐款以后仍然像以前那样给予其足够的关注才可以做到。对于那些提供了大量资金的捐赠者，应该进行定期的交流，不断更新他们对组织活动进展的了解。捐款较少的捐赠者可能会更喜欢偶尔的时事通讯。在出版的资料中提到捐赠者或举办一个特别的答谢宴会是你表示感激的另一种方式。不要把捐赠视为理所当然，不要错过任何一个说谢谢的机会。

思考题

1. 你的组织已经形成增加持续的个人非限制性捐赠的次数与数量的战略了吗？

2. 你的组织每年至少举办一次筹款活动吗？有效使用了志愿者吗？这些活动所带来的收入每年都在增长吗？

3. 你们的直邮广告吸引人吗？它完全具有针对性和个性吗？信息简短而有趣吗？对于那些不做回应的人，你们有后续行动吗？

4. 通过互联网获得的捐赠的数量及其在总捐赠额中的比例在增长

吗？你们已经最大限度地增加电子邮件的列表并使人们留下来吗？你们的网站易于接受捐赠吗？在你们的筹款策略中有效运用了社交媒体吗？

5. 你的组织使用电话筹款吗？电话员得到适当的训练和排演了吗？在打电话之前，对每一个目标对象及其捐赠历史做过充分的研究吗？

6. 你的组织向当地的各种商业机构筹款了吗？这样的劝募是由同行（其他的当地商业人士）和（或）顾客完成的吗？有一种便利的方法让商业机构无须特别的筹款要求就每年更新自己的捐款吗？

7. 在提交申请书之前，你的组织对目标企业做过深入的研究和拜访吗？给基金会和公共机构的申请书反映了捐赠者的行为准则和优先次序吗？

8. 你的组织尝试过遗产捐赠、人寿保险捐赠、慈善信托基金以及共同收入基金吗？组织对捐赠者进行过上述或其他递延捐赠策略的优势教育吗？

注释

1. 更多关于社交媒体和筹款内容的参见贝丝·坎特尔（Beth Kanter）与艾立森·范恩（Allison Fine）合著的《网络化的非营利组织》（*The Networked Nonprofit*），圣弗朗西斯科：乔西-巴斯出版公司，2010。

2. 国内税收服务有多种判断非营利地位的测试。其中的一种就是看收入来源。例如，若超过一定比例的收入全部来自某一个捐赠者，那么就可能将这一组织认定为另一类有着不同要求的组织。一个大比例收入来自某个捐赠者的组织可以在相关的政府网站得到法律援助和咨询，例如 http://www.irs.gov/pub/irs-pdf/p557.pdf。

3. 在这一部分中，"企业"指的是涉及有组织的赞助项目的大型商业机构。尽管在本章前面所描述的小型地方商业机构也是企业，但它们从事慈善事业的特性与这里所描述的截然不同。它们的规模较小，其活动主要限于当地的慈善领域，基本没有像大型企业那样精心组织的慈善活动。

4. 来自科恩斯·沃尔夫有限公司（Wolf, Keens & Co.），现在是沃尔夫·布朗（Wolf Brown）的工作论文"公益创投：从理论到实践"（"Venture Philanthropy: Evolving from Theory into Practice"）。

5. 参见：托马斯·沃尔夫（Thomas Wolf），《如何与捐赠者联系并双倍筹款》（*How to Connect with Donors and Double the Money You Raise*），曼德菲尔德，马萨诸塞州：艾默生与教堂出版公司，2011。

第九章　计划

几年前,在一个虚构的美国城镇中,有两家捕鼠器公司正享受着安宁美好的时光。它们的生意兴旺——产品畅销、利润丰厚、员工也很满意。虽然这两家公司都在力争成为捕鼠器制造行业的第一名,但因为产品需求是如此的旺盛,二者之间的竞争也是友好的。这两家公司生产的捕鼠器质量上乘,除了公司标签,它们几乎没有区别:捕鼠器都有着木制底座和上等铜线制成的弹簧机制。事实上,这两家公司的名称——更好捕鼠器公司(Better Mousetraps, Inc.)和优胜捕鼠器公司(Superior Trap Company)——都在告诉消费者,本公司生产的产品是一流的。

虽然这两家公司生产的产品相似,但是它们各自的管理模式却极其不同。更好捕鼠器公司(BMI)是一家经营了四代的家族企业,它的总裁以沿着他父亲、祖父、曾祖父的模式经营公司而自豪,"我们以一贯的方式生产同样的产品,"他常常炫耀,"我毫不怀疑,我们的四代顾客都在非常满意地使用我们的产品。"相对而言,优胜捕鼠机公司(STC)入行较迟,它的总裁是一家商学院的毕业生,他经常参与产品研发、市场调查和战略规划。当 BMI 的总裁把越来越多的利润转移出公司时,STC 的总裁则把公司的一部分收入用于资助计划部门:实验生产捕鼠器的替代性材料、开发产品的其他用途以及评估消费者需求的变化趋势。

几乎是同时,这两家公司都经历了由原材料价格大幅上升和市场需求大幅下降造成的严重衰退。在不到 18 个月的时间里,铜的价格上涨了一倍,而消费者的需求却神奇地、逐渐地、令人难以预料地下降了。虽然总人口数量增长了,但捕鼠器却没有简单地像以前那样畅销了。有证据表明,这一看似无法解释的需求变化是由石油危机引起的。因为石油的价格急剧上升、汽油供给短缺,所以很多人较少外出旅行而更多地留在家里;居家时间的增长令一些人感到无比的孤独,以至于其中的很多人决定养宠物;大部分宠物是猫,而猫在灭鼠方面与鼠夹有同样的效果,于是人们对捕鼠器的需求就下降了。

对于 BMI,成本上升与需求下降的双重挫折意味着灾难。那位以家族前三代人的方式来处理每件事情的总裁相信,困难终将过去,坚持不懈、努力工作和遵循传统必将得到回报。他错了,BMI 最终宣告破产。而对于 STC,形势却截然相反。当铜的价格上涨时,公司就采用一种芳香的、闪光的钢线来替代,并宣称十年的产品研究已经证明这种新型的、廉价的捕鼠器比老式产品提高了 22% 的功效;而且实际效果也确实如此。其后的五年里,STC 占领了捕鼠器市场越来越大的份额,因此也进一步恶化了 BMI 的问题。但是 STC 的总裁明白,这只是暂时解决了问题;事实上,捕鼠器行业注定要因消费者的习惯和生活方式的改变而面临厄运。

因此,STC 创立了一家全资控股的子公司,SuTraComp,这个看上去很高科技的名字是优胜计算机专用夹(Super Trap/Computer)的简称;对于这个令公司声名远播的产品来说,这一名字起得非常合适。该产品是一种高质量的、计算机输出资料夹——这种夹子看上去与母公司生产的捕

第九章 计划

鼠器极为相似,除了木质底座上不是点缀着一只老鼠的头像,而是用图片演示计算机终端及打印机向外喷射出大量的纸,而这些纸被收集到一个计算机专用夹(正如产品的名称)。随后 STC 花了三年的时间进行优胜计算机专用夹的市场推广工作,十年的探索和规划表明计算机专用夹将是一种销量惊人并且不会遇到激烈市场竞争的产品(因为公司申请了专利)。

在 BMI 宣告破产的同一年,STC 不再继续生产捕鼠器;或者更准确地说,是 STC 不再继续称自己的产品为捕鼠器。计算机专用夹的销售非常火爆,以至于 STC 的总裁收购了 BMI 的剩余资产,并且雇用了它以前的员工来生产"豪华型计算机专用夹",这是铜线捕鼠器的新名字。同年,STC 在美国证券交易所公开上市,它的总裁还拒绝担任经营欠佳的通用汽车的领导职务;也是在那一年,他终于还清了自己在商学院所欠的贷款。在获得当之无愧的报酬后,这位总裁选择提前退休;尽管如此,他的理念一直存在于 STC。21 世纪初,由于预计到当文件存储电子化时代的到来并看到市场对计算机专用夹的依赖日益萎缩,公司开发出了许多新产品。每个人都明白领先于市场变化的重要性。

以上这则传闻说明了计划的重要性。两家公司拥有同样的产品和市场,却以极其不同的方式结束,主要原因在于一个公司愿意为长远规划投入资源,而另一个却没有。成功的公司(STC)愿意放弃一部分利润以保障其计划团队的开支,而失败的公司(BMI)却没有;STC 的计划者们评估公司的运行现状、指引市场的长远趋势以及考察各种替代方案的衍生后果,而 BMI 却没有做其中的任何工作。尽管在一段时间内,BMI 看似比 STC 获利更丰,但最后结果显示它因没有把部分资源投入到计划领域而付出了极其昂贵的代价。计划不是一件奢侈品,而是必需品;这家公司的总裁明白得太晚了。

为非营利组织编制计划

在营利部门的环境中,计划是相当直接明了的,这是因为营利性公司的使命清晰:它们应该赚钱。而在非营利领域中,由于组织使命围绕的是公共服务这个较为模糊的概念,计划就变得不那么直接明确了。利润容易测量,而公共服务则不然。在营利性公司中,计划者以赚更多的钱为目的设计和评估若干方案,通过定量分析衡量每种方案的相对有效性;但当同一个计划者在为某个非营利组织筹划未来时,他或她可能会发现,即便是对组织的基本宗旨,管理层也难以达成一致。所有的人都同意组织应该提供公众服务,但所有人对以何种形式提供服务都有自己的理解。例如,一家医院把它的基本宗旨确定为向公众提供良好的医疗保健;但它的每一位理事会成员或雇员对这一宗旨的理解都有差异。有些人认为重点在于高质量的护理(如一流的医师、先进的设备以及与高校的合作);另有些人却认为公众服务意味着为一个广泛的顾客群体提供医疗保健,包括贫困者和其他不能或不愿出钱的人。

如果说,缺乏对组织使命的共识是为非营利组织编制计划时的一个问题,那么在实现组织使命的战略选择方面的各执己见则是另一个问题。假设理事会与员工能够一致同意一项组织使命,接下来他们必然要就实现该使命的最佳战略进行争论。一家老年人服务组织是应注重向老人们提供信息和转介,还是应进行"送餐上门服务"之类的项目或组织娱乐活动?一所多种族和多民族背景的日托中心是应通过政府合同还是浮动收费制来维持自己的生存?为了实现激进主义的政治要求,一个食品商会是应向政治候选人代表递交发展意见书,还是应抵制购买未加入公会的工人收获的产品?因为各个非营利组织的使命是笼统的,有的甚至存在歧义,所以实现这些使命的战略也就不是明确清晰的。

最后,似乎非营利组织不止存在着使命和战略方面的问题,在确定其成功标准和评估策略方面也存在困难。非营利组织如何才能知道自己是否正在做有利于实现组织宗旨、完成组织目标的工作？营利性公司对成功的评判相当简单，通过检查财务上的资产负债表可以完成，一系列的数字可以表明公司是否成功经营，可以比较公司目前与以往的业绩。遗憾的是，在非营利领域中，成功不仅难以衡量，甚至难以界定。一位社区剧院的理事可能认为，开展贫民区项目的成本效益比是衡量该组织成功与否的恰当标准，另一位理事则可能认为组织服务的顾客人数是适合的标准，还有其他的理事会坚持使用评论界对项目的反应作为判断成功的标准。

在组织的宗旨、战略和成功标准方面存在着如此多的分歧，诸多非营利组织在编制计划时面临挑战也就不足为奇了。非营利组织不进行计划工作的原因很多，其中有代表性的是：

- 计划耗费太多的时间和精力——员工与理事会已经在超负荷工作了（该理由的另一种说法是，只是没有恰当的时间进行计划工作，因为组织需要处理太多的工作或危机）。
- 计划的成本昂贵——预算中没有多余的钱支付顾问咨询费用、会议费用及其他费用。
- 计划削弱了组织的主动权——一项长期计划不能让组织对顾客保持开放和回应的态度。

上述理由没有一项站得住脚。声称员工和理事会没有足够的时间编制计划，就像说财务人员没有时间准备预算和财务主管没有时间审查预算一样，因为这些任务原本就是他们工作职责的一部分，他们必须排出时间完成。声称预算中没有钱承担计划费用，就像说预算中没有钱支付租金与购买设备一样，如果没有资金，就应该设法安排。至于声称组织必须对顾客保持回应，这正是对计划的支持而非反对，因为计划本身就涉及对顾客当前和未来需求的分析。

只有一种合理的理由可以反对计划工作,那就是当计划做得很糟的时候,这一工作不仅浪费了组织的时间,还削弱了理事会、员工甚至顾客的能量和精神。如果长期的、辛勤的、花费昂贵的计划过程只生产出一堆没人看的冗长报告,那么这种情况可以是反对计划的理由。不过,计划是那么的重要,缺少计划将致使组织非常脆弱,因而它值得我们去找寻一套有效的计划编制程序,这也是本章剩余部分的主题。

什么是计划过程?

计划是一个动态的过程,主要包括下列步骤:

步骤1:设置参数和边界。

步骤2:确定限制条件。

步骤3:改变可能改变的限制条件。

步骤4:制订行动方案。

步骤5:执行行动方案。

步骤6:行为评估。

步骤7:重复以上步骤。

规划一个花园

为了更好地理解每个步骤所涉及的内容,让我们想象:你是一个园丁,你的任务是开垦一块土地,把它建成一座花园,然后年复一年地维持这个花园。遵循这七个步骤,你需要做下列事情:

设置参数与边界。第一,你必须通过考虑自己土地的地界线、总体外形、花园的预期产量以及自己工作意愿的强度确定花园的边界。你应该在思考花园长远未来的前提下,小心谨慎地制定决策。毕竟,一旦你确定了花园的边界、开垦好土地、修筑起篱笆、种上树木、铺好草坪,你不会情愿再被要求付出时间、代价以及经受压力做出改变。

确定限制条件。第二,你必须确定那些决定你能够在花园里种植何物的前提条件。气候是第一个限制因素:地表什么时候结冰、什么时候解冻?降水量为多少,干旱期有多长?日照时间有多长,花园的不同角落分别可以接受多少阳光照射?土壤条件是第二个限制因素:土壤是酸性的还是碱性的?是沙质的还是泥质的?是否有充足的养分?第三个限制因素与你的预算有关:你愿意为这座花园投入多少钱?你能得到多少帮助(包括人力和资金)来充分利用现有的资源?

改变可能改变的限制条件。第三,现在你应该清楚,在上一步骤中所确定的限制条件,其中一些可以改变。举例来说,如果你已经确知地表的冰冻期将持续到来年三月,而你却想要在这一时间之前种植些蔬菜,你可能考虑投资兴建一个温室或育苗温床,或决定购买种苗替代种子。如果你发现,在下午长达三个小时的时间里,半个花园都被一棵橡树的树荫遮盖,你可能决定砍掉这棵树或至少剪去它的一些枝叶。如果你发现花园里的土地贫瘠,你可能会认真考虑施加肥料。但是,在整理土地和做出其他一些改变上你愿意投入多少资金呢?记住,有限的预算必须负担得起这些改良的费用以及整座花园的建设费用。难道不是这样吗?你的预算是丝毫无法变通,还是另一个可能改变的限制因素呢?

制订行动方案。第四,现在你准备规划你将采取的具体行动。实际上,你准备设计这座花园。你要确定如何开垦土地,购买哪些种子和植物,是否需要在温室或育苗温床中预先培育些产品,何时需要外界的帮助,何时收获作物,必须采取什么行动来保证花园安全过冬、保护某些植物在第一个生长季后免受恶劣气候的伤害,然后年复一年,不断重复。令人遗憾的是,有很多园丁(甚至经验丰富的园丁)在没有完成一些必要的准备步骤之前,就在这一点上发起计划编制过程。虽然他们也可能拥有精美的花园,但是一年年过去了,他们的花园看起来却没有什么变化。边界是在多年前建立的,此后就再也没有想过改变;因为园丁们通过不断的试验和摸索了解什么植物可以生长而什么不能,所以他们时常年复一年地在相同的地方栽种同样的植物。尽管他们的花园看上去很美,可是这些园丁本人却只是习惯的奴隶。如果他们没有关注或无力控制的事情发生了变化,(突然缩减的预算、变化的气候、扩展花园边界的需要),就对他们构成了难题。这些园丁没有应对这些变化的策略。

执行行动方案。第五,你现在可以执行为这个花园所做的规划。如果你已经正确地实施了上面的步骤,最终你的花园将生长良好。虽然难免会有些意外和遗憾,但你的花园总体上看起来不错。如果不是这样,那可能是因为你太过急切地想要开始种植工作而在你的计划中忽视了一些风险。遗憾的是,大多数没有经验的园丁都容易出现这样的问题。事实上,他们以种植作为经营花园的起点,结果却不尽如人意。这是因为他们根本没有编制计划,他们不知道什么植物长得最好,或应该做什么来改善种植条件。他们去苗圃买来了可爱的、健康的植物,却只能眼睁睁地看着这些植物两周后凋零在自己的土地上。他们埋怨自己没有高超的园艺技能,却没有意识到园艺技能不是天生的,需要通过完善的计划和辛勤的工作获得。

行为评估。第六,如果你的花园长势良好,你可能更为关注的是杂草、啮齿动物以及昆虫带来的危害,而不是明年花园的发展情况。不过,当你在种植、耕作、除草时,在采摘花朵、收获菜蔬时,必须站在花园第二年发展的角度来认真审视自己的成败。评估是良好计划的重要组成部分,因为它允许你,一个园丁,能依据真实事件检验自己的设想并在未来做出调整。

重复以上步骤。第七,现在是为来年重复这一过程的时候了。事实上,第二次开展这一过程与第一次相比有些不同。当你在筹划花园之初,你会在第一个步骤上花费大量的时间——确定花园的形状、轮廓和边界。第二年时,你就不用花费同样多的时间来考虑这一问题了。不过你也会发现,定期地回顾第一个步骤是很重要的。当你拥有的资源增长时,你可能变得更加雄心勃勃,想要在起初认为不可能种植花草的地方增建一个岩石花园;当你年老时,可能想要缩小花园的规模,以使自己仍能不必太过劳累地打理好这些事情。不管你的决定如何,都必须经过深思熟虑,而不是一时冲动。

当你为花园编制计划时,还得注意另外一些事情。第一,尽管我们给出了这些步骤的次序,但是一位熟练的园丁则可能同时进行几个步骤的工作,或同时为几个不同的年度编制计划。例如,一位园丁可能正在考虑五年内改变花园规模的计划;同时,他或她还要规划花园在今年的具体布局以及这一布局在三年内对预算、土壤预备和温床建设的影响。一名熟练的计划者知道,计划是一个多种因素同时交互作用的动态过程。

第二,即便是经验丰富的园丁也会告诉你,他们得益于专家的建议。聘请专业人士需要花钱,但是这能帮助你避免代价昂贵的错误,从而节约成本。当你被经验和偏好所局限时,专家可以提出你所没有想到的建议。当很多人参与花园计划编制时,会出现很多不同的意见,专家可以帮助人们解决分歧,找到令人人都满意的折中方案。

非营利组织的计划工作

非营利组织的计划过程也必须执行上述每一个步骤。

设置参数和边界。在组织成立之初,就必须为其行为设定主要的参数,它们一般记录在使命陈述中。应该对使命陈述进行周期性地审查,以使理事们确定组织仍在设置的范围内运作;在适当的时候,还应该对使命陈述进行修订,为组织行为设置新的边界。事实上,组织的计划过程应始终围绕使命陈述进行仔细的审查(而且在必要时重新做出使命陈述)。审查的同时还要讨论组织的价值观(即组织的信仰),讨论组织未来的愿景(当组织成功实现其使命时,这个世界的景象)。

确定限制条件。非营利组织的计划者们还必须审视那些限制组织行为的因素——预算限制、政府规定、顾客和成员的意愿、社会发展趋势、日益激烈的竞争以及消极的公共形象——来了解计划过程中必须重视哪些限制条件。

改变可能改变的限制条件。随后,计划者必须决定哪些限制因素可以被修改或改变、哪些限制因素值得改变。比如,额外的筹款可以消除一些预算限制;公共关系活动或公众教育宣传活动可以扭转不利的公共形象;积极的政治活动和宣传可能导致某些政府规定的改变。

设计行动方案。在尽其所能地改善限制条件之后,非营利组织的计划者们必须为组织制订出近期的具体行动方案。该方案应该包括一些长期目标、短期目标、行动步骤和一份预算(该预算应有明确的优先顺序)。

执行行动方案。行动方案中所描述的具体活动得到落实。

行为评估。对组织的行为进行评估,以便指导以后的计划工作。

重复以上步骤。

计划层次

有人将计划视为上文所示的一系列连续的依次进行的步骤,这是一定程度的误解。因为很多计划者不是等到一个步骤完成后再去开始另一个步骤。实际上,一些计划步骤是可以同时进行的。因此,以下对计划层次的讨论可能给我们带来更大的帮助:

- 使命或意图层次;
- 目标层次;
- 任务与指标层次;
- 对策层次(时间期限、行动方案、预算);
- 行为层次;
- 评估层次。

计划层次与前面所描述的计划步骤联系密切(但是二者并不相同)。让我们对此进行更仔细地研究。计划过程是一张路线图,它可以帮助组织实现从一个地方(此时此地)到达另一个地方(未来的某一地点)的旅程。

- 层次一:使命或意图,揭示组织开始这一旅程的原因。
- 层次二:目标,提供组织前进的总方向。
- 层次三:任务与指标,指出组织的目的地。
- 层次四:对策,具体说明组织应如何到达那里。
- 层次五:行为,旅行本身。
- 层次六:评估,判断你是否到达。

怎样使这些层次转化为非营利组织的计划过程呢?我们可以通过观察某个非营利组织的计划工作来回答这一问题。

康普顿纪念医院

在这家医院成立伊始,其使命或意图就已经确定,并且得到了周期性地审查,甚至偶尔地修正。使命陈述告诉世人该组织为何存在及其权限范围内活动的主要种类。康普顿纪念医院的使命是"为康普顿地区的居民提供高质量的健康护理"。乍看之下,这样的使命陈述似乎永远都不需要修改。毕竟,提供高质量的健康护理涵盖了一个医院工作的全部。然而,50年后康普顿很可能会出现一家新的、更为现代化的医院。到那时,康普顿纪念医院必须决定是否(用它拥有的过时的仪器和设备)参与竞争;是否要停止营业,或改变它的使命(医院可能变成一家门诊机构或老年人护理机构)。到那时,它的理事会必须检查组织的使命陈述,并确定其需要改变的实质和范围。

在使命或意图层次上需要讨论的两个相关领域是——组织的愿

景和组织的价值观:

康普顿纪念医院的愿景是建立一个健康的社区,社区的公民与医院合作以确保他们的身体和精神健康。

康普顿纪念医院的价值观是:

- 安全的治疗;
- 高成本效益的治疗;
- 愉悦的治疗体验;
- 所有员工和顾客之间的良好沟通与合作;
- 社区中的行业领导地位。

这些陈述构建了定义这所医院和引导计划编制进程的一个更大的框架。

在第二个计划层次,即目标层次上,必须建立一系列更为具体的描述,为组织的短期行动确定方向。因此,由于康普顿纪念医院的使命是"为康普顿地区的居民提供高质量的健康护理",其在五年内的具体目标可能会是:

- 改进服务质量以保证病人的安全;
- 建立一个门诊机构;
- 改进行政工作;
- 推行与周边医院共同提供的健康护理合作计划;
- 通过增加资金筹集活动,提高财务稳定性。

虽然在确定组织方向上,目标陈述比使命陈述更为具体,但它们也没有确切地阐明组织将要做什么、怎样做以及判断成功的标准是什么。目标陈述真正提供的只是解决这些更为具体问题的框架。

只有在计划的第三个层次,即任务与指标层次,目标才得以解释,变得更加具体和数量化。任务是关于目的地的陈述,它明确地描述组织希望到达的地方。每一个任务都伴随有明示或暗含的目标，即判断组织是否完成任务的可测量指标。如此可知，目标指示笼统的方向，任务象征的是目的地，而指标则是判断是否到达目的地的标准。

例如，该医院的目标之一是"改进行政工作"，这种表述本身就存在过于笼统的问题。没有人确切地知道，为了成功地实现这一目标需要完成什么样的工作。因此，我们必须确定任务与指标，如五年内实现医疗记录计算机化。该医院的另一个目标是"通过增加资金筹措，提高财务稳定性"，与其相关的任务和指标可以是私人捐赠在三年内每年增长10%。

在计划过程的这一时刻，必须非常谨慎地设置现实的指标，因为这些指标决定着用以绩效评估的成功标准。就计算机记账系统而言，一份不切实际的时间表得不到雇员的赞同；在增加资金筹集活动方面，必须确保理事会成员有足够的时间和意愿来承担一份乐观的筹款指标。最后，判断成功的标准不是乐观的目标本身，而是是否实现指标的事实。

计划的第四个层次主要是实现任务和完成指标的对策和行动。对策也可以称为行动方案。如果说任务告诉我们将要去何方，那么对策和行动方案就告诉我们如何才能到达以及需要耗费多少成本（一份完整的行动方案应该包括详细的预算）。因为行动方案是为特定的目标分配具体的费用，在一套任务和指标被认可之前，这些行动方案就已经由员工精心制定并经过理事会的充分讨论。例如，康普顿纪念医院的理事会不会通过三年内使私人捐赠额每年增长10%的提议，除非它的员工已经制订出一套行动方案证明这一目标可以实现并说明需要多少成本。行动方案为第一个年度的筹款活动预定了一个募捐顾问；要求更多的志愿者（由一个委员会负责招募）

参与一个年度电视募捐节目的制作；委托另一个委员会在第二年年初组织召开年度拍卖会；提出需要一个资深员工(在办事员的帮助下)协调筹款活动。上述对策只是员工针对这一目标所采取的整体行动方案的一小部分。

计划的第五个层次是行动方案本身的实施(即行为)。在这一层次很少进行真正的计划工作，因为它更多的是一个执行阶段。但是，我们必须进行小心的监控，确保方案按照计划实施。例如，康普顿纪念医院指派了两名理事会成员为募捐拍卖会发展志愿者，但是两个月过去了，他们的工作却没有任何进展(其中一位理事的家人过世了，而另一位则被工作压得喘不过气来)。因此，必须对行动方案进行修改——四位理事会成员被安排寻找志愿者，一位员工被指定每周半天为这个小组提供帮助。

计划的第六个，也是最后一个层次是评估。评估需要回答这些问题：我们完成指标了吗？为什么完成了或没有完成？下次我们怎样才能做得更好？评估是一种极其重要的计划工具，因为它能根据组织过去的经验，提供关于组织绩效潜力的确切信息，所以它能使未来的计划工作进展得更简单、更实事求是。例如，康普顿纪念医院的理事会在三年后对筹款运动的绩效进行检查，发现在该运动的前18个月里，私人捐赠并没有显著的增加，但是在随后的12个月里却增加了25%。由此得出的结论是：发起一场成功的筹款运动，需要花费组织几个月的时间，理事会不应该期望取得立竿见影的效果。这一事实对于理事会制定今后三年的募捐指标具有至关重要的作用，该指标要求三年内的资金筹集增长30%，每一年度的增长分别是5%、10%、15%。

计划层次的责任

从层次角度来看待计划工作的优点之一,就在于它是一种更为有效地判断谁应该在计划过程中负责何种工作的框架。例如:

- 在首席执行官的协助下,管理团队承担使命陈述的基本职责。
- 在资深员工的协助下,理事会负责确定目标。
- 理事会和员工共同负责设定任务和指标。
- 在理事会一定程度的协助下,员工负责确定对策和行动方案。
- 员工负责实施行动计划。
- 理事会和员工负责批准评估计划,评估计划中的某些内容应由立场客观的外部人员做出。

虽然计划层次的不同责任被分配给了理事会和员工,但有一点很重要,我们必须记住,那就是其他人也可以参与这一过程。他们包括:

- 顾客、捐赠者及其观点应该在计划过程中予以体现的重要的社团代表。
- 组织的志愿者,他们在收集信息、参与计划讨论方面具有战略性作用。
- 一位(或几位)与组织没有关联的社区智囊,可以邀请他们成为计划制订核心小组的成员,为某些问题提供客观意见。
- 聘请一位协助确定计划过程和日程的顾问,由其组织讨论、调查研究、撰写报告,为员工提供后勤服务。

计划模式

非营利组织中有很多计划方法。对于非营利组织的管理者和理事会成员来说,并不是每个人都要熟知其中的每一种方法。重要的是了解两种基本的计划方法——线性计划法与综合计划法——也就意味着最终选择了什么样的计划过程。这两种方法各有利弊，一旦完全掌握了它们，非营利组织的管理团队和中层人员就能发展出一种既适合组织又适合特定情境的具体的计划模式。

线性计划法

事实上，本章到目前为止已描述的大多数计划都是线性的。该方法开始于针对组织使命的一般讨论，结束于列出目标、任务、对策等内容的正式文件。这种方法认为，在组织的发展过程中，需要在某些特定的历史时期周期性地导入计划工作，这样的一种计划"干预"应该有起点和终点。一般而言，线性模式的内容非常全面，主要应用于下列情况：

- 创建新的组织；
- 制定和批准组织在特定时间间隔内(如每五年)的使命、目标、任务和行动计划；
- 作为接受资助的条件，应捐赠者的要求形成这样的计划；
- 在组织运作重要的新项目、兴建设施、开展筹资活动或酝酿变更经营领域时，形成对未来的明确愿景；
- 为了证实组织在计划过程中的广泛公众参与，或为了形成一个供朋友和敌对者审查、评判的公共文件而拟订的计划。

遵循本章前面所列的各项步骤，线形计划法开始了一系列的浓缩和提炼进程。它对每个计划层次(使命、目标、任务、对策)上的各种选择都进行了全面的考察，每个层次都只保留了极少数最合乎情理的选择。图 9.1 所示的三角形就是对一定时间内的线性计划法实施情况的形象比喻，它揭示了这种计划方法的两个基本特点：第一，它展示了线性计划如何总是从宽泛的使命和目标制订，过渡到比较狭窄和具体的书面行动方案。第二，它显示了线性计划如何舍弃多种选择，精简至少数几个。

第九章 计划

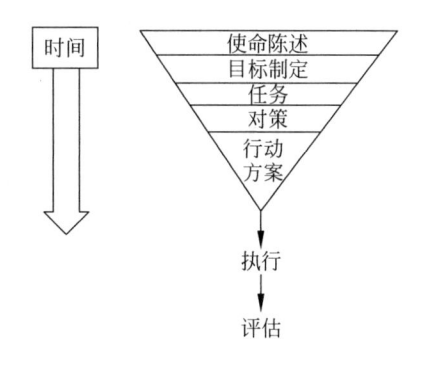

```
时间 ↓    使命陈述
          目标制定
          任务
          对策
          行动
          方案
            ↓
           执行
            ↓
           评估
```

图9.1 线性计划

线性计划方法既有优点,也有缺陷。其中,内容全面是它的根本优势。当一个非营利组织需要系统地审视自我,在多个领域内评估和探索自己的未来时,线性模式的效果良好。类似地,当组织要从事一项有争议的、冒险的或费用高昂的新项目,或对自己的使命做出重大调整时,线性计划可以详尽地向世人证明:这项新举措并非率性而为,它已经就此咨询了很多人,参考了多个意见。线形计划方法的另一个优点就是线性计划过程通常会产生一份正式的公共文件,为组织的行为提供框架,保护组织免受其他方法的压力。

不幸的是,内容的全面性也构成了线形计划法的一个主要缺点。这是一个缓慢并且让人沮丧的过程。有很多组织用很长的时间来起草使命陈述、着手解决目标问题,结果却在精疲力竭中草草收场,没有形成一个计划,也不愿在将来继续编制计划。缺乏变通是线形计划方法的第二个缺点。一旦拟订好一个计划并获得批准,就很难再做出改动。即便情况发生了变化——例如机会增加了,计划本身显得不对头——也难以修改计划。此外,这样长的过程也经常把组织置于一种保守的态势,限制新创意的实施。审查一个组织如何处理计划工作是了解线性计划法如何运行的有效方式。

工艺作品协会

工艺作品协会是一家有着30年历史的非营利组织，它的活动包括展览和销售现代工艺品、建立永久性的工艺品收藏中心以及开展一些教育项目。它的一个重要的捐赠者声称，如果组织想要申请一笔大额捐赠设立一个基金，就必须提交一份五年计划，于是组织决定启动一个计划过程。

这个过程的第一步，就是为计划过程本身制订时间表和预算，主要由理事会下的计划委员会以及执行总裁负责完成。为计划过程制定的时间表和预算，要经过员工和整个理事会的共同审查。在依据二者的意见做出某些修改后，理事会批准了计划工作的时间表，也同时通过了预算范围。一些理事在努力找寻外部资金，最后为$75,000美元的计划编制预算募集到了$30,000美元的赞助。资金主要用于支付咨询顾问($50,000)、临时雇人顶替休假员工($20,000)、各种旅行和办公费用。

下一步是确定能够在计划过程中给予帮助的顾问。通过电话咨询国内的同类组织，一共找到了六名顾问，五位表示有兴趣并寄来了他们自己和公司的资料，不过其中有一位开价太高，不在工艺作品协会的考虑范畴之内，还有两个看起来缺乏相关经验，剩下的两个由执行总裁和计划委员会的成员安排了面试，最终选择了一位在技能、方法以及个性方面看起来最适合工艺作品协会的顾问。

计划过程开始于该顾问安排和主持的一个为期两天的务虚会。之所以设计这样的一次会议，是为了给理事会和员工一个回顾使命承述、并据此评估协会各个主要活动项目领域(展览、收藏、教育和销售)与组织领域(管理、人员配备、筹款和一般行政)的机会。参加者们被要求按照优先次序，列出本协会在未来十年内应从事的重要活动的清单，并指出为完成这些活动而需要做出的组织变动。

第九章 计划

经过务虚会后,计划过程继续进行。理事会主席任命了一些委员会,由它们集中研究休整时讨论和确定的各个项目、活动和职能。这些委员会由理事会成员、员工以及与组织没有正式联系的社区居民组成(主要是感觉到后者能给讨论带来极大的帮助)。接下来的六个月里,这些委员会聚集在一起,努力为各自领域的重要性找寻理由和证据,使之显得充盈完善、有血有肉。要完成这项任务,就必须在某些方面做些额外的研究,员工委员和顾问进行了某些活动的可行性研究,调查市场和该领域的最佳实践,会晤关键的委员会领导、捐赠者和媒体代表。

六个月后,每个委员会都形成了一个简短的书面文件,代表本小组的共识。这份文件从论述该领域在协会整体运作中的重要性开始,还包括:

- 在计划所跨时间内,该项目要实现的一系列目标(每个目标都包括具体的、可测量的任务);
- 这些目标所涉及的预算和人员的初步描述;
- 实现目标所必需的筹款、营销以及其他活动的提纲。

由一位员工对各个委员会提交的材料进行整理和综述,然后发给每一个参与者。为了审查现有的材料、安排各个项目的进展次序、着手整合与批准长期计划中的目标和任务,又组织了第二次理事会务虚会。这次务虚会邀请了资深员工参加,要求他们对理事会正在考察的组织发展方向、目标,以及活动是否合理、可行进行实际检验。

下一步是制订一个五年期的行动方案。顾问写了一份报告,结构如下:

- 理事会已经通过的目标和任务概述;
- 一份为期五年的时间表,分解为若干个为期六个月的时段,并标出特定活动的发生时间;

- 叙述各个活动领域将要发生的事项；
- 讨论包括增加与重组员工的人员配备问题；
- 提供了两个版本的五年预算——一个以对收入（及活动水平与支出）的保守估计为基础,另一个则以更乐观的假设为基础(这与第六章描述的框架性预算相类似)；
- 五年筹款计划；
- 评估方案。

在最后的计划编制工作会议前的一个月,这份计划书就交给了整个理事会传阅,以便理事会成员有充足的时间仔细阅读这份报告。在顾问主持的会议上,理事会成员就这份报告提出问题、表达担忧、做出修正,并最终通过了修改版的计划书。然后由顾问对这份计划书进行修订,制作精练的计划书简报分发给理事会成员。

在设计这一过程的时候,协会遇到了一些需要特别关注的问题：

- 工作委员会的组成。理想的情况下,这些委员会应该由理事会成员和其他人员组成,包括资深员工和社会上的有识之士。然而,在某些情况下,这种安排存在着两种限制,一是理事会成员愿意投入在这一过程中的时间限制；二是组织外部人员的可用性限制。因此,协会采用了两种方法来准备最初的计划编制文件。首先,理事会自己作为一个计划小组,承担某些领域的工作,力求从大量有关人士那儿征求意见和建议。其次,聘请一个顾问对其他领域进行研究并做出书面建议。在对协会内部运作进行评估和建议方面,尤其需要这个顾问的相关技能,因为理事会成员或员工都无法足够客观地处理这一问题。此外,还在某些领域指派了一组员工,由他们准备意见书,交给计划委员会评估与讨论。
- 计划过程的监管。这样一个涉及众多志愿者的复杂过程,显

第九章 计划

然需要一个项目管理小组,由它确认各项工作是否按时完成,并对没有如期完成的工作进行重新分配。这一监管职能由计划委员会承担。为了确保理事会与员工之间的联系通畅,执行总裁应在计划委员会中任职。

- 员工的作用。如果要使计划行之有效且实用,员工应该参与计划过程。但是,计划委员会认为,不让员工主宰计划过程也同样重要。因而,要以在每个委员会中至少委派一名员工的方式来使用员工这种"资源";员工还可以提供琐碎的后勤服务,确保会议按议程进行、材料已整理好并分发出去;最后,员工对所有的资料进行检查和评论,并帮助顾问准备最后一次理事会所需的文件。

综合计划法

还有一种计划方法,它较少倚赖步骤间的确切次序,反而强调融入组织常规运作的持续性过程。这种综合计划模式既没有明显的起点和终点,也不认为计划过程的前一个步骤决定后续步骤。相反,这种方法使用战略适当的概念,提出计划工作的各个组成部分都应该相互适应,形成一个和谐连贯的整体。要达到这种适应,计划过程中的每一枝节都必须能对其他枝节产生影响。因此,计划的所有组成部分——使命陈述、目标形成、任务与指标的确定、行动方案、实施及评价——都必须连贯地发生,从而使信息在一个领域产生时,能对其他领域的决策和选择产生影响。

在线性计划模式中,信息倾向于朝着一个方向流动,因此总是与使命相关的信息决定目标形成,目标再决定任务,任务决定对策,等等,而不可能反过来。而在综合计划模式中,由于计划的各个组成部分是相互倚赖、相互影响和相互制约的,所以信息的流动是多方向的,组织的使命与组织的行为、行为评价、确定对策的可用资源以及众多目标所界定的顾客需要等紧密联系在一起。因此,综合计划模式要求获得各种连续的信息收集结果。只在计划的某一特定阶段进行一次性的信息收集工作,是远远不够的。由于计划的其他阶段会对初始问题进行重新界定,所以我们必须不断地收集信息。

综合计划模式可以用一个圆圈最形象地展示出来,这个圆圈就像是一个带辐条的车轮(图9.2)。处于车轮中心位置的计划协调员或协调小组,通过辐条从车轮的周边收集信息并与之交流。在车轮的周边,各类人员都在从事特定的工作。对于这些工作,我们已经很熟悉了——一个小组可能正在评估当前的活动;另一个或许在回顾宗旨方面的陈述;第三个在审视组织成员,以便为将来形成新的发展目标;第四个正与潜在的捐赠者交流;第五个在制订具体行动方案的预算,等等(在某些情况下,一个小组甚至一个人可能承担多种工作)。为了使车轮运转起来——意味着组织在计划编制中取得的进展——车轮的中心必须进行计划协调工作,这包括三种活动:从车轮周边的计划工作小组收集信息、将有关信息反馈给这些小组、最后将各种信息碎片整合为一个完整的计划。

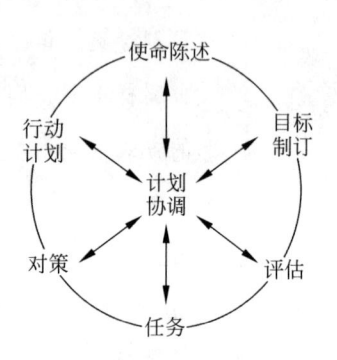

图9.2 综合计划

从本质上说,综合计划模式是一个不断发展的过程,正如这个过程的形象比喻车轮一样,它没有起点,也没有终点,并且在一直运转。因此,综合计划法倾向于强调计划的过程,这也是它比线性计划法优越的地方。与线性计划法不同,综合计划法可以使组织对变化、机遇和挫折即刻产生反应,而不必为了应付资金环境、政局更替或能产生新机遇和活动的管理与人员等方面的突变,把整个计划过程从头来过。相反,一旦出现变化,它就可以即刻重新生成目标、拟订行动方案。计划协调员（或计划委员会）的任务，就是检查所有的计划工作是否完成、信息交流是否充分、计划工作的各个分支得出的结论是否相吻合，形成一个和谐的整体。

综合计划法的第二个优点，就是鼓励理事会、员工以及顾客都持续不断地参与计划过程。在线性计划模式中，通常每十年里，人们只有一两次机会从根本上对使命和目标进行审视，他们倾向于花大量时间谨慎地"使它是正确的"，然后就停止对此进行讨论。而在综合计划模式中，计划过程自身就不断地驱使自己前进，针对使命、目标、任务及对策进行反复地讨论。此外，因为这种讨论不是封闭的，所以不用等到使命的讨论结束，就可以开始对策的讨论。由此导致计划总是不停地被制订和更新。因为计划总是随着计划过程的进展而被修改，各个计划组成部分又是相互协调配合的，所以在草案的制订过程中，不会提交定局性的文件。由于某些参数可能会很快发生改变，因而确实很少形成线形计划模式下的漂亮的印刷手册。不过，可以通过被理事会定期采用的工作策略、目标陈述（至少进行每年一次的回顾）、任务、对策以及具体的活动时间表来指导员工的行为。

综合计划法的第三个优点，是它倾向于较快速地转向行动。而线形计划法，正如我们所看到的，向行动的转变比较缓慢，这是因为该模式认为计划的本质是提取精华，计划决策中的每个合理方案都应该得到考虑。虽然这确实给计划带来了广泛的选择，但这些选择的到来却要耗费漫长的时间。综合计划法不要求面面俱到，它放弃了全面性，却赢得了时间。

综合计划法的这些优点也正是它的缺点。它的不全面性易导致盲目的决策，造成鲁莽的行动；它的变动性会让人们对组织长期计划的信心产生消极影响；它对过程的强调，也常常意味着经过认真组织、编辑和撰写的计划会被放在一个不太值得关注的次要位置上。综合计划过程究竟是怎样的呢？下面的例子可以帮助我们认识它。

社区基金会

社区基金会是一家基础广泛的赞助型非营利组织,位于一个中西部城市,已经使用综合计划法很多年了。理事们基于下述理由决定使用这种方法:

- 捐赠者为社区基金会提供限制性资金,不定期地增加额外捐助。因此,基金会有必要根据可用资源经常性地审查自己的经营理念、目标和活动项目。
- 社区需要呈现出急剧变化,诸如一家大型工厂关闭带来的经济混乱,或社区人口组成的突变之类的问题需要迅速、果断的反应,而像线性计划法那样每五年才重新讨论它的各项活动的先后次序,使理事会深感不便。
- 理事会想训练自己着眼未来。他们发现在过去,当一个结构化的计划过程不再向前发展时,线形计划法会让他们偷懒好几年;不过他们宁愿强迫自己在每次会面时对未来的需要和活动进行争论。

为了有效地利用综合计划法,基金会建立了一个计划委员会,其成员包括一些理事、员工以及有时特意从组织外部请来的有识之士。计划委员会的作用是根据预先确定的年度计划表,收集和整理那些可能提交给整个理事会讨论与处理的材料。此外,计划委员会还要与其他委员会建立固定的联系,以便协调各个团队的计划,并将所有的具体计划整合为一个统一的整体。

基金会的计划委员会认为,有必要从三个时间框架来考察自己的工作:近期、中期和远期。每次会议,计划委员会都根据自己在年度计划循环中所处的位置,给予三个时间框架以不同的重视。例如,在2012年举行的一次会议上,计划委员会几乎将所有的时间都用来讨论一个长期计划议题——2025年后的教育,没有涉及任何基金会

第九章 计划

在今后十年里的活动情况。而在它的下次会议上,讨论又集中于解决无家可归者的三年战略。在各种情况下,整个理事会的需要是议程的决定性因素。如果理事们有什么与近期相关的特别行动项目,那么计划委员会就必须在会前准备好带有初步意见的所有信息。因此,计划委员会的工作与理事会自身的决策循环密切相关。

基金会计划方法的一些特征值得我们注意:

- 基金会的计划委员会在持续的压力下,为整个理事会的讨论和行为提供信息。它不能裹足不前,不能仅进行空泛的讨论。它必须走上前,完成每个具体的、特定的任务。所以,这个团体的会议是高效有序、井井有条的,委员会的每个成员都有自己的任务,报告必须在会前准备好以供人阅读和讨论。

- 基金会的计划委员会依靠他人来完成大量的基础性研究和工作。它要求基金会的某些特别小组(有时聘请顾问)就诸如教育、无家可归、文化活动、经济能力、毒品等具体领域的问题提出建议;它还倚赖财务委员会提供长短期预算趋势方面的信息;有时它还要求顾问和员工提供补充信息。

- 案例中基金会的计划委员会开展的工作,在很多组织中由执行委员会负责执行。基金会的理事会之所以决定不使用执行委员会,是因为考虑到非执行委员会的成员可能会产生一种被剥夺参与组织重要议题和决策权力的感觉。通过建立一个独立的计划委员会,越来越多的理事会成员加入到关键议题的讨论中。不过,计划委员会的所有工作文件在提交理事会传阅之前,都必须经过执行委员会的审核。由执行委员会负责把这些材料加入到理事会会议的议事日程中。

选择哪种模式？

本章下半部分对线性计划模式和综合计划模式的深入探讨——以及工艺作品协会和社区基金会两个案例的研究——证明，对处于特定情境中的不同组织而言，每一种模式都有其优点和缺陷。因此，单个的组织可以在自己发展的不同阶段，同时应用线性计划和综合计划两种方法。

大多数组织应该尝试至少在每十年里完成一次线形计划制定过程（很多运转良好的组织每隔五年就制订一个这样的计划）。如果一个组织正在向着新方向前进，或者在推行一项备受争议或需要广泛支持的活动，那么线性模式的全面性就很适当。如果计划工作的重点是形成书面文件（满足理事会、社区、捐赠者以及其他人的要求），那么使用线性方法也具有良好的意义。

另一方面，综合计划法更适合于对未来的深思熟虑已经允许理事会和员工有一个持续地、结构化计划过程以及对计划议题有一个持续关注的情况。对于那些经常需要快速应对变化的组织而言，综合计划法也大有裨益。

这正是新组织能经常有效运用综合计划法的原因之一。在组织稳定之前，理事会和员工必须控制活动、利用机遇、及时应对威胁。对于老组织来说也是一样，尤其是那些经历过危机与颠覆的组织，综合计划法的回应性使它们受益颇多。最后，综合计划法为理事会和员工制定了纪律，迫使他们持续关注未来，以一种负责任的方式来规划组织的发展。

事实上，对于每一种计划方法都可以进行适度的调整，将另一种方法的基本要素融入其中。例如，很多组织每五年会组织一次五年线性计划过程，但每年又会结合综合计划法对其内容进行详细的检查。这些组织召开年度计划务虚会，在会议中改变和更新它们的线性计划内容，有时也会附带讨论随后一年的内容。通过每年增加附加年份的方式，令组织总是在处理五年间的计划，即使正式的线性计划过程在每十年间只出现两次。

最终，每一个组织都必须选择一种满足时间、环境、人员（包括组织内部和外部）以及组织自身要求的计划编制方式。

财务计划

在没有一个强大的预算支持的情况下，任何一个组织都无法开展计划过程。哪些是人们应该知道的最重要的事情呢？

- 组织过去的财务模式是什么？它的收入和支出是多少？来源于何种渠道？
- 是否存在值得关注的、可能对组织未来产生影响的财务趋势？
- 被提议的新活动和结构会产生什么样的财务结果？费用是多少？从哪里获得收入？
- 对于不同的活动方案，可以设想的最乐观和最悲观的财务状况是什么？这些预计估价是在什么样的背景下做出的呢？

我们在第六章提出的"框架性预算"方法，是实施计划过程的一项重要工具。通过预先设计多种财务方案，决策小组能够更准确地预测风险和机遇。由于这些预计至少是部分地基于实际绩效，决策制定小组因而可以更加确信这些数字根植于现实。

谨慎的预算在计划过程中的作用如此重要的另一个原因是：越来越多的捐赠者在向一个组织提供大量的捐助之前，希望看到计划过程的结果。他们对组织的财务状况特别感兴趣，想了解如果他们对组织进行投资，组织是否拥有很大的成功概率。财务计划越完整、越合理，捐赠者就越有可能对组织规划未来的能力产生信心。

制定决策

计划过程的最大障碍之一，就是从提出构想和建议阶段向做出选择和最终决策阶段过渡。虽然完成计划过程、实现从计划向行动的转变需要仔细斟酌,但对于已取得共识的项目来说,也需要一种方式鼓励这种转变的快速进行。

赞成一览表就是现有的最好的方式之一,它已经被广泛地应用于公共实体的决策制定会议,也易于被私人性的非营利组织采纳。赞成一览表的实施程序主要包含下列步骤:

1. 应该撰写一份计划报告,把提议的行动方案浓缩成一系列的建议。在每一条建议后面都附有简短的论证和解释。这项工作可以由计划委员会、顾问、在计划小组中工作的员工或理事会指定的任何人完成。

2. 将计划报告与一份回执提交给决策制定小组(通常是理事会)的成员,每一条建议都被完整地写在回执上,并在其后列出"同意"、"不同意"、"讨论"这三个词。理事会成员必须就各条建议圈出自己的选项,并在某日前提交回应表。

3. 根据事先的规定,某一问题得到"同意"的回应达到预先设定的比例时,该问题足以被列入赞成一览表。一旦一条建议出现在赞成一览表上,它就从讨论议程中移出;所有的这些建议都被视为一整块,在批准计划的会议上简单地进行投票表决。尽管75%的比率更适合,但是60%的同意率应该是一条建议被写入赞成一览表的最低限度,有些组织可能还希望这一比率高达90%。大多数人不仅仅同意这一行动,并且更高比例的人完全理解这一行动、对这一行动感到满意是非常重要的。

4. 在制定计划决策的会议上,除了那些列入赞成一览表的建议外,所有的建议都被列入讨论议程。我们既可以按照这些建议在报告中出现的顺序进行讨论,也可以优先处理一些被一边倒地认为不该通过的建议。

赞成一览表具有很多优势。它通过减少无争议领域的讨论,精简了决策制定过程;它在可以采取纠正措施的时候,及时地指出了某些存在困惑和歧义的领域。因为回执要求人们在会前公开自己的观点,所以通常有充足的时间与那些摇摆不定甚至改变主意的人就具体问题进行讨论。

最后,赞成一览表避免了一两个人妨碍、延长讨论或阻止大多数人认为可行的行动方案的情况。

对于任何一个开展计划过程的组织来说,牢记下列建议将特别有益:

- 计划过程越简单,成功的可能性越大。
- 没有唯一正确的计划方式;最好的计划过程是那些为满足组织需要以及理事会与员工工作风格而专门定制的计划过程。
- 计划的根本好处通常在于它自身的过程。计划是一个涉及大量人员思考未来的结构化路径,这往往是它的首要价值。
- 计划并不意味着增长;削减活动(或者是结束它们)经常可能是一个恰当的计划决策。
- 计划产生矛盾和焦虑,没有人能完全控制计划过程的产出,这可能会在理事会与员工之间造成紧张关系(在计划的时间要求上的挫败经常会扩大这种情感)。
- 对一致意见的偏好几乎总是会阻碍计划工作的进程;倾听每个人的意见是重要的,但是在计划中体现每一个少数派的观点是没有益处的。
- 计划过程要取得成功,必须拥有高层员工、关键的理事以及组织中其他有影响人士的鼎力支持。
- 不应该把计划工作完全留给职业的计划顾问;理事会和员工必须参与其中,以便做出属于他们自己的决策。
- 最重要的或许是组织对计划的热情氛围;没有它,一个计划过程难以取得成功。

思考题

1. 你的组织的计划活动是否包括使命、远景、价值观回顾、目标和任务确定、行动方案设计、时间明细表安排以及为分析所做的适当预算准备？

2. 有没有在计划过程中设置评估方案，以便在工作没有取得预期进展时，对计划进行调整？

3. 理事会和员工都参与了计划活动吗？是否找到适当的方式吸收志愿者、顾客、捐赠者以及其他重要的社区代表加入？

4. 你的组织在计划过程中使用了顾问吗？他们的责任是否明确清楚？

5. 你的组织是否为计划工作设计了一个完整的、带有时间期限的书面程序？所有的参与者都清楚地了解它吗？

6. 准备采用何种机制来替代预算方案？对于那些要在未来制定重大决策的人来说，这些机制的形式有用吗？

7. 你的组织以什么样的战略获得对长期计划的支持？有没有努力围绕计划过程营造一种热情的氛围？

第十章 可持续性与领导力

佛瑞德·库里奇(Fred Coolidge)长年担任着康普顿社区基金会的执行总裁。快退休时,他回顾了自己从1977年作为一名基金主任助理加入基金会以来的40年的工作。在众多的业绩中,令他引以为傲的是这家基金会的发展。在20世纪70年代末期,这家基金会的资产约为800万美元;当他准备离开时,该基金会的投资组合价值已经超过17,500万美元,每年提供近1,000万美元的捐赠资助。

库里奇同样也为康普顿地区非营利部门的发展与壮大做出了重要的贡献。康普顿社区内的非营利组织,在1970年时屈指可数,十年后增长到几十家,20世纪末期则发展到几百家。佛瑞德·库里奇已经因其个人为这些组织所做的努力而获得无数荣誉;他记不清自己已经接受了多少次的表彰和祝贺。他被公认为以积极方式改造康普顿的个体之一。

在这种情况下,你可能认为佛瑞德·库里奇应该是一个相当满足的人。他推进了社区的发展,人们认可他的工作。可当他临近退休时,却焦虑不安。虽然他并不能完全确定自己为什么而烦恼,但他忧虑的是非营利部门不再像他十年前所认为的那样健康。一方面,他确实看不到持续的理事会领导和志愿者参与,这些都是他在早年视为理所当然的事情。似乎每个人都太忙了。而在 40 年前,镇上则有一小部分值得信赖的人,他们掌管理事会、奉献自己的时间、关注社区的健康和长远发展。

库里奇知道自己应该为康普顿非营利组织理事会成员不再那么排外而感到高兴,他也赞成当地理事会中不断增长的多样性。确实,相比于以前,现在有更多的人参与非营利组织;但他们在承担责任方面的程度却并不热切。佛瑞德·库里奇对理事缺乏经验、志愿者缺乏连续与持久性感到担忧。

他认为造成这种情况的原因部分在于伴随着社会的巨变,人们处理生活的方式也在改变。早些时候,康普顿社区的有钱人把自己在非营利组织理事会中占有一席之地视为理所当然的事情。那时,商界领袖们都在康普顿地区生活一辈子,他们通常会接替父辈在理事会中的位置。而在今天,相当多的有钱人根本不再为理事会服务。很多年轻的商业管理者只在康普顿做短暂停留,就被自己的企业派去了另外的社区,根本没有时间在康普顿扎根。更多的女性参加了工作,这使得那些过去完全由女性组成的志愿者团体无法从志愿者那儿得到同样多的服务时间。事实上,没有人再拥有大量的闲暇时间——即便是青少年也有学校以外的工作。

库里奇回想起自己以往拥有一个参谋团的时光。过去,他能通过电话与一些领导者推心置腹地商讨如何弥补当地一两家非营利组织某些损失的事情。他与助手们的这种松散联系,可以帮助他平静从容地处理问题。但是他过去用电话联系的人,要么已经过世,要么不再活跃,而那些年轻的领导者则很少有充裕的时间回复他的电话。他并不责怪他们,他们的工作已经够繁重的了。

第十章 可持续性与领导力

库里奇也为近年来一些非营利组织的失败感到担忧。过去他曾引以为豪的事情是,在他担任基金会领导的期间,康普顿社区没有一家非营利组织走向破产。然而仅在过去的三年里,就有五家非营利机构关门。其中有一家当地的非营利医院,因为不能与营利性的连锁企业竞争而关闭,那家连锁企业还购买了镇上的另外两家非营利医院。基金会的理事会因此事陷入痛苦的挣扎,最终还是认为对这家医院进行现代化改造、提高其竞争力的成本过于昂贵,基金会无力承担。这只是组织失败的一个例子。很多小型的非营利机构——成立于他任职早期的黄金时期——已经停止营业或处于崩溃的边缘。在几个案例中,没有人在意非营利机构倒闭的正式程序;没有项目,没有志愿者,没有员工,机构的外壳就这样简单地萎缩了。

不过,最让库里奇头痛的要算是地方非营利组织缺乏持续的员工领导这一问题了。毕竟,他谨慎地说,一个睿智的领导者就是打造一个强健重要的非营利组织的关键。今天的领导者们在位的时间并不长,还没有时间形成自己的影响。库里奇记不起一个自他担任基金会执行总裁以来仍待在自己位子上的非营利组织的管理者。有些组织在这段时期已经更换了三至四任管理者。一些才能出众的管理者,已经被其他城市的组织挖走了;还有一些则精疲力竭。有时候,这些管理者还迫于财务压力去寻找其他的工作。而当一个人离开了组织(通常也就是离开了这个领域),可选择的接替者们也在变少。

在庆祝库里奇任职总裁40年的庆典上,他将自己的这一忧虑告诉了一个好朋友。"你老了,佛瑞德,"朋友对他说,"我们总是往回看,总以为过去的日子才是好的。这显然是你该准备退休的一个信号。"库里奇对朋友的建议思考了几个星期,最后也准备接受这个说法。但是,当他参加一个全国性的社区基金会领导人研讨会时,却发现还有很多人跟他的想法一样。

在会上，十年前被探讨的"推进新启动的非营利组织发展技术"的对话，现如今已被"压力和时间管理"、"危机导向的捐赠决策"、"补救还是放弃：何时终止非营利组织"以及"激励青年理事"等议题所取代。每年都有关于领导力的发展、可持续性以及社区基金会在日益变迁的世界中的角色等问题的对话。库里奇注意到他在基金会领域的很多老朋友都参加了这些对话，不过令人惊讶的是，参加这些对话的大部分都是年轻人，他们看上去最为担忧。

21 世纪的可持续性与适应性

今天，很多有识之士都在关注着非营利组织及其所面临的特殊困难。25 年前，人们根本没有预料到这种情况。多年来，这些困难的成因和生长条件一直潜伏着并最终爆发、形成破坏。当非营利组织存在的问题不容再被忽视时，仍有许多管理者和理事们预言这些问题将如同它们的到来一样自然消失；这种观点也同样削弱了很多组织的健康。现在就此形成的广泛共识是：佛瑞德·库里奇所担忧的趋势构成了非营利部门实际运作中的一个持久的改变，而且这种改变还明显地增加了非营利组织管理的复杂性和挑战性。

非营利组织面临的问题是多样的、复杂的，但可以用两个重要且相关的挑战为特征将它们综合在一起——**可持续性与对迅速变化的世界的适应能力**。非营利组织必须应对竞争加剧、顾客多样性增加、公众和捐赠者期望升高、成本上涨、支持衰退、技术变化迅速以及与商业管理差异显著等问题。要想在这样的环境中生存（可持续性），必须依靠组织的适应能力。

为什么在 20 世纪的后半部分，极少有人预料到非营利组织将不得不为生存问题而烦恼呢？怎样才能在未来避免类似的短见呢？答案很简单：变化必须得到预测——事情永远不会保持不变。因为早期是一个非

第十章　可持续性与领导力

营利组织空前发展和前景乐观的时期,很少有人想到非营利组织会真正地陷入危机。非营利组织的数量、规模和职业化程度都在增长;那是一个非营利部门整体都在以一种惊人速度发展的时期。政府官员和私人部门的领导者都认为更多的资金与非营利组织将对解决社会问题大有裨益。那是一个如此有活力的时代,以至于人们都认为非营利组织的增长曲线仍将毫无疑问地继续上扬。

然而,重新评估时期的到来导致了紧缩。对于很多组织,尤其是那些依然认为变化只是暂时的组织来说,这是一段倍受煎熬的时间。成本在继续上升,但很多组织的收入却第一次出现了缩水。这一代的领导者——很多在薪水低得无法接受的条件下工作的创办人/领导者——退休了,辞职了,或者被要求下台了。接替他们通常是一个非常艰巨的工作;在工作与家庭需要的挤压下,理事会成员的征聘工作也变得更加困难。

为什么会发生这样的情况?为什么非营利组织发展的泡沫会破灭?对于这一问题的回答,可以帮助人们理解变化的动力,这对处于21世纪头十年的非营利组织来说非常重要。有人说这是一个自然的调整——就如一个钟摆,在到达了某个摆动方向的尽头时,就会倾向于减弱而摆向另一个方向。但事实远非如此。

这在很大程度上,要归咎于联邦预算赤字。过去几十年一直为非营利组织提供资助的政府,开始质疑自己的基本假设。尽管非营利组织被委以解决社会问题的重任,但它们自身的问题却似乎变得更糟糕了。对此的简单解释是非营利组织并未有效地开展工作。再加上时不时的通货膨胀、能源成本的上涨以及美国海外声誉的下降,导致人们普遍对现状感到不满。一种信任危机正在蔓延,即更多的非营利组织与更多的公共支出显然不是社会问题的解决之道。

在那些年里,有影响力的私人部门的投资者也加入了那支认为非营利部门已经变得过于庞大和无效的领导者的行列,他们的数量在不断增长。他们大多不允许组织使用他们的捐赠去弥补减少的政府资金,很多人还开始降低自己对非营利组织的运作和项目的支持力度,而正是这种支持在前些年带来了非营利组织的繁荣发展。他们开始围绕五个基本主题提出质问:

- **顾客和社区**。非营利组织声称自己确实在为广大公众服务,它的这一声明得到了完全的证实吗?怎样处理那些在它们的项目中明显没有得到服务的众多顾客以及没有满足的真实需求?可以通过那些更有效地服务于困境人群的组织,更好地提出非营利组织所在社区和社会的整体问题吗?非营利组织的理事会不能更有效地反映社区需要吗?

- **效果**。非营利组织能借鉴实用且得到验证的商业经验而有效运行吗?他们提供了自己声称要输出的产品和服务吗?它们的人员配备过于庞大吗?浪费很严重吗?理事会和员工有足够的专业知识确保效率吗?

- **问责性**。非营利组织和它们的理事会及员工真正地为自己的绩效负责吗?它们怎样具体落实自己宣称的服务供给?一个外部人士,例如投资者,如何对它们的绩效或整体效果进行评估?有充分而全面的内外财务审查吗?如何向捐赠者保证他们提供的资金将得到合理的使用?

- **领导**。谁是领导者?那个人(或那些人)展示了真正的领导能力吗?他们能激励组织内外的人吗?他们能激发信心吗?

- **可持续性**。非营利组织是否提出了脱离日益增多的救济和运作赞助的可持续发展战略?它们有足够的储备和捐赠吗?它们是否在当地得到了组合广泛的个人的支持,这些人愿意年复一年地支持组织,因为组织确实有能力满足当地的需要?

对非营利组织的一个关键的批评就是其不能够适应快速变化的世界。很多创建于半个世纪之前的组织,在历史上最持久的经济繁荣时期就达到了巅峰。虽然世界和这个国家的经济现状已经发生变化,但它们依然采取过去的方式运作,就像环境不曾发生变化一样。它们的项目没有什么改变,服务的顾客依旧,理事会仍由同样类型的人员组成。它们的运作模式保持不变。事实上,只要还能继续获得资金,它们就没有什么动力去尝试改变。

不过,资金已不再像以往那样容易获取,这就导致了对可持续性的关注。在本文中,可持续性并不是一种简单地维持非营利组织生存和运行的能力,它意味着更多——只有通过富有活力的组织建设开发能力,组织才能被视为贴近顾客需求、财务健康、管理有序和负责。

对可持续性概念的考察,又把我们带回到最初的对适应性的关注。要培养一个非营利组织的能力,并不能够靠一次性的发展过程或资金增长来实现。它应该被视为一个不断发展的过程,需要不断地适应变化的世界。因此可持续性和适应性是两个难以分解的、相互关联的概念。

基金的可持续性使用与限制

当佛瑞德·库里奇,这位经验丰富的基金会领导者,倾听了为投资者举办的关于什么是人们所说的"危机"、可持续性与对变化世界的适应性等主题的研讨会后,他意识到自己的想法和许多与他同时代的人一样,都已经过时了。多年来,他一直认为一个人只要能将一个组织的规模发展到足够大,并对组织的资产与项目能力进行扩建,那么这个人就能确保组织的长期生命力。现在他认识到事实并非如此。

旧的观念认为,资产建设和它本身能够确保非营利组织的稳定性和可持续性。这一观点是建立在事物永远保持不变的前提下的。它认为只要促使一个组织保持稳定,那么这个组织就将一直保持这种状态。但是新的观念认为，非营利组织的世界是无法保证永远不变的，而且在很多时候，这也不应该成为一种追求，因为它将带来衰退与偏离。在新旧观念的对比中，没有什么比对基金的态度变化更为明显的了。虽然说只要管理适当，基金就将毫无疑问地为组织提供一个永久的资金来源并给组织带来重大的收益，但是大笔的基金并不能担保一个组织会永远保持健康。

交响乐团稳定项目

1966年，一个著名的全国性基金会的项目官员设计了一个赞助计划，目标是保证美国交响乐团的长期稳定。他们的方法很简单，由基金会为主要的交响乐团提供捐赠基金，随后这些资金将逐渐形成一个长期的收入渠道，足以扩展项目及使员工专业化。人们在那时的想法是，这些捐赠数额已足以保证乐团的长期稳定性，基金会可以采用同样的方式来保持其他组织的稳定。由此产生的交响乐团稳定项目的预算将近七千万美元——依据当时这个行业的整体规模来看，这是一个非常庞大的数字。

起初，这一活动的结果似乎验证了基金会官员的乐观估计。许多所谓的业余乐团都能通过增加全年的音乐会和演出数量，为它们的音乐家提供全年的聘用经费。更多的受过训练的专业人员加入了这一领域的筹款、营销以及人力资源管理工作，音乐家和行政人员的薪酬都提高了，乐团正在以基金会官员所希望的方式发展。赴欧演出、录音合同以及评论界的赞扬，都是推动美国交响乐业发展所带来的积极效益。

但是随着时间的推移，有些迹象显示活动并没有完全地走上正轨。虽然被提供的音乐会的数量增加了，但观众的人数并没有增长；当整个年度的入场次数都跟不上可用座位的增长时，个人演奏会的座位也就变得更难以填满；音乐家们变得难以管束，并要求更高的薪水——毕竟,倍受吹捧的基金增长显示资金是充足的;而最令人吃惊的是,基金收入的增长并没有跟上费用支出的增长,赤字正在攀升——这恰恰与基金会官员预期的结果相反。

1992 年,对交响乐团财务状况的一次重要研究[1]显示,20 年来该行业的收入差距已经扩大了十倍。举办一次音乐会,分摊在每个观众身上的费用已经从 1971 年的 5 美元上升到 1991 年的 26 美元。在这 26 美元中,有 15 美元不得不通过筹款活动取得,相比于 1971 年的 3 美元有所提升。尽管提供给乐团的基金获得了预期的增长,但是扣除通货膨胀的影响后,实际只增长了 37%——无法满足增长了十倍的年度财务缺口。到了 20 世纪末,这一行业和它的投资者们依然在绞尽脑汁地找寻可以解决"稳定"项目已经创造的结构问题的对策。十年之后,在一个长达十年的经济动荡之后,有交响乐团开始宣布破产,整个行业陷入混乱。关于可持续性的一个不正确的理论给它造成了长达 50 年的破坏。

上述案例是由真实的文件改编而来,是为了说明基金在保障非营利组织可持续性方面的限制。基金可以通过提供一种常规的收入渠道补充其他的运营或非运营收入,以帮助弥合非营利组织的收支差距。但是对于捐赠基金的长期稳定性,不存在永久的担保。约束是必要的,组织的增长必须得到控制。为了保证跟上通货膨胀,基金本身必须得到培育和增长。除非在极端紧急与异常的情况下,否则必须避免对基金的"借出"行为。最后,对基金收入的使用限制必须始终与组织的适应性保持一致。

下列四个案例展示了基金使用可能引致的问题:

- A 组织拥有价值 200 万美元的基金,每年的运营开支约需 120,000 美元(或是全部本金的 6%)。理事会下的一个委员会对这笔基金进行了积极的投资,使它能产生接近这个数字的收入。

不过经过一段时间后，通货膨胀导致组织的费用上涨，需要由基金弥补的差距增加到了每年 150,000 美元。由于基金的本金仍然只有 200 万美元并且全部被用于投资，因此无法产生额外的 30,000 美元。

- B 组织在使用其价值 200 万美元的基金收益时，态度更为谨慎。它决定只将其年收益的 4.5% 用于支出，并对收入余额进行再投资以使其基金增长。但是，一份重要的政府合同所带来的意外的损失以及投资市场收益的减少，给 B 组织带来了一个巨大的财务赤字（500,000 美元），它的理事会经过投票表决，决定从基金中"借出"所需的款项。现在由于其基金的价值临时被削减，无法满足运营需要，理事会又投票决定拿出超过 4.5% 的基金用于开支，因此蚀了老本，造成了与 A 组织相似的问题。

- C 组织已经持续多年对其基金进行了相当成功的管理，它们只使用了其中的 4%，并使其资产获得增值。但是，它的雇员组成了工会，提出了更高的工资和福利要求。对实际收支的任何解释都无法令工会代表满意，他们指着 200 万美元的基金说应该用掉它，以便雇员能够拿到生活工资。面对罢工的威胁，理事会不得不投票决定分配本金，于是导致了每年持续增长的结构性赤字，直到基金被消耗殆尽。

- D 组织通过一次募捐活动获得了价值 200 万美元的基金。它在所有的书面文件中向捐赠者承诺，这些基金的所得将用于资助一个倍受嘉许的针对某个第三世界国家开展的学生交流计划。这项学生交流计划后来因那个国家的政治动乱而被终止，但是因为存在基金的使用限制，所以该项资金不能用于其他目的。D 组织曾经向原来的捐赠者去信，询问他们是否可以撤销限制。许多捐赠者已经过世，剩下的人却不允许改变。于是这些受限制的捐赠基金继续被投资，不断地产生收益和增长，却不能被组织利用。

谨慎的组织试图尽可能地保持基金的弹性，而不希望终日要对捐赠资金应该支持什么样的活动进行预测。有些组织对其设置了时间限制，声称只有经过一段年月（可能是25年）后，基金的收益才能被用于一般目的。还有一些组织设立了"损耗性基金"，允许在特定时期末没有基金或者限制性基金已经被非限制性收入取代放入储备的情况下，使用本金或利息。每种情况的目的都是为了保持灵活性与组织的适应能力。

在财务管理方面，大部分严谨的组织极少在每年拿出多于4.5%—5%的基金本金用于运作，很多组织用得更少。剩余的部分用来投资，以使资本增值、基金升值。此外，还出现了采用所谓的"总回报策略"的趋势，即在不考虑预定收入数额的情况下，利用基金进行投资以获得最大限度的增长，每年年底再计算基金的总价值（几个季度的平均），再由组织拿出一定比例（大约是4.5%）的基金用于运营需要。如果基金的收入足够多，就从其中拿出；但如果基金的收入不足，余下部分就从基金自身的资本增值中拿出。因为资产得到了显著的增值，所以可对其进行变卖。

对于一个组织来说，基金几乎总是非常宝贵的。如果使用得当，它们将增进组织的可持续性，并且能在危难时刻充当紧急资金，尽管这总需要一个如何在特定时限与利息条件下偿还借出资金的计划。它们对盈亏底线的不断支持，帮助很多组织解决了所谓的结构性经营赤字问题——这一赤字不能用其他的创收或削减成本的方法弥补。不过，过分地依赖基金而排斥其他的策略与机制不仅使很多组织陷入了困境，还使得另外一些组织不愿积极地采用重要的创收或削减费用策略。它们只能被视为可持续性战略大全中的一个组成部分。

规模与可持续性

非营利组织的可持续性（及其适应变化的能力）受其规模的影响。

组织可能过于庞大,也可能太弱小。下面以两个截然不同的组织作为例证。

过于庞大

在很多情况下,组织都是因为变得太大而无法持续,下面就是一个典型的例子。

科学教育联盟

科学教育联盟(SEC)的创建,是为了帮助学校利用其所在社区的多种可用资源补充其科学项目。组织隐含的基本前提很简单,大学、公司、博物馆以及其他机构为学校提供了许多可以利用的科学资源,但是忙碌的老师、课程专家以及其他人都没有时间来发现它们。在这些丰厚的机会与补充资源中,有些是免费的;有些则可以用可观的折扣购买,如果有多家学校感兴趣。SEC将为此充当中介、信息传播者和技术支持的提供者。

起初,SEC只是一个大型教育组织中的特殊指导项目,但它即刻就受到了教师和学校的欢迎,而且由于它发展得太过迅猛,还在SEC项目的领导者与母体组织的执行总裁之间产生了紧张的关系。理事会决定由一些理事会成员担任领导把SEC作为一个独立的501(C)(3)型的非营利组织分离出去。州教育局为组织的创建工作提供了启动资金。人们希望通过会员制,由学校系统的成员承担组织继续运营的成本。

几乎在一开始就出现了人们没有预料到的问题,一个自治组织的运行成本要比人们预想的高。SEC脱离的母体组织仍在继续运行自己的科学发展项目,并对该项目进行了积极地推广工作,导致顾客混淆了二者的身份。SEC的运作资金短缺——虽然学校愿意支付合

第十章 可持续性与领导力

理的会员费用,但这并不足以弥补成本。对这一处境的分析产生了一个重大的决定——SEC应该努力从它的问题中挣脱出来,采用新的项目和人员,以使它能够成功地与当地的竞争者展开竞争,并为它的示范项目募集全国性的资金。

在开始的五年里,这一策略运行得很好。SEC为学校提供了特别的促进与激励措施,会员成倍增长。一个才华横溢的申请书撰写者能为"示范"项目征集"种子"基金,令项目能够顺利进行。SEC被视为科学教育者的首选地方性资源,其工作也得到了多次嘉奖。同时,SEC作为该行业的领导者闻名于全国。

但是五年后,这个组织变得难以为继了。很多初始的赞助没有得到更新——SEC的项目也不再新颖,其他的组织正在模仿它们。科学教师在使用地方资源方面已经变得越来越熟练,也不再需要中介——事实上,很多学校取消了自己的会员资格,尤其是在特别的激励措施被终止、会员费用被提高以弥补开支时。

还有一个重大决定也阻碍了对SEC处境的现实分析。一位重要的地方投资者认为,SEC需要基金来弥补运行收入中的亏空。为了筹集1000万美元的基金,SEC决定动用一笔重要的资金(250万美元)作为挑战资金。人们认为这样可以有效地解决SEC的问题。甚至在SEC进行可行性研究,看看是否有其他投资者可提供750万美元的匹配资金之前,用于匹配的所有现金就已经准备好了。

SEC使用一部分资金雇用了一位筹款者,这也令可用的基金数额下降。第一年,它几乎没有募集到任何款项。由于SEC倚赖的是由基金产生的可观收入,因此当它出现巨大赤字的时候,不得不从基金中借出资金,其预期收入也开始盘旋下滑。即使是那时,机构也继续保持高速运转,增加人员运作新的大型的非投资项目。

今天,SEC已不复存在,随之而来的是愤怒与指责。它最初的母体组织又再次运行适度规模的科学扩展项目。250 万美元的基金没有遗留毫厘，全都在 SEC 最后苟延残喘的日子里被用光了。很多人不知道究竟是哪儿出了差错，这样一个强大的组织怎么就没有逃离厄运。

科学教育联盟的故事印证了发展得过于强大是如何削弱组织的可持续性的。"发展就是好的"与"越大越好"的假设已经摧毁了许多组织，并引起了人们切实的反思。许多曾经幻想通过为新的项目或捐赠拨款提供种子基金来保持组织持续性的投资者，现在开始相信只有在组织找到了健康运作的最佳规模，并能迅速地适应环境变化时，组织才能获得可持续性。

过于弱小

这看起来似乎是与直觉相反，但是组织同样可能因为太弱小而无法存续。

快乐春天公司

快乐春天公司是一家小型的环保与园艺导向的组织，它因挽救一个位于缅因州的海滨小镇 35 亩未开发的农田和森林的努力而创建。当这块土地的所有者——一个当地的牛奶场主——计划要将它划分为一块块一英亩半大小的土地的消息传出时，关切的居民集资购买下了整块的土地。快乐春天公司就是为接受免税捐赠并对这块地产进行管理而创建。

最初，人们对快乐春天怀有极大的兴趣。对于一群有环保意识的个体来说，再没有什么比从开发商手中挽救美丽的土地更令人兴奋的事情了。可一旦购买完成后，他们的兴趣就逐渐减退，这个组织就由当地的十个园林工人掌管,而他们只对这块土地上的珍奇的动植物感兴趣。

在后来的十年中,快乐春天主要靠不计薪酬的员工管理。虽然它的预算微不足道,但是因为志愿者对这块土地的维护如此完善,所以他们可以承担任何需要做的事情。25,000美元的预算已经足以支付一些资产管理与附属项目;偶尔的自然观光和教育项目都得到了资助;团体只进行了少量的筹款活动。

随后,在同一年内发生了三件事情,迫使人们做出新的评估。第一,一次飓风冲垮了通行的道路,需要超过40,000美元的资金维修;第二,一位大约提供三分之一管理预算(每年7,500美元)的捐赠人去世了,她的遗嘱中没有留下继续捐赠的规定;第三,年轻人加入了理事会,他们要求组织扩大教育项目,并把它与当地的公立学校联系起来,以使他们的孩子能够体验快乐春天的美景。他们竭力主张聘用一位兼职的教育指导者。

十位悉心照顾快乐春天近十年的理事会成员,已经感到了疲倦,现在所要求的改变使他们确信自己已经做得够多的了。一位年轻的理事愿意担任领导,并向州内环保导向的基金会提交了捐助申请,不料却全部遭到拒绝。当他去电质询的时候,基金会的官员们解释说该组织的生存能力存在问题。

一位基金会官员确实为他们提供了一些帮助,他说他将安排一名顾问,帮助快乐春天的理事会诊断组织的情况,并判断它是否能够生存。3个月后,顾问分析了组织形式并得出了下列结论:

- 第一,快乐春天的土地贫乏,它拥有的是一块不能对其进行轻松管理和维护的土地。
- 第二,组织缺乏人力。该组织没有全职雇员,理事会明显缺乏深度,也没有足够的志愿者来帮忙推行项目。

- 第三，缺乏资金。它的预算不足，难以满足继续运行的要求（更不用说投资需求了）。
- 第四，缺乏创意。对于如何解决这些问题没有任何计划。

实际上，快乐春天是因为太小了而无法生存。作为一个完全志愿的实体，它不能确保基本工作的完成——即便完成了，也不能保证完成得好。虽然它那风景优美的土地在资产负债表上属于资产，但是因为需要持续的投资，实质上是责任与义务。由于过于弱小，组织根本无法进入那些可能支持它的当地居民的视野。大部分的赞助机构也会因它的规模小、影响有限而不为它提供资助。没有支持和关注，它很难招募到有能力改变这一状况的理事。

只有资金能给快乐春天带来帮助吗？很多与小型组织相关的人，都倾向于认为资金是他们面临的唯一问题。他们相信只要有可观的资助或捐赠，就能一劳永逸地解决他们的问题。然而，给予小型机构大笔资金往往产生适得其反的效果——从长远来看，它们是不稳定的。对于一个没有强健的组织结构、合格的员工、明晰的财务责任以及确切的资金使用计划的组织而言，巨额捐赠往往会导致无谓的浪费、仓促的扩张以及一系列更严重的结构性问题。

恰到好处

如何为一个非营利组织确定合适的规模以保证其可持续性呢？组织的规模应该大到何种程度，什么时候组织变得过于庞大？由于不同领域、不同类型的组织对于什么是合适规模的认识明显不同，这也令问题变得错综复杂、难以回答。对于一个拥有住宅校区的小型大学，500万美元的年度运营预算可能是寒酸困窘的；而像快乐春天公司——这样的环保导向型组织——则可能在25万美元的年度预算水平上实现运作平衡。

行业标准自然有助于判定一个组织必须达到的人力资源专业化程度，或能否倚赖志愿者承担重要的管理任务。在诸如医疗保健之类的管制严格的行业，全职专业人士承担高层管理职位已成为规范。同样，没有人会期望一个大学的校长由志愿者充当，或充当他或她的主要同事（尽管肯定会有例外）。另一方面，一个每年主要为不变的接受者提供几笔赞助的相当规模的基金会，则有可能选择由一个志愿者担任领导、一群独立的承包商提供基本服务的运行方式，以降低管理预算。

在确定组织的适当规模与范围（以及它的项目、预算、人员与有形物业）时，必须考虑下列关键问题：

1. **行业比较**。这一领域的其他显得健康强盛的组织规模如何？（尽管对这个问题的回答可能会因许多因素发生变化，这些因素包括社区的地理位置和规模，但仍然存在一个可做参考的范围）

2. **基本活动**。什么是每年必须运行的最低限度的活动？有充足的、完全值得信赖的人员来完成它们吗？

3. **支出与收入结构**。当组织每年以一种保证服务质量与项目输出的方式运行最低限度的活动时，需要多少开支？有可靠的收入渠道满足这些开支吗（并为突发事件留有一定的剩余）？

4. **资本**。有足够的储备金应对不时之需和现金流动要求吗？有基金填补一些结构性赤字吗？在需要的时候，能够灵活地使用储备金及其他资产吗？

5. **关注度**。组织的规模大到足以在社区（或服务区域）中引起人们的关注吗？它的项目是否具有足够深远的影响，能吸引领导者加入理事会和向个人与机构捐赠者请求资助？

6. **供求平衡**。对于组织所提供的产品与服务数量存在广泛的需求吗？如果没有，应该减少或转换输出的产品与服务数量吗？

合并或联合与可持续性

并购已成为商业世界的主流。小企业纷纷被大公司收购；同一领域的企业们发现了变成实力更为雄厚的单一实体的好处。管理的效率与层次、竞争的问题以及对盈亏底线的持久关注，鼓励多种组织走向联合。

与此同时，潮流虽然已经转向，非营利世界却仍然很抗拒这一趋势。尽管非营利组织也面临着同样的困境与挣扎，但是它们之间的合并却很少，由收购而实现的联合则根本不存在。为什么会出现这样的情况？为什么合并与收购的激流以及联合的动力会绕过非营利组织？答案很简单，非营利组织不曾感受到同样直接的联合压力的原因在于，它们不曾对寻求更多投资回报的所有者/股东承担责任。

在一个非营利组织中，有表决权的成员在监控组织有效运作方面缺乏同样重要的财务兴趣。他们通常是一些缺乏动机去推动变革的志愿者，虽然这种变革会在短期内使项目与员工产生冲击，但从长期来看是有益的。事实上，非营利组织的雇员经常在控制组织维持现状方面具有个人利益，尤其是当自己的工作受到威胁时。

非营利组织抵制联合的例子十分普遍。下面这个案例就说明了非营利组织对变革的内在阻力，它反对组织向更高的管理效率与更好的项目结果发展。

合并盲人服务

在全面评价了自己对当地非营利组织的支持后，一个大城市的社区基金会决定不再继续资助如此多的为援助盲人而建立的机构。这些机构大部分都已经存在了几十年，它们是在儿童失明导致的职业训练项目扩张时期成立的，这些项目旨在保证成年盲人能够找到一些工作。医疗措施的改善与对盲人能力的态度转变，减少了对这些项目的需求；盲童的比例下降了，接受正常教育、从事创造性工作以及担任领导职位的盲人数量却在增加，正如评估者在给基金会的报告中所提及的："对许多项目和组织的需求不再紧迫。"

基金会的执行总裁召开了会议，有14个盲人服务机构的代表出席。他概述了这次评估的结果。"我们将继续支持盲人服务机构，"他说，"但我们认为不能再支持现状。你们中有太多的人在做同样的事情，我们支持了太多的基础设施与低效的复制。我们应该寻求某种形式的联合与现代化。"

他建议这些组织进行合并谈判，"我们的理事会知道这并不容易。有太多的传统习俗，而且你们每个机构都有着丰富的遗产和组织历史。我们准备提供100万美元来支持合并谈判——以你们14个机构所同意的任何方式进行分配。此后，将至少提供500万美元来执行一个过渡计划——如果我们确信有必要，就提供更多。基金会对盲人服务项目的支持将会继续下去。"

6个月后，召开了另一次会议。同样的代表出席了会议，他们告诉基金会的领导人他们不能同意任何事项——即使是在哪里进行谈判。五个机构的理事会已经拒绝任何形式的参与，即使这意味着失去社区基金会的支持。

这个案例与第一章中所描述的地区健康网络的案例形成鲜明对比。健康网络的理事会能够准确地诊断形势，得出自己已失去作为一个独立机构存续意义的结论。尽管组织曾经有过辉煌的历史，现在却是它们必须与另一个州的更大机构联合运行的时刻。该组织在对重大问题进行头脑清楚地评估时，既不是出于个人的自私自利，也没有员工强烈地要求保持既有收入来源。所有的问题都是恰当的：有更好的方式为顾客服务吗？可以采用更好的专业技能，高效低耗地完成工作吗？维持组织持续的努力,是可能或可行的吗?是寻找更好的发展前景的时机了吗?

因为没有股东的持续利益,缺乏实际的营利性机构所面临的敌意接管威胁,所以真正令非营利组织考虑合并或普遍联合的压力是微不足道的。即使是投资者、顾客或精明的理事的威胁,也显得温和委婉。虽然投资者可能会终止赞助,顾客或许去寻求别的服务,理事会跳槽,组织自身将走向衰败,但是如果没有自我诊断上的积极努力,实质问题就有可能被拖延多年。

一个实用的建议就是设法令一群组织同意由外部专家进行客观分析,这样的分析应该包括:

- 本领域的发展趋势描述;
- 依据这些趋势对当地(由组织的服务范围界定)形势进行评估;
- 对组织的各种优势和劣势进行评估;
- 对竞争的审视(包括来自营利部门的竞争);
- 对未来选择的比较分析,包括对保持现有结构和项目、保持结构但修改项目、寻求合并或战略联合以及正式地有组织地放弃一个或多个实体等方案的利弊分析。

即使不能说服一群组织共同开展这样的研究,任何单一的组织也可以利用相同的分析方式确定自己对未来的选择。

合作、联营与战略联盟

随着非营利组织所面临的挑战的增长,很多人发现非营利组织与其他机构(包括营利的和商业性的组织)开展合作,以及在某些时候形成联盟是很有意义的。这些联盟并不是短期合并——它们允许每个参与组织保持自己的独立与自治。然而在某些情况下,它们可以使参与者完成更多项目、削减开支、获得更多收入或变得更加令人瞩目与出类拔萃。

下列例子展示了组织可以通过联盟获得的一系列机会:

- **社区保健的学生培训协定**。某个大城市的五个学术性保健中心,联合在一起组织学生团队为周围服务水平较低的地区提供与保健有关的服务。一个主要的项目办公室负责财务与包括筹款在内的课程运作。此外,每一个中心都发展了自己社区专有的组成项目。这个项目因其伙伴关系带来的实力优势,得到了地方和全国层面的关注和资助。

- **国际考古学协会**。一所知名大学的考古专业的毕业生项目,要求学生至少进行一个学期的野外作业考查,并且与世界各地的组织都建立了长期联系。这些组织通过提供有指导的野外作业经历,换取该大学费用低廉、训练有素的考古专家的支持。

- **全国筹款协会**。同一领域的十家地区性机构结合在一起为合作项目寻求全国性的资助。虽然每个组织都有其地理范围上的限制以及由此产生的募集全国性资金的能力限制,但是作为一个协会,他们可以把自己描述为一个运行国家级项目的全国性网络。

- **地区筹款联盟**。在一个类似的例子中,七个小型的土地信托组织,其中每个组织的预算都不到 10 万美元,组成了一个区域性的筹款团体。它们这样做的动机是因为当地基金会认为它们作为单独的机构都太小了,无法满足捐赠资格的最低要求。但是作为一个团体,他们则超过了申请项目支持所需的 50 万美元的最低要求。一旦获得资金,就会按组织的预算规模比例进行分配。

- **联合促销/售票项目**。七家非营利性剧院成立了一个中心售票点,合作推出联合促销项目。在另一个项目中,他们以共享彼此的通讯名单、联合投递信件的方式合作,促进各方的发展。

- **集团定购网络**。五个在西部乡村举办音乐活动的组织建立了一个网络。他们预先商议好要邀请的音乐团体,然后提供一组延续的时间安排,据此协调音乐家的行程、降低网络成员的费用。

- **互惠会员制**。12家国家科技博物馆开展了一项互惠会员制项目。缴纳了较高费用的会员们，可以获得免费进入名单上任何一家博物馆的优惠。由会员制获得的额外收入，远远高于牺牲掉的入场费。
- **支持办公系统节约**。一家水族馆、一家儿童博物馆和一家艺术博物馆分享营销、财务管理和计算机服务。在每一个领域，都有一个工作人员被安置在最大的组织（水族馆）里向三个组织汇报工作，监督三个组织中的本部门员工的工作。成本被分摊。

近年来，很多投资者都已经看到了这些努力的成果，并制定了鼓励组织参与某种合作的指南。这在某些情况下已经产生了一些强大的联系，通过这种联系可以使很多组织在一起工作，一起支持和追求社会目标、获得更大的关注，也因此变得更加可持续。在其他情况下，这也实现了更实际的成本节约和效率目标。

不过，对于联合与合作的强调也不可避免地带来了盲目倡议和联系的冲动。许多项目是不成功的，短暂的。参与者已经认识到，合作不能靠命令而实现，也不能根据应付捐赠到期这种紧急情况的时间表而建立。合作是一个复杂的过程，它必须长期地、有组织地发展，并且只有在给所有的参与者都带去收益的时候，才能持续下去。

作为可持续战略的商业模式

第一章已经清楚地说明，非营利组织与商业企业在很多方面是不同的，更不用说二者在存在目的上的本质区别。商业企业存在的目的是赚钱，而非营利组织则是为了促进某些有益的目标而存在；营利性实体向依据投资回报评估其经营业绩的所有者/股东负责，而非营利组织则没有传统意义上的所有者、股东与投资者。如果非营利组织赚到了钱，资金也必须保存在慈善部门。当商业组织的董事会成员为股东服务时，非营利组织的理事则服务于公众和公共利益,并向代表公众的监管机构负责。

所有的这些都是非营利组织的基本理念,一句长期被人们念叨的口头禅是:"非营利组织是不同的。"然而,随着非营利组织所面临挑战的增加,营利与非营利部门之间的差异却以微妙的方式缩小了。例如:

- 今天已相当普遍地使用"盈亏底线"分析对非营利组织已有的或未来的项目进行评估。基本问题不再是"这项活动如何与我们的使命保持一致",而是"这项活动能否自己为自己支付成本"。
- 非营利组织更频繁地参与一些目的仅仅是为组织赚钱的活动。有时候,这些活动与组织的使命没有任何联系。在一些情况下,非营利组织成立一个独立的营利部门,并且/或者为"不相关的商业收入"缴税。
- 执行总裁与其他员工因组织卓越的财务管理绩效获得奖励。当达到一定的财务标准时,就会建立和执行一个奖励系统。同样,不良的财务绩效也成为降低薪酬或终止雇佣关系的基础。
- 投资者不再快速地回应陷入困境的组织,而是更经常地允许一些较弱的非营利组织倒闭。可以从对组织成功机会的现实评价以及对组织的服务和项目是否存在足够需求的评估,推导出达尔文的"适者生存"原则。
- 在非营利组织间存在着更多的合并与联合的考虑。这些合并的动力,有些来自于组织内部,但大多是投资者压力的结果。
- 非营利组织与营利企业之间的合作日益频繁。在一些公益事业营销活动中,生产商可能与一个非营利组织联合促销一种新产品。借此机会,生产商提升了自己的形象(通常也是该产品的形象),而非营利组织则获得了销售收入的部分收益。
- 非营利组织在更积极地参与政治游说,为保持自己的有利地位争取支持。

上述的各种实践都是合法的(不过也经常存在限制,尤其是在政治活动领域),其中有很多在与环境正确结合后,还相当令人满意。在非营利组织中,采取更加商业导向的、企业化的、营利性的管理方法成了一种日益增长的趋势,这也给那些仍处于困境中的组织带来了重要的转变。通过使用这些方法,已经或至少在一段时间内实现了非营利组织的可持续性这一 21 世纪的口号。

另一方面,正是考虑到那些影响非营利部门未来发展的人也可能会这么做,我们有必要记住非营利组织与商业机构之间的差异。商界人士并不希望非营利部门利用自己特殊的、法律赋予的有利地位,不公平地或低成本地与他们竞争。一个明显的例子,对于同样的市场和同样的产品,非营利组织就能够利用自己的税收减免获得超出营利企业的价格优势,这就显得很不公平。很多政府官员也持有这种观点,因为他们的选民与支持者以这些业务为重。

要记住非营利组织之所以拥有我们在第一章详细论述过的各种优势,是因为它们所做的工作与工作方式赋予了它们特殊的地位。除了很多其他的优惠以外,非营利组织所享有的两项最重要的优惠就是所获捐赠的税收减免和组织自身的税收减免。如果非营利组织与商业企业之间的差异继续缩小,非营利组织保持这些优惠的理由也会随之消失。毕竟,这些优惠太珍贵了,非营利组织不能失去它们。

可持续性方面的领导

虽然非营利组织的可持续性取决于多种因素——不存在单一的、神奇的武器保证组织的健康与活力,但是专家们仍有一个普遍的共识,即某些被称之为领导的因素能够促进组织的长期健康发展。这儿所说的领导,不是一个组织属性,而是一项个人品质,一般从居于最高行政职位的人——执行总裁(某些情况下也称为总裁和/或 CEO [首席执行官])身上

第十章　可持续性与领导力

发散出来。领导也同样来自理事会的首脑（理事长或主席），在非营利组织中，他们基本上不是行政首脑。在一些组织中，这两类人合作提供团队领导。

有关领导方面的文献数量十分丰富，而且每年都在增长。由于越来越多的人把领导视为各种组织——营利的、私人非营利的、公共组织——成功的关键，它因此已成为一个大众兴趣浓厚的主题。大学里开设了领导课程——不仅在商学院，在教育和政府管理专业也是如此。领导培育项目在基金会中变得越来越普遍，为非营利部门服务的各种机构与个人顾问也举办了多个讲座。

虽然人们对于领导的重要性取得了一致共识，但对于什么是领导却没有达成一致。有些专家提供了一系列的技能；另一些则描述了领导的关键个人品质。一位作者可能把领导描述成一门科学；另一位则可能将其形容为一门艺术。关于这一主题有一本书，题目是《用灵魂来领导：精神上的非凡之旅》[2]，就强调了领导的精神层面。

有些人认为领导是天生的，而不是培养的——即领导才能是个人内在性格的一部分或是在人生早期塑造而成。另一些人则声称领导素质能够而且应该被培养。一些作者把领导描写为个人权威；另一些则认为它是一个集体同意的过程，在这个过程中权威是公认的且被赋予的。总之，建议比比皆是，但很难结合在一起进行概括。

步入这一混乱的沼泽是危险的，而诱使你陷入的就是领导不能被界定，或者领导对于不同的人具有不同的含义，或者"只要它有效，就是领导"之类的论断。这些论断不能给我们带来任何特别的帮助。相反，本章力图描述一些体现在大量非营利组织中的领导要素。这些属性不仅能被讨论，而且是持续地、有规律出现，无论如何都能在个人身上发现及培养出来。

领导的属性

我们能在一个非营利组织的领导身上发现什么呢?

远见。一个有效的领导能对未来以及组织在未来的地位有着清晰的远见。这种远见必须能够激励组织内外的人。当领导缺乏远见时,组织仅仅是依据先例和习惯指导每天的常规事务,几乎没有激情来激励它的员工和志愿者。

- 远见意味着对机会和风险进行预测,并使人信服对此做出计划的重要性。

- 远见意味着理解组织如何与一个领域和社区相适应,并能对提升组织处境做出战略规划。

- 有远见的领导对于组织的使命具有强烈而持久的责任心,并使之在高质量的项目中发挥作用,全面追求卓越。

社区参与。强大的领导是外部导向的(至少是部分),并且对组织所活动的社区有着全面的认识。在这里,"社区"可以根据地理位置(不过它可以扩展到一个州、地区或整个国家)来进行描述,也可以或者依据所从事的领域来划分,比如教学型医院、法律援助社团或艺术博物馆。

- 优秀的领导明白顾客的需求,并本能地知道如何以顾客认为有效的方式提供服务。

- 拥有高效领导的组织呈现出与顾客关联上的一致性。他们知道顾客需要什么,以及如何需要。虽然这并不等于领导仅仅是做顾客所要求的事情,但这确实意味着他们将与顾客合作。

- 领导在社区的工作就是根据相关目标创建实质性关系(包括个人之间的与组织之间的)。

- 有效的领导愿意参与同社区生活相关的变化,他们承认并且尊重所在社区的变化,他们的工作既折射变化,也引起变化。

组织管理。领导并不等同于管理,但管理的许多方面对领导很重要。例如:

- 领导的管理任务之一就是明确地表达组织的使命,激发理事会与志愿者的热情。
- 有效的领导理解使命作为组织行为试金石的意义——不断地以各种方式提醒员工谨记自己的工作与使命的关联。
- 优秀的领导能够使所有的员工都感觉自己是深受组织重视的特殊组成部分,对组织的绩效至关重要。
- 存在有效领导的地方,同样存在着领导与员工以及理事会与领导之间的相互承诺。
- 因为领导擅长监控管理的方方面面(尽管其中的许多可能被授权),所以组织能够以动态的、创造性的方式来回应机遇。
- 有效的领导看似对风险程度有着很好的直觉,这对组织发展来说是非常重要的。

个人品质。有效的领导通常具有一系列共同的特质,其中的许多与成长和生活体验有关:

- 大部分领导都具有明确的个人愿景(这与前面所说的与组织相关的远见不同),它们体现了领导的自我认知。
- 真实可靠在领导的个人品性中占据着重要的位置——也就是说,这些人在实践自己的个人价值(或者如俗语所说"言行一致")。
- 作为一个团体,有效的领导非常轻松地面对变化与混乱。事实上,许多领导都乐于鉴别机会并成为富有创造性的变革代理人。
- 有效的领导是那些积极融入这个世界的人。除了很多时候都要长时间工作以外,他们都对当前的社会问题有着高度的了解。
- 大部分有效的领导者都具有好奇心、创造力和灵敏的意识。

所有的这些个人特质都使得有效的领导能够在自己的工作中找到

激情。

确定、发展与征募领导

商界领导与非营利领域的领导之间存在一个重要的区别,那就是他们到达自己职位的方式不同。商界领导普遍采用层级晋升方式。一开始,他们就被确定为未来的领导,接受专门的训练(无论是工作上的,还是公司外部的),依据角色接受筛选与检测。由于风险太大,企业往往在领导的确定与发展过程投入巨资。正如他们普遍拥有的优渥薪酬所显示的,有效的 CEO 对企业的价值巨大。在很多情况下,企业的绩效和利润取决于他们的素质、才华与能力。

而非营利组织时常从外部招募领导(尤其是行政领导)。很少在非营利组织中出现,早早选定领导并为顺畅接班而对个人进行仔细规划和培养的情况。当一个优秀的领导离开了,组织通常就转向同一领域的其他机构,希望从中找到一个看似具有必需经验和领导素质的人。

形成这种差异的原因,部分在于非营利组织的人员配备普遍较少,通常没有配备继任的 CEO 这种奢侈行为。一般来说,在非营利组织行政领导手下工作的人员,通常是某个部门或领域的主管——例如发展、营销或财务。他们的专业技能对于组织来说是不可或缺的,不能因领导培养活动而将他们闲置起来。至于那些要承担领导职责的人,则必须先被其他较小的组织聘用,并希望能在那些组织的工作岗位上习得领导技能。

这种领导发展之间的差异所导致的结果之一,就是在拥有可能的内部候选人的营利企业中,即便它看似最初选错了,仍然能够做出改变。很多时候,在确定和培养了一个明确的继承者后,却发现这个人并不是适当的人选。于是在领导更替之前,就可以把这个人换掉,再去选择和培养另一个候选人。尽管这个人及其周围的人会相当失望,但企业为此所花费的成本却很小,远低于让这个人接任然后再不得不离开所耗费的成本。

非营利组织因多从外部招募行政领导而缺乏这种"人员选拔"能力。非营利组织要在根本不了解个人在组织或社区内工作情况的条件下做出正确的选择,面临的压力极大。正如一位理事所言,"每次,我们都不得不进行内部试用。即使试用一、两次,效果也都不好"。当被接替的人是一个优秀、高效以及长期的领导时,这种挑战就更加艰巨。在某人从外部进入组织的时候,面对的总是无法避免的比较、不切实际的期望以及少得可怜的适应时间。在一些某个领导已经任职多年甚或几十年的组织里,可能还需要雇用一个临时的领导进行过渡,以消除那些不现实的比较的影响。

虽然非营利组织的理事会在选择领导时,可以更为灵活的采用营利部门的模式,不过仍有相当多的组织建立了一种自动接任制度,即某人作为一个可能的主席人选,被安排在副主席的位置上,当现任主席辞职或任期结束时,他就自动升任到主席的位置。即使这个被选定的人没有明显地展示出所要求的领导特性,这种接任也有可能发生。

下列指导对于确定和发展领导具有帮助作用:

1. 尽可能地对内部候选人的能力进行评估。应尽早开始选择过程,最好在现任领导打算离去之前。

2. 在聘用高层员工(低于执行总裁)或招募理事时,考察其作为一个新领导的基本要求。寻找合适的、可以被发展和测试的领导潜能。

3. 允许在职培训经历和正式的教育训练。

4. 在从外部找寻领导时,要明确组织的预期。这不仅仅是一个职务描述,必须确定组织最应寻求的领导特质。

5. 对于外部候选人来说,应了解组织的内部文化。如果要寻找的是一位合意型领导,那么就不能选择个人魅力型、权威导向型的领导。

6. 给可能的领导候选人(及其家庭)有时间在工作地点与理事会和员工交流的机会。

7. 当候选人来自本城以外的其他地方,应给予其充分的时机熟悉社区。

8. 一旦被录用,应给予领导一个调整的时期。每一个领导都需要时间来适应组织和社区并建立关系。

9. 允许新的领导者组建他或她自己的高级团队。这个团队可能包括或不包括那些已经在高级职位上的人。

10. 理事会应尽早确定任何潜在的领导。给他或她在执行委员会中展示领导才能的机会。如果被选定的某人确实达不到预期,要做好改变的准备。

培养领导

如何确定、培养与招募领导的挑战,提出了一个重要的问题,即一旦某个人是合适的,如何将其培养为一个有效的领导。在这一点上,非营利组织充其量拥有一个毁誉参半的历程记录。但是,随着领导的价值明显变得日益重要,许多组织都在寻找改进方式。令组织最痛苦的事情是,一个被视为当然存在的优秀领导被另一家机构挖走。

根据那些凭借良好待遇而留住自己领导的组织实践,下面是一系列有借鉴意义的行为准则:

即使领导在工作方面显得毫不费力,也要保持合理的预期。

不要简单地因为每件事情都已经完成而且完成得很好,就增加任务与责任。对任何新预期进行讨论时,应使用清晰的目光看待什么必须得到授权或放弃。

要提供充分的人力支持。记住作为一个领导,往往要从一些常规的内部日常事务中解脱出来,那些事务可以交由他人完成。

不要因为领导擅长做某事,就把任务分配给他——如果这些事情可以由他人完成,那么就应该交由他人来做。

要提供充分的补偿。记住,以降低一个有效领导薪水的方式来节省资金,只能使另一个组织的工作变得更有吸引力。要保证把收益计入竞争性的报酬分析。

不要因为在职的有效领导的薪水历史性地低于行业标准或跟不上通货膨胀,就付给他或她低工资。

要提供充分的时间令其建立专业网络和从事与组织日常工作无直接联系的户外工作(甚至可以包括一定数量的外出考察时间)。

不要认为领导离开非营利组织办公室的时间,就是没有从事领导工作的时间。在很多情况下,领导者所做的联系与领域声誉拓展工作也会对组织产生积极的影响。

要提供充足的个人休息时间。劳累过度是今天的非营利领导最严重的抱怨。

不要认为工作时间与产出之间存在直接的联系。

要为领导能力的培训机会提供时间和补偿。

不要认为一个有经验的领导就无所不知或不需要用新的信息武装、补充自己。

要尊敬和重视领导。赏识与公众认可能鼓舞领导,并使其对组织产生良好的感情。

不要总是把领导视为理所当然。

思考题

1. 在何种程度上,组织直接提出了与可持续性相关的主要问题?它在满足顾客服务、效益/效率、问责和领导方面的期望时做得如何?

2. 对基金的发展和使用政策是如何促进或偏离组织的稳定性与可持续性的?

3. 在判断组织规模是否过大或过小方面,采用了什么样的诊断过程？

 4. 各种形式的合并与联合是否有益？

 5. 已经建立了什么样的合作与战略联盟？

 6. 组织在何种程度上使用商业模式解决其问题？

 7. 一个领导应该具备什么样的关键特质？组织的内部文化如何帮助确定这些特质？

 8. 如何确定、发展与招募领导？

 9. 如何培养领导？

注释

 1. 沃尔夫(Wolf)等人的《交响乐团的财务状况》(*The Financial Condition of Symphony Orchestras*)，华盛顿，美国交响乐团联盟(The American Symphony Orchestra League)，1992。

 2. 李·G. 伯尔曼(Lee G. Bolman)、泰伦斯·E. 迪尔(Terrence E. Deal)，《灵魂导引：一个不寻常的精神之旅》(*Leading with Soul: An Uncommon Journey of Spirit*)，圣弗朗西斯科，加州：乔西-巴斯出版公司，1995。

第十一章　提高与改进

杰克·福克斯(Jack Fox)和玛莎·惠特尼(Martha Whitney)在同一天离开了各自的非营利组织。杰克已经在教堂里做了两年的志愿者;玛莎也在一家受虐待妇女庇护所担任了四年的执行总裁。一开始,他们都抱着乐观的态度和服务的意识投入工作;但是随着时间的流逝,他们却都被各自的组织发展不顺问题所困扰。

杰克并不能完全确定教堂的问题到底在哪儿。可以肯定的是,缩减的会员基础、持续性的资金需求都是教堂面临的挑战,但杰克怀疑它们只是教堂里的人所不愿意面对的更大问题的征兆。至于玛莎,她倒是能够诊断出问题所在——没有足够的雇员、场地不足、理事会不愿意筹款——但她却无力解决这些问题。

杰克·福克斯和玛莎·惠特尼都是非营利组织成员的典型代表。他们都很善良、富有责任感,都深切地关注着组织所要开展的工作,却都因无法有效地发挥自己的才能以及组织的随波逐流和错误定位而感到挫败与失落。常见的是,员工不能再超负荷工作了,预算也不能再增加了,组织的运行已接近其能力极限。似乎组织总是没有足够的时间和金钱来确认与解决问题。像杰克和玛莎这样的人并不想引起人际冲突、伤害人们的感情,或者以其他任何方式引发组织的动荡。对他们来说,离开组织及其问题反而成了一种比较容易和轻松的解决方式。

本章的目的就是为那些致力于非营利组织工作的人们提供另一种方案设计以改善他们的境况。非营利领域不能失去这些人——他们太珍贵了,应该鼓励他们留下来、自我奉献。本章将对如何参与改进组织长期运作和规划的评估过程提供指导。

评估过程

没有一个非营利组织的管理或治理堪称完美,大部分组织都在某些方面存在着严重的缺陷。那些能够促使理事会和员工致力于评估问题和改进的组织,是最为成功的组织。它们主要采取下列重要的步骤:

1. 准确判断组织的现状,识别哪些领域存在积极变化的机会。
2. 区分哪些问题需要得到立即关注,哪些允许稍后处理。
3. 在董事会和员工之间达成共识,以便公正、直接、及时地处理已识别的问题。
4. 为实施变革设计一个现实、可行、长期的时间表。
5. 年复一年地坚持实施诊断、评估和自我改进流程。

评估优势、劣势、问题与机会

对组织现存的优势、劣势、问题与机会的诊断,需要从多个领域和多种视角对组织展开评估。这个过程包括询问应如何测量组织对预定理想目标的实现。下面的清单将为组织的评估过程提供一个良好的起点。

使命、形象与支持理由

A. **使命**。一个强大的组织,它的目标总是与所服务社区的现实需求相关联,满足理事会和明确的支持群体的要求。

- 使命陈述是新潮的还是落伍的呢(例如:使命与组织所要达成的目标的一致程度如何)?应该如何修改使命陈述以使其更有效地反映组织的目标?

- 使命本身仍与所服务群体的需求相关吗?能用一种确定的方式说服那些持有怀疑态度的人吗?可以通过某种方式扩大或变更使命以使其与当前的需求更为相关吗?

- 向谁提供服务(例如谁是顾客)?这一群体足够多样化吗?还是只被限制为一个狭小的人群?如果需要扩大服务范围,可以采取哪些具体步骤来实现?

- 组织的存在有吸引人的理由吗?还有其他的组织在做同样的工作吗?在实现这一使命的过程中,战略联盟或兼并会带来更好的效果和效率吗?

B. **品牌/形象**。组织在其所在的社区与支持者中,应享有知名度和受到尊敬。

- 对于社区的居民来说,组织的名称别具意义吗?与组织品牌相关联的,是什么样的印象和情感呢?

- 人们熟悉组织的活动吗?是否存在一些应该知道组织却并不知道组织的人呢?怎样提升组织的形象呢?

- 组织的名声如何?它深受尊敬吗?过去是否存在一些毁损组织形象的历史或争议?如何解决这种问题?

C. **支持理由**。组织应该为它的顾客与捐赠者提供一个充分的支持理由。

- 如何使组织的使用者和投资者确信组织的宣传?组织以某种方

式描述的服务、活动或项目吸引了广泛的参与吗？
- 组织怎样才能提供一个具有吸引力的方案以替代竞争者？
- 组织陈述其财务需要的清晰、简洁程度如何？
- 是否为捐赠者提供了一个包含各种捐赠可能的菜单？是否为捐赠者提供了符合其目标的姓名确认方式或满足捐赠者的其他要求？

人力资源问题（理事会、员工与志愿者）

A. **理事会**。理事会成员应该积极地对组织事务实施总体监控、承担筹款职责、给予员工不受干扰地执行组织日常运作事务的空间。

- 理事会成员知道自己身负的期望吗（组织有关于信托理事的职务描述和理事会手册吗）？理事会成员定期出席会议吗？他们自己捐赠和筹款吗？他们对预算进行了适当的审查吗？他们参与项目和组织的计划编制工作吗？
- 对于消极的或者无效的理事会成员，组织是否设定了可以将其干脆利落地从理事会中剔除出去的规则？是否有一些特殊的理事会成员应该被鼓励退休，以便为其他更活跃的人让位吗？
- 官员们发挥了适当的领导者作用吗？委员会的结构富有成效吗？

B. **员工**。组织应该拥有称职的、受过良好训练的员工，而且其数量应该足以完成指派给他们的任务。组织章程应该促使劳动者的潜力发挥至最大，应该有正式成文的人事政策体现公平感，以促进良好风气的形成。

- 个体员工应该具有什么样的技能和资格？组织的每份工作都有最适合的人选吗？如果不是，组织有关于赔偿、不良招聘以及其他方面的问题吗？
- 员工的人数够吗？他们的工作描述是完整、适时的吗？组织章程在这方面的规定合适吗？
- 组织有自己的人事政策吗？它们被书写成文了吗？组织有正式的员工评估程序吗？它们确实被执行了吗？员工的士气处于何种水平？如何提高员工的士气？

C. **志愿者**。那些高度依赖志愿者的组织,应该对这些个体予以承认、委以重任,并给他们所做的工作以奖励。
- 有足够的志愿者吗？是否有一些技能是当前的志愿者队伍尚不具备的？如何在所需的领域中得到更多的志愿者？
- 志愿者的任务和活动得到了很好的组织与安排吗？任务是以书面形式规定的吗？是否有一套确保任务圆满完成的审查与追踪系统？
- 志愿者们认真对待自己的工作吗？他们被委派了吗？
- 他们是否被定位于某项工作并且被告知自己工作的重要性？有没有针对他们的奖励制度？

财务

A. **财务管理**。组织的财务应该体现谨慎的管理、适当的监控以及对收支的合理预测和跟踪体系。
- 准确保持财务记录,频繁、及时地制作财务报表吗？理事会的核心成员对报表做了适当的监控与审查吗？这些控制符合公认的会计准则的要求吗？对账簿进行了外部审查吗？
- 资产负债表和损益表是否显示出了组织谨慎的财务管理史？组织有累积的亏损吗？如果有,应该采取什么策略消除它？有准备金吗？捐赠财产呢？
- 是否在每个会计年度之前就已将预算准备妥当？是否为防止问题而经常性的调整预算？现金流转项目是可行的吗？可以对每

项活动或计划的收支设计和报表进行分析吗？多年的预算规划是可行的吗？

B. **收入和费用**。除开某些特殊的情况，组织每年都应该赚取或筹集足够的资金以支付它的运营费用。

- 在组织的经营收入与捐赠收入之间是否存在适当的平衡？（这个比例因组织类别而有所不同。）是否有充足的非限制性收入来源？组织是否过于依赖一位捐赠者或几位重要的捐赠者？
- 组织所提供的服务或产品的成本是否合理？有分析和控制成本的制度吗？
- 在考虑所有的收入（捐赠与营业收入）后，组织是在盈余还是在赤字的情况下运作？如果存在的是赤字经营模式，那么应该如何来改变这种情况呢？
- 对筹款项目进行了有效的组织吗？理事会成员与其他志愿者是否履行了自己的职责？有关捐赠者的信息是否得到了收集、更新、组织和战略性使用？向捐赠者们表达了恰如其分的赞赏与感谢吗？

活动与项目

A. **资源审计**。组织的项目应该满足支持者和社区的需要。它们应该得到很好的管理。

- 组织的项目与活动确实是必须或需要的吗？如果是,谁需要？如果组织破产,人们将遭受多少损失？
- 组织的哪一个项目、服务及活动开展得最好？它们是如何满足顾客与社区需要的？如何对它们进行改进？
- 组织的哪一个项目、服务及活动做得较差？应该放弃它们吗？如果不,又如何使它们变得较为成功呢？

第十一章　提高与改进

B. **定位**。组织应该为那些受益于自己项目和服务的人提供独特的收益。这一点应该在竞争中得到充分的考虑。

- 组织与哪种实体及活动存在竞争？
- 结合竞争，它的项目评价如何？
- 组织如何扩展自己对更大群体的支持者的吸引力以及加强当前用户的忠诚度？
- 是时间在服务中更关注竞争吗？

计划和评估

A. **计划**。无论何时，组织的理事会和员工都应该参与短期和长期计划的编制工作。

- 如何确定组织今后两年的目标、任务和战略？今后五年的呢？是否为组织的行动蓝图准备了一个清晰完整的计划方案？
- 计划编制的效率如何？哪些人员参与其中，哪些人员被排斥在外？理事会、员工、支持者以及社区是如何参与的？新活动在转向全面执行之前，是否得到了完善的计划与指导？
- 在计划过程中考虑了经济现实吗？
- 保守的收支设计可行吗？计划在什么程度上涉及多年的预算？

B. **评估**。评估体系应该根据预先设定的任务与标准衡量组织绩效。评估应该经常利用外部专家的客观立场与专业技能。

- 如何对组织，尤其是其具体的活动进行总体的评估？评估是否以预先设定的数量指标为基础？
- 对组织开展评估的频率如何，由谁来实施？在这个过程中，是否使用了外部专家？他们的建议在何种程度上得到关注？
- 计划和评估是相联系的吗？在长期计划中不断进行评估的结果如何？

自我评估和外部评估

刚刚描述的诊断过程恰好可以被视为自我评估,它依赖的是组织理事会与员工的才干和能力;除此之外,还可以借助外部评估,利用与组织没有任何联系的一个或多个专业人士的技能和知识。

自我评估具有多种优势。那些进行自我评估的人通常都比较了解组织,也不用花费他们什么时间,就可以快速地了解组织的历史、社区、顾客以及内部政策。因为不用向外部顾问支付大笔的费用,它的成本也较为低廉。由于那些参与评估过程的人同时也是将负责做出必要改变的人,因而也可以把自我评估作为共识的达成工具。

不过从长远来看,自我评估的一些优势也可能对组织带来不利。因为那些参与者与组织联系紧密,所以可能受到制度近视症的影响。因为他们已经如此长时间的、以一种固定方式看待事物的运作,所以可能无法理解新的、能给组织带来真正改进的选择方案。此外,他们可能自觉或不自觉地喜爱某个具体的人、程序、项目及活动,而这些从长远来看并不符合组织的最佳利益。

例如,人们不能指望一个十年来支持了一系列以学校为背景的公共事务项目的理事,做出这些项目并不像其他组织开展的类似活动那样富有成效的结论。一个花了多年时间培养她的助手、并与之建立了亲密关系的执行总裁,可能不愿意看到另一个排除了其助手的员工结构。

自我评估的另一个危险,就是在理事会或资深员工中可能存在顽固的小派系;对于特定的问题,每一个小派系都持有强烈的不同意见。这些派系对于问题和解决方案都有争议,在向另一个阵营的个体归咎责任时,这些争议有可能演变为人身攻击。这种情形会造成破坏和分裂,它通常也意味着应该从组织外部邀请持有新颖、客观意见的人来从事组织的评估或评价工作,这些评估可以最大可能地导向第三条,尽量无痛苦解决问题的道路。

有时,组织会因为理事会成员或员工认为无力承担咨询服务费用而拒绝邀请外部人员。但是,我们有必要记住这一点:即在基金会、公共组织之类的机构投资者中,逐渐形成一种愿意支付全部或部分外部评估服务费用的趋势。在投资者看来,为这些项目投放资金——最终会带来管理、控制、规划或计划上的改进——是一项尤其明智稳妥的投资。

不管是否使用外部计酬专家,在评估过程中引进一个既不是理事会成员也不是员工的个体来提供帮助总是大有益处的。这样的一个团队成员能够为评估带来客观的立场,指出内部冲突的集中区域,为问题的识别过程注入平和的声音。

为未来的行动建立共识

当组织正朝着解决问题或利用新机遇的道路迈进时,理事会与资深员工建立共识的过程非常关键。组织的评估结果往往会令人紧张,特别是那些还揭露出问题的评估结果。遗憾的是,某些人可能把这些问题视为个人失败的标志,尽管在很多情况下,这些问题来源于不同的渠道——外部的社区变化、新的竞争形式、投资者或证券机构优先次序的转变、组织的快速成长、员工的流动以及某些新的管理程序或制度的失败。无论如何,应该努力使每个人都对问题的诊断感到满意。在组织就此采取行动之前,必须对什么是问题取得广泛的共识。

建立这种共识的有效方式之一,就是通过一次或多次的团队会议,比如理事会和资深员工的静修。典型的静修是在一个推动者的领导下进行的,这个推动者具有指导团队讨论的特殊才能,并且完全熟悉组织基于未来考虑的挑战和方案。这些会议的最大好处在于参与者到这里来不是简单地接受信息,而是被要求在制定政策与方向方面提供帮助。但是,如果要在会议上产生决议,那么清楚明确地表达问题、全面地组织备选方案、预先设定决议的限制条件就是非常重要的。

　　这一章已经为非营利组织的变化与改进提供了许多策略。它指出，非营利组织可以采用很多方法来诊断问题、做出改进。必须在评估与变化过程中对一些领域展开分析。评估过程本身能够揭示组织的优势与劣势，为确定组织在未来的目标和任务奠定基础。有时，为了显示不同的强调重点，会对评估过程冠以不同的名称（例如管理回顾、项目评估、市场审计或财务评估），但所有的意图都是一样的——即围绕组织问题建立共识的基线，找出存在积极变化机会的领域。

　　评估，无论是自我评估或是外部评估，都是一种积极的、但也存在一定内部风险的体验。风险之一就是它容易使理事会和员工因为过度的自我批评而变得沮丧。他们忘记了自己是在任何组织都不曾达到的理想状态下进行自我评判或被评判的。当评估过程结束，他们编制出一系列的组织缺陷时，就开始怀疑自己的能力和别人的判断。这是非常危险和具有破坏性的。评估的目的不是消极的，而是为改变设立一个议程。

　　意识到组织不能在一夜之间被改变也是极其重要的，问题的解决与变更过程最好建立在持续、渐进的基础之上。当然，每一个非营利组织都可以做自己比较富有成效的事情。换言之，每一个非营利组织都有自己的改进空间。信托理事们和员工所面临的挑战，就是采用一种具有积极和持久效应的方式来管理变化。

图书在版编目(CIP)数据

管理 21 世纪的非营利组织/(美)沃尔夫著;胡春艳,董文琪译.—北京:商务印书馆,2016
(公共管理名著译丛)
ISBN 978-7-100-12192-7

Ⅰ.①管… Ⅱ.①沃…②胡…③董… Ⅲ.①社会团体—组织管理学 Ⅳ.①C912.2

中国版本图书馆 CIP 数据核字(2016)第 083667 号

所有权利保留。
未经许可,不得以任何方式使用。

公共管理名著译丛
管理 21 世纪的非营利组织
〔美〕托马斯·沃尔夫 著
胡春艳 董文琪 译

商 务 印 书 馆 出 版
(北京王府井大街36号 邮政编码100710)
商 务 印 书 馆 发 行
北 京 冠 中 印 刷 厂 印 刷
ISBN 978-7-100-12192-7

2016年7月第1版　　　开本 787×1092　1/16
2016年7月北京第1次印刷　印张 21¼
定价:49.00元